# 知识产权基本法基本问题研究

## 知识产权法典化的序章

张　鹏◎著

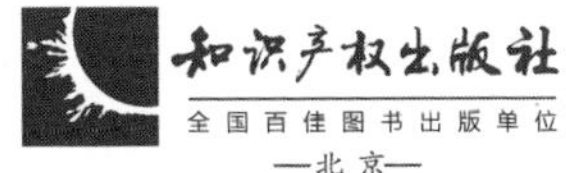

**图书在版编目（CIP）数据**

知识产权基本法基本问题研究：知识产权法典化的序章/张鹏著. —北京：知识产权出版社，2019.6（2020.3 重印）

ISBN 978-7-5130-6312-8

Ⅰ.①知… Ⅱ.①张… Ⅲ.①知识产权法-研究 Ⅳ.①D913.04

中国版本图书馆 CIP 数据核字（2019）第 114794 号

**内容提要**

本书在知识产权入典和知识产权成典之间的历史背景下，从定位论、价值论、比较论、思路论、方法论、内容论（包括总则论、分则论、国际论）等方面，探讨制定知识产权基本法的基本问题。

本书对于知识产权界的研究人员和立法部门、司法部门、专利服务机构、创新主体的相关从业人员具有参考意义。

**责任编辑**：田　姝　　　　责任印制：刘译文

**知识产权基本法基本问题研究**

——知识产权法典化的序章

ZHISHI CHANQUAN JIBENFA JIBEN WENTI YANJIU

——ZHISHI CHANQUAN FADIANHUA DE XUZHANG

张鹏　著

| | | | |
|---|---|---|---|
| 出版发行： | 知识产权出版社有限责任公司 | 网　　址： | http://www.ipph.cn |
| 电　　话： | 010-82004826 | | http://www.laichushu.com |
| 社　　址： | 北京市海淀区气象路 50 号院 | 邮　　编： | 100081 |
| 责编电话： | 010-82000860 转 8598 | 责编邮箱： | tianshu@cnipr.com |
| 发行电话： | 010-82000860 转 8101 | 发行传真： | 010-82000893 |
| 印　　刷： | 三河市国英印务有限公司 | 经　　销： | 各大网上书店、新华书店及相关专业书店 |
| 开　　本： | 720mm×1000mm　1/16 | 印　　张： | 12 |
| 版　　次： | 2019 年 6 月第 1 版 | 印　　次： | 2020 年 3 月第 2 次印刷 |
| 字　　数： | 220 千字 | 定　　价： | 58.00 元 |

ISBN 978-7-5130-6312-8

本书是国家知识产权局2018年度软科学研究项目“知识产权政策法律化路径考察”（项目编号SS18-A-07）的阶段性成果

# 序 Preface

创新驱动发展战略已经成为我国发展的核心战略。习近平总书记在党的十九大报告中指出："创新是引领发展的第一动力，是建设现代化经济体系的战略支撑。"这充分说明了创新发展的重要性。创新是经济发展的基本现象，是人们在生产力、生产关系和上层建筑全部领域中进行的创造性活动，既包括知识创新，也包括制度创新。知识产权制度是创新发展的基本保障，具有激励和保护知识创新、促进和推动创意产业发展的重要功能，所以很多学者将知识产权法称为"创新之法""产业之法"。应当说，创新发展已经成为我国知识经济时代的重要特征，知识产权制度已经成为我国创新发展的核心制度。知识产权制度被称为制度文明的典范，对激励科技创新、促进文化繁荣、推动经济发展作出了重要的贡献。在某种意义上讲，创新驱动就是知识产权驱动。

知识产权法源于创新而生，是财产权制度革新的产物；知识产权法基于创新而变，当以激励知识创新为价值目标。坚持制度创新与知识创新是知识产权法的历史过程和时代使命。中国知识产权制度百年史，是一部从"逼我所用"到"为我所用"的法律变迁史，也是一部从被动移植到主动创制的政策发展史，已经全面进入从"调整性适用"到"主动性安排"的阶段。进入新时代，加快知识产权强国建设，已经成为我国为实现创新发展而作出的战略部署和顶层设计，也已经成为深入实施国家知识产权战略的阶段转折和目标提升。在这一阶段，迫切需要实现知识产权理论的体系化和中国化，加快完善中国特色知识产权制度。

在实现知识产权理论的体系化和中国化、加快完善中国特色知识产权制度这一方面，知识产权法典化是首要研究的话题。无论是“知识产权入典”，还是“知识产权法成典”，都需要对知识产权法律制度进行价值判断、规范整合和体系构造，知识产权法典化的过程就是知识产权法律发展和制度创新的过程。在这一过程中，需要经历从理论体系化到制度体系化，亦即从学术法到法典法的历史过程。应当说，知识产权立法从单行法到法典化，已经成为现代法典化运动的重要趋向。就我国而言，党的十八届四中全会明确提出编纂民法典，《中华人民共和国民法总则》于2017年3月15日由第十二届全国人民代表大会第五次会议通过，民法典各分编草案于2018年8月27日提请第十三届全国人大常委会第五次会议审议。在这一历史背景下，探讨知识产权法典化的问题意义重大。

张鹏博士选择“知识产权基本法基本问题研究”这个题目，以广阔的视野和深刻的洞察，从定位论、价值论、比较论、思路论、方法论、内容论等方面，对知识产权基本法的基本问题进行探讨。该书分析知识产权的私权本质回应与技术观念的现实障碍，探讨在知识产权制度体系化基础上的法典解构，在链接式入典和解构化成典之间找寻知识产权基本法的定位，从知识产权经济调节、市场监管、社会治理、公共服务等方面部署相关制度，明确市场在创新资源配置中的决定性作用，并促进法治化地发挥政府的作用，将知识产权基本法作为知识产权治理体系和治理能力现代化的根本制度。该书进一步从知识产权公共政策法制化的角度探讨知识产权基本法的立法技术，从有效激励创新发展的促进法、严格保护知识产权的实现法、发展中国家知识产权制度的示范法的角度探讨知识产权基本法的基本思路和总则、分则内容，并提出知识产权基本法的建议稿和相关说明。

在我看来，本书具有三个特点：一是战略性。知识产权法典化的基础是知识产权理论体系化，张鹏博士在本书中首先从战略角度分析了知识产权基本法的定位和价值，视野开阔、思考深刻。二是系统性。张鹏博士在本书中对知识产权基本法的总则、分则的架构、体系、内容、制度进行了全面的探讨，立足知识产权的私权本质属性阐释了相关制度的内涵，系统全面、扎实深入。三是实践性。张鹏博士在本书中突出中国特色，立足中国特色知识产权法律制度实践，深究中国特色知识产权理论体系，形成具有中国特色的解决方案。在我看来，本书的观点和论证蕴含了科学的知识产权研究方法，较为中肯透彻。作为青年学者，张鹏博士能有这样的研究视野和学术素养，我感到非常欣慰。作为张鹏博士的指导教师，我为他取得的成绩感到骄傲，希望张鹏博士牢记“为人以谦逊为本、求学以坚持为重”，以本书为新的起点，在学术研究的道路上走得更好、飞得更高！

是为序。

中国法学会知识产权研究会名誉会长、
中南财经政法大学文澜学院资深教授

# 目　录

# 引　言

## 知识产权基本法的基本背景

党的十八大以来，以习近平同志为核心的党中央高度重视知识产权工作，把知识产权制度作为激励创新的基本保障。党的十九大报告着眼新时代宏伟发展目标，对知识产权工作作出明确部署，要求倡导创新文化，强化知识产权创造、保护、运用。党中央、国务院发布的《中共中央　国务院关于深化体制机制改革加快实施创新驱动发展战略的若干意见》《国家创新驱动发展战略纲要》等一系列文件，对推进知识产权治理体系和治理能力现代化、加快建设知识产权强国提出了明确要求。2008 年国务院印发的《国家知识产权战略纲要》提出，研究制定知识产权基础性法律的必要性和可行性。可以说，研究制定知识产权基础性法律，是实现知识产权治理体系和治理能力现代化的制度保障。为了全面提升新时代国家知识产权治理能力，促进新时代国家知识产权治理体系现代化，迫切需要研究制定知识产权基本法。具体而言，知识产权基本法的立法背景包括三个方面。

首先，加快制定知识产权基本法是深化知识产权领域改革、加快推进知识产权治理体系和治理能力现代化的制度需求。深化知识产权领域改革，需要深入思考知识产权领域政府和市场的关系，充分发挥市场配置知识产权资源的决定性作用，更好地发挥政府在知识产权领域的作用，这一基本定位需要通过法律制度的方式加以固化和落实，加快推进知识产权治理体系和治理能力的现代化。建构现代化的国家知识产权治理体系，应当通过制定知识产权基本法，将政府职能定位于经济调节、市场监管、社会治理、公共服务等方面，从知识产权经济调节、市场监管、社会治理、公共服务等方面部署相关制度，使得政府更多关注市场失灵环节，充分发挥其引导、动员和激励的优势，理顺政府与市场、政府与社会的关系，明确市场在创新资源配置中的决定性作用，更好地发挥政府的作用。尤其是，知识产权领域的经济调节是未来知识产权工作的中心和重心，主要考虑经济非均衡下市场失灵的纠正以及创新外部性的补偿，采取规划、标准与政策等宏观调控手段和以结构性调控措施为主的微调手段，建立知识产权宏观调控体系，整体调控知识产权与创新能力的关系、不同类型知识产权之间的关系、知识产权与产业结构的关系、知识产权与贸易结构的关系、知识产权与企业竞争力的关系等。深化知识产权领域改革，需要充分发挥市场配置知识产权资源的决定性作用，更好地发挥政府在知识产权领域的作用，通过法律制度建设从经济调节、市场监管、社会治理、公共服务等方面建构现代化的国家知识产权治理体系。

其次，加快制定知识产权基本法是中国特色知识产权制度建设的迫切需要。党的十九大报告指出，全面依法治国是国家治理的一场深刻革命，必须坚持厉行法治，推进科学立法、严格执法、公正司法、全民守法。完善以宪法为核心的中国特色社会主义法律体系，建设中国特色社会主义法治体系。中国特色知识产权制度是中国特色社会主义法律体系的重要组成部分，是中国特色社会主义法治体系的基本构成要素，是国家知识产权治理能力和治理体系现代化的制度基础，是知识产权强国建设的制度支撑。知识产权强国建设由理论体系、发展道路、支撑制度三位一体构成。知识产权强国建设理论体系是指导知识产权强国建设的基本理论，是中国特色社会主义理论在知识产权领域的具体落实；知识产权强国建设的发展道路是立足我国国情谋划的知识产权强国建设的时间表、路线图，是中国特色社会主义道路在知识产权领域的现实反映；知识产权强国建设的支撑制度是知识产权强国建设的制度体系，是中国特色社会主义法律制度的组成部分。三者构成了引导我国知识产权事业发展的基本框架。[1] 其中，知识产权强国建设理论体系为道路拓展和制度创新提供理论支撑，知识产权强国建设道路为理论形成发展和制度创新完善提供实践基础，中国特色知识产权制度为道路拓展和理论创新提供制度保障，三者统一于知识产权事业科学发展的伟大实践中。在加快建设知识产权强国的征程中，我们要坚持以理论创新为先导、以制度完善为保障，深化对知识产权强国建设道路的探索，推动知识产权事业不断前进。在这一过程中，中国特色知识产权制度建设为知识产权强国建设提供制度支撑，具有非常突出的重要意义。同时，知识产权基本法将成为中国特色知识产权制度建设的关键内容，发挥对整体知识产权法律法规制度和公共政策体系的引领作用。

最后，加快制定知识产权基本法是推动形成全面开放新格局，积极参与和主导国际规则制定的现实考虑。知识产权国际规则的变革经历了巴黎联盟和伯尔尼联盟时期、世界知识产权组织（WIPO）时期、世界贸易组织（WTO）时期，目前已经进入知识产权全球治理新结构初步形成的时



---

[1] 张鹏. 知识产权强国建设基本问题初探［J］. 科技与法律，2016（1）：4-16.

期，亦即 WIPO、WTO、“超 TRIPs”[1] 复边、多边和双边机制共存，也被称为“后 TRIPs 时代”。在这一背景下，知识产权国际规则的变革正在进入活跃期和多元化推进阶段，知识产权国际合作日益深化，知识产权国际竞争日益激烈，知识产权全球治理体系呈现新结构。知识产权国际规则变革的趋势是多边层面知识产权国际规则进展缓慢，双边、复边层面知识产权国际规则成为焦点；加大知识产权保护力度势不可挡，发挥知识产权制度促进发展作用尚需加强。在这一背景下，迫切需要通过研究制定知识产权基本法，以促进建立知识产权全球治理新结构为方向，打击以知识产权为核心的知识霸权，促进知识产权发展的多样性，积极抵制垂直论坛转移，总结推广知识产权发展的“中国模式”，提出知识产权国际战略，推动形成全面开放新格局。



[1] “TRIPs”即《与贸易有关的知识产权协议》，“超 TRIPs”又称为 TRIPs+、TRIPs-plus.

# 第一章

# 定位论：入典和成典间的知识产权基本法

2014年10月，党的十八届四中全会发布《中共中央关于全面推进依法治国若干重大问题的决定》，提出编纂民法典的重大历史任务。继1954年、1962年、1979年、1998年四次民法典制定工作之后，第五次民法典编纂工作正式启动。全国人大法工委确立民法典编纂工作分“两步走”：第一步编纂民法典总则编（即民法总则），第二步编纂民法典各分编。拟于2020年3月将民法典各分编一并提交全国人大审议通过，形成统一的民法典。随着2017年《中华人民共和国民法总则》（以下简称《民法总则》）审议通过，民法典编纂“两步走”制定工作中的第一步完成，目前集中进行民法典各分编的起草工作。因为法典是“一套内容十分完整、具有严格的逻辑顺序并且用语精确的综合性法律规定的总和”，❶ 所以法典是法律体系化的最高表现形式。在这一历史背景下，未来我国知识产权法的发展过程将呈现出以入典抑或成典为基本选择的法典化的趋势，❷ 其实学术界对知识产权制度法典化一直有“入典”和“成典”两种观点。目前，民法总则第一百二十三条规定民事主体依法享有知识产权，同时对知识产权保护客体作出了明确规定，使知识产权入典迈出了关键的一步。同时，学术界也在积极推动知识产权法典的制定，积极开展知识产权法典的研究工作。



## 一、知识产权入典：私权属性的本质回应与技术观念的现实障碍

法典不是单一的法律，也不是法律的简单汇编，而是对同一部门法律

❶ POSTEMA G J. Bentham and the Common Law Tradition [M]. Oxford: Oxford University Press, 1986: 423.

❷ 吴汉东，刘鑫. 改革开放四十年的中国知识产权法 [J]. 山东大学学报（哲学社会科学版），2018 (3).

规范进行科学系统编纂的成果，是对法学和法律的提炼和综合。从纯语义的角度来看，法典即法律典章，是指经过整理而形成的比较完备、系统的某一类法律的总称。[1] 近现代意义上的“法典”的概念首先由英国法学家边沁加以确立，边沁将法典定义为“一套内容十分完整、具有严格的逻辑顺序并且用语精确的综合性法律规定的总和”。[2] 学术界普遍认为，经历了体系化、现代化改造的知识产权入典，将成为范式民法典的历史坐标。对于知识产权与民法典之间的连接方式，存在分离式、纳入式、链接式、糅合式四种模式选择，归根结底就是知识产权法整体纳入民法典（入典独立成编）或者制定专门知识产权法典（单独成典）这两种立法模式的选择。[3]

其中，分离式立法模式的主要观点是在民法典中不对知识产权进行规定，知识产权规则与民法典完全分离。采此观点的典型立法例包括法学阶梯体系的《法国民法典》和学说汇编体系的《德国民法典》。其历史原因在于，知识产权制度是罗马法以来“财产非物质化革命”的结果，采取罗马私法体系的民法典并未纳入新兴财产权制度，同时对各项具体知识产权类型体系化整合为民法典组成部分，在立法技术方面纳入的难度很高。[4]

纳入式立法模式的主要观点是在民法典中设立知识产权编，将知识产权规则完全纳入民法典，在民法典之外不再编纂知识产权法典。采此观点的典型立法例是《俄罗斯联邦民法典》。《俄罗斯联邦民法典》设立第七编“智力活动成果和个性化手段的权利”，对著作权、专利权、商标权、植物新品种权、商业秘密有关权益等作出规定。虽然《俄罗斯联邦民法典》在知识产权立法例上颇具代表性，是迄今为止规定知识产权制度最为集中、最为丰富的民法典，但是也存在着无法协调知识产权方面的私法规范与公法规范、实体法与程序法的关系等问题。[5] 可见，从世界知识产权立法来看，将知识产权制度纳入民法典是20世纪制定的一系列民法典的独创，但这些民法典关于知识产权制定的立法例，均存在明显缺陷，未获成功。[6] 总体而言，纳入式立法例的不成功，体现出将知识产权整体纳入民法典



---

[1] 桑德罗·斯奇巴尼. 法典化及其立法手段［J］. 丁玫，译. 中国法学，2002（1）：77-91.

[2] POSTEMA G J. Bentham and the Common Law Tradition［M］. Oxford：Oxford University Press，1986：423.

[3] 易继明. 中国民法典制定背景下知识产权立法的选择［J］. 陕西师范大学学报（哲学社会科学版），2017（2）：5-19.

[4] 吴汉东. 知识产权立法体例与民法典编纂［J］. 中国法学，2003（1）：48-58.

[5] 刘飞. 论我国知识产权立法模式——知识产权法典化之选择，《专利法研究（2010）》［M］. 北京：知识产权出版社，2011：8.

[6] 胡开忠. 知识产权法典化的现实与我国未来的立法选择［J］. 法学，2003（2）：11.

面临的技术困境，亦即“如果迁就知识产权的独特个性，必然使民法典变形走样；如果保持传统民法典的优美架构形态，则难以表现知识产权的这种独特个性”❶。

在分离式立法模式和纳入式立法模式之间，存在着糅合式、链接式的立法模式选择。其中，糅合式立法模式的主要观点是将知识产权作为无形财产权，在传统财产权制度中对知识产权规则加以确定，亦即“只见知识产权之神韵、不见知识产权之身影”。目前，我国学术界对中国民法典编纂过程中如何对知识产权进行规定做了积极探索，多数学者认为，除了民法总则规定知识产权条款外，应当在民法典中设立单独的知识产权编❷，亦即采取链接式立法模式。链接式立法模式的主要观点是在民法典中对知识产权作出原则性规定，使民法典与知识产权法典或者知识产权单行法保持链接状态。采此观点的典型立法例是《越南民法典》。《越南民法典》设立第六编“知识产权和技术转让权”，用 22 个条文对著作权、工业产权、技术转让作出原则性规定，具体规则在单行法中加以规定。

目前来看，基于私权属性的现实回应与立法技术的本质障碍，我国采取高度集中的糅合式立法模式，仅仅用民法总则第一百二十三条一个条文对知识产权规则进行集中性规定，可能性非常大。



首先，知识产权属于私权，已经成为我国法学界和实务界的共识。从知识产权的发展来看，是我们“从单个人的简单物品所有权的财产权概念的束缚中解放出来”，从而“产生出的与有形对象非常疏远的一种权利形式”。❸ 即便如此，知识产权仍然属于典型的、范式的私权。民法总则第一百二十三条规定民事主体依法享有知识产权，同时对知识产权保护客体作出了明确规定，对此作出明确回应。虽然知识产权不仅仅是一个法律问题，而是一个糅合了经济学、法学、政治学、社会学等多门学科考量的产物，面对如此复杂的考察对象，单向度的思维无疑是不够的，只有对其加以多视角的分析，才有利于我们从不同的角度理解知识产权与知识产权制

---

❶ 曹新明. 知识产权与民法典连接模式之选择——以《知识产权法典》的编纂为视角［J］. 法商研究，2005（1）：15.

❷ 代表性论述包括，吴汉东. 知识产权应在未来民法典中独立成编［J］. 知识产权，2016（12）. 易继明. 历史视域中的私法统一与民法典的未来［J］. 中国社会科学，2014（5）. 李琛. 论中国民法典设立知识产权编的必要性［J］. 苏州大学学报（法学版），2015（4）.

❸ 格雷. 论财产权的解体［J］. 高新军，译. 草木校. 经济社会体制比较，1994（5）：19.

度，深化认识、促进共识，推动学科范式的形成，❶ 但毋庸置疑，“私权—私法—司法”的内在逻辑是对知识产权规则本质特征的揭示。尽管专利权和版权合理性的论证在很大程度上要归功于自然法理论，但是它们并没有完全沿着自然权利的轨迹发展，而是由制定方进行了多方面的修正，最终由自然权利转化为法定权利。❷ 即使在深受自然权利理论影响的美国和法国，专利权从一开始就被看作是实在法可以任意设计的、任意限制的并且可以废弃的权利。❸ 版权同样如此，由特权转化为法定权利，对普通法意义上的版权能不能作为一种自然权利享有永久性的保护产生很大争论，最终结果是普通法意义上的永久版权被安娜女王法规定的法定权利取代。❹ 因此，知识产权规则体现了公平正义的新自然主义法哲学观念与经济效益的新实证主义法哲学观念的博弈与统一，这一法哲学观念并未脱离或者说无法脱离“私权—私法—司法”的内在逻辑。

其次，知识产权是特殊的私权。知识产权非常抽象，“股票无论怎么抽象，它的价值总能体现在那张相应的纸上，持有那张纸，就象征着持有人享有了某种财产权。而知识产权则与代表着它们的相应的‘纸’往往是分离的”❺。正因为这一点，《法国知识产权法典》明确规定，《法国民法典》中的许多通用条款对知识产权没有约束力。知识产权所具有的权利客体非物质性，以及基于此具有的知识产权的专有性、地域性、时间性等特点，使之成为特殊的私权。因此，虽然“不论人们从理论上可以继续怎样讨论归类问题，我国立法实际上已将知识产权法归入民法这一大类”，❻ 但是勉强以规范传统民事权利的准则去规范知识产权时，就往往本想解决难题结果却离了题。也就是因为这样的原因，国际上将民法法典化的国家不少，但是以民法典包容知识产权的国家则极少；已有的各国民法典在不断修订时增加新内容者不少，但是增加规范知识产权内容者则极少。❼



❶ 肖志远. 知识产权权利属性研究——一个政策维度的分析［M］. 北京：北京大学出版社，2009.

❷ 李扬. 重塑整体性知识产权法：以民法为核心［J］. 科技与法律，2006（3）：28-38.

❸ PETER DRAHOS. A Philosophy of Intellectual Property［M］. Aldershot：Dartmouth Publishing Company，1996：32.

❹ RONAN D. On the Origin of the Right to Copy［M］. Part 7. Hart Publishing，2004.

❺ 朱谢群. 郑成思知识产权文集·基本理论卷［M］. 北京：知识产权出版社，2017：43.

❻ 朱谢群. 郑成思知识产权文集·基本理论卷［M］. 北京：知识产权出版社，2017：223.

❼ 朱谢群. 郑成思知识产权文集·基本理论卷［M］. 北京：知识产权出版社，2017：280-281.

因而，在民法典中设立“知识产权编”存在技术障碍和观念障碍。从立法技术的角度看，在民法典中设立“知识产权编”面临两大立法技术难题：一是如何对纷繁复杂的不同知识产权类型作出提炼公因式式的共性规则概括与共用规则凝练；二是如何将知识产权的共通性规则或者一般性规则与民法典物权编、合同编、人格权编、婚姻家庭编、继承编、侵权责任编等各分编规则相协调。以《荷兰民法典》为例，立法者面对知识产权规范的特殊性而产生技术障碍时，因为对自身的立法技术和立法水平不够自信而最终放弃了已经列入立法计划的“智力成果权编”的编纂工作。[1] 对我国而言，由于知识产权本质属性和权能配置的基本理论研究相对滞后，娴熟运用立法技术对不同知识产权类型进行法律规则提炼并与其他民事权利法律规则进行内在协调，仍存在较大差距。

从立法观念的角度看，立法者对知识产权属于私权具有明确认识，但是对设立“知识产权编”的现实必要性认识不足。传统民法学者对知识产权属于私权具有明确认识。例如，王利明教授指出，“我们不否认知识产权制度的特殊性，但归根结底，知识产权仍然是一种民事权利，其本质属性是财产权利和人身权利的结合”[2]。但是，民法学者始终将知识产权法排除于分则设计之外，而主张入典的仅为部分知识产权法学者，最终形成且无法突破民法界和知识产权界各说各话的尴尬局面。[3] 这种泾渭分明的隔阂，与我国民法学和知识产权法学研究在历史上缺乏交集、彼此画地为牢的传统有很大关系。[4] 传统民法学者对知识产权缺乏深入了解可能会对其造成冷漠，而知识产权法学者在民法一般理论的话语把握上可能会因其非占主导的地位而影响了信心，同时又因民法学者的冷落而增添了焦虑。[5] 例如，梁慧星教授认为，“知识产权作为重要的民事权利，现行民法通则第五章第三节作出了规定，但考虑到专利法、商标法和著作权法已经构成一个相对独立的知识产权法体系，因此建议民法典不设‘知识产权编’，而以专利法、商标法和著作权法作为民法典外的民事特别法”[6]。可见，民法学者和立法者认可知识产权是私权，但是不认可单独设立“知识产权



---

[1] 何华.《民法总则》第 123 条的功能考察——兼论知识产权法典化的未来发展［J］. 社会科学，2017（10）：99.

[2] 王利明. 论中国民法典的制定［J］. 政法论坛，1998（5）：12.

[3] 崔建远. 知识产权法之于民法典［J］. 交大法学，2016（1）：87-96.

[4] 尹田. 论物权与知识产权的关系［J］. 法商研究，2002（5）：13-16.

[5] 蒋万来. 知识产权与民法关系之研究［M］. 北京：中国社会科学出版社，2010：232.

[6] 梁慧星. 关于制定中国民法典的思考［N］. 人民法院报，2000-2-13（3）.

编”具有必要性，通过民法典加知识产权单行法（民事特别法）的方式可以解决知识产权规则的私法归属问题。

从立法历史的角度看，我国 1986 年《民法通则》仅用了第九十四条、第九十五条、第九十六条和第九十七条四个条文，对著作权、专利权、商标专用权、发现发明权作出了原则性的规定。2002 年 1 月 11 日，全国人大法工委确定起草中国民法典的知识产权篇。但是，2002 年 12 月 23 日，第九届全国人大第三十一次常务委员会讨论的《民法总则（草案）》规定了知识产权的保护范围，没有将“知识产权”按照原计划作为专篇列入民法典。郑成思教授对此评价：“这是一个比较令人满意的选择，这一选择看起来与 20 世纪 90 年代的《荷兰民法典》《俄罗斯联邦民法典》的选择相近似，而实际上又优于这两个民法的选择。”❶

从立法进程的角度看，2018 年 8 月 27 日，第十三届全国人民代表大会常务委员会第五次会议首次审议民法典各分编草案。此次审议的民法典各分编草案包括六编，即物权编、合同编、人格权编、婚姻家庭编、继承编、侵权责任编，共 1034 条。同时，全国人大常委会法制工作委员会主任沈春耀表示，此次全国人大常委会初次审议时，将民法典分编草案作为一个整体提出；之后，根据实际情况将草案各分编分拆几个单元分别进行若干次审议和修改完善；在拟提请全国人民代表大会审议时，将之前已经出台的民法总则同经过常委会审议和修改完善的民法典各分编合并为一部完整的民法典草案，由全国人大常委会提请 2020 年 3 月十三届全国人大三次会议审议。同时，立法机关对于在民法典中纳入“知识产权编”的提议亦作出回应。全国人大常委会法工委经研究认为：“我国知识产权立法一直采用民事特别法的立法方式，如专利法、商标法、著作权（版权）法，还涉及反不正当竞争法等法律和集成电路布图设计保护条例、植物新品种保护条例等行政法规。我国知识产权立法既规定民事权利等内容，也规定行政管理等内容，与相关国际条约保持总体一致和衔接。民法典是调整平等民事主体之间的民事法律关系的法律，难以纳入行政管理方面的内容。”❷同时，知识产权制度仍处于快速发展变化之中，国内立法、执法、司法等需要不断调整适应。如果现在就将知识产权法律规范纳入民法典，恐难以保持其连续性、稳定性。涉知识产权仍采用民事特别法的立法方式，针对不同需求，实行单项立法，同时已有知识产权单行法律仍将继续保留，更



❶ 朱谢群. 郑成思知识产权文集·基本理论卷［M］. 北京：知识产权出版社，2017：280-281.

❷ 徐隽. 民法典分编草案首次提请审议［N］人民日报，2018-8-28（6）.

有利于加强和完善知识产权保护，目前民法典中设立“知识产权编”的条件还不成熟，民法典中暂不宜设立“知识产权编”。

综上所述，在技术障碍和观念障碍的共同作用下，民法典单独设立“知识产权编”的可能性不大，采取高度集中的糅合式立法模式仅用一个条文对知识产权规则集中性规定的可能性非常大。

## 二、知识产权成典：在知识产权制度体系化基础上的法典解构

从法律制度发展的一般规律看，首先是习惯，而后发展成为习惯法，再是成文法或者制定法，最后才是法典法，从成文法或者制定法到法典法的过程，或者称为法典化，或者称为法典编纂，其中“法典化”更加强调对各单行法进行全面系统的分析、考察、研究和检讨，以便于“去粗取精、去伪存真”。通常而言，单行法的完备是法典化的基础、前提和诱因。❶

对于知识产权制度的发展历程而言，同样符合并验证了上述法律制度发展的一般规律。知识产权起源于封建社会君主授予的特权，经历了从针对具体个人颁发的特许令状到特别事项立法到单行法的发展，知识产权制度系统化、体系化的趋势非常明显，法典化代表了知识产权制度发展的未来趋势。考察知识产权制度的发展历程，最初表现为君主个人授予的、或者代表君主的地方官授予的、或者代表国家授予的封建特权。例如，1331年英国国王爱德华三世授予佛兰德的工艺师约翰·卡姆比在缝纫和染织技术方面“独享其利”的权利；1421年意大利佛罗伦萨的建筑师布鲁内莱希就运输大理石的“带吊机的驳船”获得了英国早期“独享其利”的权利。❷ 目前公认的最早的发明专利是英国亨利四世在1449年授予约翰对“一种玻璃制造方法”的二十年的垄断权，作为对这一垄断权的回报，约翰必须将他的技术传授给英国本土的工匠。❸ 在著作权方面同样如此，威尼斯共和国在15世纪末授予印刷商冯·施贝叶为期五年的印刷出版专有权，被认为是西方第一个由统治者颁发的、保护翻印之权的特许令。❹ 由于王室恣意使用上述特权，知识产权这一封建特权被滥用，严重破坏了市



❶ 曹新明，张建华．知识产权制度法典化问题研究［M］．北京：北京大学出版社，2010：31.

❷ 郑成思．知识产权论［M］．北京：法律出版社，2003：2.

❸ 张韬略．英美和东亚三国（地）专利制度历史及其启示［J］．科技与法律，2003（1）：4-19.

❹ 郑成思．知识产权论［M］．北京：法律出版社，2003：22.

场竞争秩序。[1] 在新兴资产阶级的争取下，英王在1601年发表“黄金演说”，宣布放弃授予垄断权证书的权力，英王在1610年进一步废除了先前授予的所有专利的效力。1624年《英国垄断法规》和1709年《为鼓励知识创作而授予作者及购买者就其已印刷成册的图书在一定时期内之权利的法》（该法因为安娜女王在位时颁布，因此又被称为《安娜法》）的颁布，知识产权从封建特权嬗变为由法律赋予的私权。在此之后，由于“当一种新的情况需要把财产权保护扩张到一个新的对象时，它一般是通过与先前存在的保护模式进行类比而做到的。更具体地说，这是通过显示新的对象与那些已经获得保护的对象之间具有的相似的特征而完成的”[2]。随着新的创新创造成果与存在的创新创造成果的比拟与归并，专利权、商标权和著作权等知识产权基本类型逐渐被确定下来，形成了一批知识产权单行法。进入19世纪80年代，人们基于著作权和工业产权的划分（伯尔尼公约和巴黎公约即体现了上述分类方法），探索制定工业产权法典。葡萄牙于1896年颁布的《葡萄牙工业产权法典》是世界上第一部工业产权法典，调整对象涵盖专利权和商标权。在此之后，西班牙、意大利等也纷纷制定工业产权法典。进入20世纪中期之后，人们开始探索知识产权制度的法典化。WIPO在1967年7月制定的《成立世界知识产权组织公约》是第一部用“知识产权”概念加以统领的国际公约。之后，法国、菲律宾、越南等纷纷制定知识产权法典，将各类知识产权纳入一部知识产权立法框架中加以规范，对知识产权实行统一规定和统一调整。[3]

当下我国知识产权学界对法典化的讨论，除了实现知识产权法与民法典的链接，解决民法典的民事权利框架下知识产权“入典”问题之外，还有一个重要问题，就是实现知识产权法律体系化，亦即在民法典之外再设专门法典的知识产权“成典”问题。20世纪是一个法典化的世纪，那么现在的21世纪还是法典化世纪吗？有学者提出“后法典化时代”的概念，进一步阐述法典化的现代发展；有学者出版学术专著《非法典化时代》，向法典化传统发起釜底抽薪式的挑战。[4] 知识产权领域有可能以及有必要



---

[1] 文希凯，陈仲华. 专利法［M］. 北京：中国科学技术出版社，1993：15.

[2] 布拉德·谢尔曼，莱昂内尔·本特利. 现代知识产权法的演进（1760—1911英国的历程）［M］. 金海军，译. 北京：北京大学出版社，2006：20.

[3] 曹新明，张建华. 知识产权制度法典化问题研究［M］. 北京：北京大学出版社，2010：24-25.

[4] 高富平. 民法法典化的历史回顾：民法法典化研究之一［J］. 华东政法大学学报，1999（2）：19-25.

法典化吗？有学者认为，历史上知识产权法的变革与发展，在很大程度上体现的是商法自治性和超国家的发展特色，因而以民法与商法的关系来类比民法与知识产权法的关系更为科学。鉴于无体物与有体物财产权在规则设计上不可忽略的差异以及知识产权法内部各权利类型无法提取公因式的实际现状，立法上应该保留著作权法、专利法和商标法单独立法，避免出现为法典化而法典化导致的例外远多于一般的窘境。❶ 要回答这一问题的前提是如何理解法典化。与作为静态概念的“法典”相比，“法典化”是一个动态的概念，如果将其作为名词看，相对应的英文表述是“codification”；如果将其作为动词看，相对应的英文表述是“codify”。❷ 在英文文献中较为常用的表述是“codification”，对应的中文术语应为“法典编纂”，亦即“一个国家或者地区对属于同一法律部门或者调整特定领域的法律、法规进行系统收集和整理的过程，其目的在于产生一部法典”❸，或者理解为“重新审定某一法律部门的全部现行法律规范，废除已经旧的，修改相互抵触的部分，弥补其缺陷或者空白，使之成为基于某些共同原则、内容协调一致、有机联系的统一法律的活动。这种法律就称为法典。法典较单行法规系统、完备，是一种新的立法文件。随着法典的颁布，相应的单行法规即被废除”❹。法典化是大陆法系的传统理念，意味着现有法律规范的抽象化、体系化和现有法律规范的精炼化、权威化，是法律现代化的手段，亦是大陆法系的传统理念。❺ 亦即“一部法典，按照罗马—日耳曼法系的观念，不应寻求解决实践中出现的所有问题，它的任务是作出一些充分概括、形成体系、易找易学的规定，以使得法官和公民们从这些规定中，通过尽可能简单的劳动，轻而易举地推出这个或者那个具体困难应该如何解决的方法。通过法典化，使得整个法律精简成为一个袖珍本，以便于使得每一个人都能带着他自己的律师”，这是对法典化的形象描述。❻ 立足上述对“法典”和“法典化”的理解，针对知识产权成典问题存在如下观点：

---

❶ 熊琦. 知识产权法与民法的体系定位［J］. 武汉大学学报（哲学社会科学版），2019（2）：128-138.

❷ 曹新明. 中国知识产权制度法典化研究［M］. 北京：中国政法大学出版社，2005：29.

❸ ST. PAUL MINN. Black’s Law Dictionary（Fifth Edition）［M］. West Publishing Co.，1979：23.

❹ 中国大百科全书（法学卷）［M］. 北京：中国大百科全书出版社，1984：90.

❺ 曹新明，张建华. 知识产权制度法典化问题研究［M］. 北京：北京大学出版社，2010：11-14.

❻ 韩世远. 论中国民法的现代化［J］. 法学研究，1995（4）：24-33.

首先，就制度历史而言，知识产权制度一直处于不断体系化的发展过程中，知识产权成典是知识产权制度体系化的重要成果和自然结果。从知识产权制度的衍生发展来看，大致出现过五种法律形态❶：早期知识产权制度萌芽是统治者颁发给权利人的特许令，近代知识产权制度产生指出的特别事项立法，19 世纪上半叶概念法学兴起后的各个领域相对体系化的单行法，工业产权法典，知识产权法典。统治者颁发给权利人的特许令仅仅是个别适用的行政授权，并非具有普适性的行为规范，特别事项立法“杂乱无章、非常晦涩，甚至相互矛盾。人们在没有经过苦心研究的情况下无法明白法律所表达的意思，……它属于低层次立法，法律体系尚未建立”❷，直到单行立法时期开始用尽可能抽象的语言界定知识产权保护客体，从而提高法律适用弹性，间接提高制度稳定性。❸ 然而，在此基础上，从单行立法阶段进入工业产权法典阶段乃至知识产权法典阶段，关键是凝练不同知识产权客体的法律制度的制度共性，实现知识产权法律制度体系化。目前世界上绝大多数国家（包括我国）的知识产权法均处于“相关领域比较体系化的单行法”阶段，有一些国家则处于“工业产权法典”阶段，还有一些国家则处于“知识产权法典”这一体系化的最高阶段。就我国而言，分析我国知识产权立法，虽然存在着一系列单行法，但是“知识产权”只是一个虚设的词汇，“质言之，各项知识产权法并未在立法文件中实现体系化”❹。恰恰因为如此，我国专利法、商标法、著作权法等骨干知识产权法律在类似制度、可比程序等方面存在诸多重大差异，甚至在立法价值取向、利益平衡处理等根本性问题上亦存在分歧。以知识产权行政执法为例，如表 1 所示，在著作权法、商标法、专利法中对行政执法作出了具有较大差异性的规定，而这一差异本身很难从权利客体差异方面找到正当性。因此，就我国知识产权立法而言，需要首先实现单行法相对体系化，然后进入工业产权法典或者知识产权法典的阶段。



❶ 何华. 知识产权法典化基本问题研究［M］. 长春：吉林出版集团有限责任公司，2010：22-29.

❷ STEPHEN STEWART. Two Hundred Years of English Copyright Law, Two Hundred Years of English and American Patent, Trademark and Copyright Law［M］. American Bar Association, American Bar Center, 1976：88.

❸ BRAD SHERMAN and LIONEL BENTLY. The Making of Modern Intellectual Property Law［M］. Cambridge：Cambridge University Press, 1999：74-75.

❹ 吴汉东. 民法法典化运动中的知识产权法［J］. 中国法学，2016（4）：11.

表 1　知识产权行政执法的比较

| 类型 | 行政调查和行政强制 | 行政处罚 | 行政查处对象 |
| --- | --- | --- | --- |
| 专利行政执法 | 无规定 | 责令改正并予以公告；<br>没收违法所得；<br>罚款 | 假冒专利的行为（对于专利侵权只有调处的权力） |
| 商标行政执法 | 询问调查权；<br>查阅复制权；<br>现场调查权；<br>检查查封扣押权 | 责令停止侵权行为；<br>责令限期改正；<br>通报；<br>罚款；<br>责令限期申请注册；<br>收缴、销毁商标标识或者侵权商品 | 商标一般违法行为；<br>假冒商标行为；<br>商标侵权行为；<br>侵犯奥林匹克标志专用权等其他行为 |
| 著作权行政执法 | 无规定 | 责令停止侵权行为；<br>没收违法所得；<br>没收销毁侵权复制品；<br>罚款；<br>没收主要用于制作侵权复制品的材料、工具、设备等 | 侵犯著作权且同时损害公共利益的行为 |



其次，就制度比较而言，《法国知识产权法典》是知识产权制度体系化的阶段性成果。目前世界范围内知识产权“成典”的范式立法例是 1992 年《法国知识产权法典》。一是在立法结构方面，《法国知识产权法典》延续了《保护工业产权巴黎公约》（以下简称《巴黎公约》）和《保护文学艺术作品伯尔尼公约》（以下简称《伯尔尼公约》）形成的知识产权保护体系，内容主要分为著作权和工业产权两部分。二是在规则内容方面，《法国知识产权法典》摒弃了公法、私法之间的严格划分，兼具权利保护规则和程序性规范，甚至行政性规范和刑事规范。例如，《法国知识产权法典》第一部分“文学和艺术产权”之第三卷“关于著作权、邻接权及数据库制作者权的通则”中，第三编规定了“程序及处罚”，其中主要包括著作权、邻接权及数据库制作者权保护的程序，并进一步涵盖刑事方面的规定。就知识产权法典这一阶段而言，也存在着从法律汇编到法典编纂的发展阶段。我国在这方面同样有较长的路要走。

再次，就制度关联而言，知识产权成典是民法典的法典解构背景下的自然选择与理性回应。由于时代的局限性，加之法典模式的封闭性，现代社会中出现了传统民法典的危机，亦即“因特别民法的侵入和蚕食，民法典一统天下的风光难继，沦为‘剩余法’或者补充法，民法成了民法典与特别民法的混合物”❶，这一点无论从消费关系、劳动关系还是从知识产权法律关系方面都能得到体现。究其本质，这一问题的原因在于法典这一自然法理性的完美形式所具有的天然内在缺陷。法典化，尤其是大陆法系的实质性的法典化，意图于“把法律调节之手伸到社会生活各个角落，追求详尽具体地、无微不至地加以规定以使得法官无论遇到多么复杂的案件都能像查字典一样从庞大的法典中检索到现成的解决方案”❷。然而试图用法典统摄社会关系的自然法理性存在的悖论在于社会关系始终处于发展变化中，我们可以对既有市民生活规律作以总结，但是对未来生活的预测是有限的。这一法典所具有的天然内在缺陷，在知识产权法中尤为凸显，因为知识产权法典是“最古老的和最现代的法律规则融合模式的选择”❸，是响应瞬息万变的科技创新发展的恒定法律制度。面对这样的缺陷，立法者有两种选择：法典重构、法典解构。所谓“法典重构”（re-codification），就是用私法基本原理统合特别民法，遵循民法典作为市民社会生活唯一法典的核心价值。然而，“法典重构非常困难，且不论诸多特别法撼动民法典的教义学基础，但是法律规范的表达就足以让立法者却步”❹，因此法典解构是解决上述缺陷的唯一可行的选择，甚至有学者称为“法典主义已经进入黄昏”❺。所谓“法典解构”（de-codification），就是在民法典之外建立特别民法制度，由特别民法制度克服上述缺陷，回应社会关系的发展，亦即发生在民事特别法领域的知识产权制度法典化，标志着民法典在私法领域一统江山的核心地位开始动摇，也标志着法典化在私法领域的进一步深入和细化。❻

由此，知识产权法典应当成为民法典的特别法，从而形成如下法律制度位阶：第一位阶是民法典总则编关于知识产权的概括性规定；第二位阶是知识产权法典（知识产权基本法+主要知识产权类型的原则性规定）；第三位阶是知识产权单行法。其中，知识产权法典的起草可以分“两步走”：

❶ 谢鸿飞. 民法典与特别民法关系的建构［J］. 中国社会科学，2013（2）：15.

❷ 魏磊杰，王明锁. 民法法典化、法典解构化及法典重构化——二百年民法典发展历程述评［M］//易继明. 私法：第5辑第2卷. 北京：北京大学出版社，2005：16.

❸ 费安玲. 论我国民法典编纂活动中的四个关系［J］. 法制与社会发展，2015（5）：19.

❹ 谢鸿飞. 民法典与特别民法关系的建构［J］. 中国社会科学，2013（2）：19.

❺ 苏永钦. 走入新世纪的私法自治［M］. 北京：中国政法大学出版社，2002：80.

❻ 曹新明，张建华. 知识产权制度法典化问题研究［M］. 北京：北京大学出版社，2010：151-152.

第一步，先行研究制定知识产权基本法，作为未来知识产权法典的总则或者通则；第二步，按照内在逻辑研究起草著作权、专利权、商标权、地理标志、商业秘密等主要知识产权类型的原则性规定和共通性规则，在此基础上结合知识产权基本法形成完整的知识产权法典。同时，在民法典总则编关于知识产权的概括性规定指导下，知识产权法典对知识产权规则作出概括性、统领性的规定，并非进行法律汇编直接替代知识产权单行法，而是进行法典编纂凝练原则性规定。未来基于适应创新创造快速发展的需要，知识产权单行法将保持动态立法工作机制，较为及时地对相关法律规则进行修改完善。

### 三、知识产权基本法：在链接式入典和解构化成典之间

综合上述分析，知识产权法全面纳入民法典存在技术障碍和观念障碍。基于私权属性的本质回应与技术观念的现实障碍，我国采取高度集中的糅合式立法模式，仅仅用《民法总则》第一百二十三条一个条文进行知识产权规则集中性规定，可能性非常大，因此我国知识产权法律制度采取了“链接式入典”的民法典衔接模式。同时，我国知识产权成典需要以知识产权体系化作为基础，以中国特色知识产权理论作为支撑，目前仍存在差距，我国“知识产权法典”未来会采用“解构化成典”的模式，在民法典之外建立“知识产权法典”这一特别民法制度，由“知识产权法典”这一特别民法制度回应社会关系的发展。



在知识产权入典和知识产权成典之间，应尽快研究制定知识产权基本法。就知识产权基本法的基本秉性而言，从知识产权入典的角度，知识产权基本法是民法典知识产权规定的落实，是“法典解构”下的特别民事法律制度的概括；从知识产权成典的角度，知识产权基本法是知识产权法典的探索，知识产权基本法是知识产权入典和知识产权成典之间的历史衔接。在上述法律制度位阶中，“知识产权法典”的重要制度价值在于衔接《民法总则》第一百二十三条，将民法典价值取向、权利观念、基本属性在知识产权法律制度中加以落实，并对知识产权单行法起到引领统领作用。

综上所述，在我国民法典加快研究制定的过程中，学术界普遍认为，经历了体系化、现代化改造的知识产权入典，将成为范式民法典的历史坐标。《民法总则》第一百二十三条对知识产权保护客体作出了规定，走出了知识产权入典的关键一步，但是知识产权法全面纳入民法典存在技术障碍和观念障碍。

# 第二章

# 价值论：知识产权治理体系和治理能力现代化

党的十九大报告指出，必须坚持和完善中国特色社会主义制度，不断推进国家治理体系和治理能力现代化，坚决破除一切不合时宜的思想观念和体制机制弊端，突破利益固化的藩篱，吸收人类文明有益成果，构建系统完备、科学规范、运行有效的制度体系，充分发挥我国社会主义制度的优越性。《中共中央关于全面深化改革若干重大问题的决定》对经济体制改革提出明确要求，并指出经济体制改革的核心问题是处理好政府和市场的关系，使市场在资源配置中起决定性作用和更好地发挥政府的作用。习近平总书记多次强调，经济体制改革仍然是全面深化改革的重点，经济体制改革的核心问题仍然是处理好政府和市场的关系。这一观点全面深化了对政府与市场的关系的认识，对于政府职能转变、发挥经济活力具有重要指导意义。可以说，"市场在资源配置中起决定性作用"和"更好地发挥政府的作用"是辩证统一的关系，确定好市场发挥作用的边界，也就确定了政府发挥作用的边界，明确政府更好地发挥作用的边界，使政府既不"缺位"，也不"越位"，有所进、有所退，才能使市场在资源配置中起决定性作用。[1] 知识产权工作也要充分尊重市场作用和更好地发挥政府的作用，实现政府知识产权管理职能的"瘦身"与"强体"。本章对知识产权领域政府和市场的关系这一理论问题进行梳理，对国家知识产权治理体系和治理能力现代化的基本问题进行分析，并在此基础上探讨知识产权基本法的总体定位。

## 一、基本前提：我国知识产权领域市场与政府的关系

由于知识产权是市场经济的产物，市场经济是知识产权从"封建特



[1] 张开. 深化市场经济改革要求更好发挥政府作用［N］. 中国社会科学报，2014-01-29（B04）.

权”向“私有产权”嬗变的历史背景和现实推动力，因此深入分析知识产权领域市场和政府的关系，具有非常突出的理论意义和现实意义。建构在经济非均衡背景下，市场配置创新资源的方式具有高效性，并且与政府在知识产权领域的宏观调控具有高度互补性，必须切实把握知识产权领域市场和政府的关系。

首先，知识产权是市场经济的产物。世界知识产权制度史表明，知识产权伴随着市场经济而产生发展。知识产权是创新产权化的产物，其以创新资源的市场化配置作为背景，是市场经济的产物。13 世纪到 14 世纪是知识产权制度的萌芽时期，出现了封建王室赐予工匠或者商人类似于专利权的垄断特权，为知识产权制度的形成奠定基础。15 世纪到 19 世纪末，知识产权从垄断特权逐步转向资本主义财产权，这一过程与市场经济的建立几乎同步。19 世纪末，世界上绝大多数西方资本主义国家建立了知识产权制度。以传统知识产权制度发祥地英国为例，英国知识产权制度的形成经历了由封建特权向私有产权嬗变的历史过程。[1] 1624 年《垄断法规》、1709 年《安娜法》均废除了特许权制度，通过暂时的“垄断权”实现技术进步和产业发展。可以说，近代英国知识产权法作为一种产业、商业政策和科技、文化政策的有机组成部分，为 18 世纪 70 年代开始的工业革命奠定了重要的制度基础，可以说，18 世纪的英国之所以获得持久的经济增长，均是起因于适于所有权演进的环境。[2] 随着世界经济一体化，国际贸易振兴促进了知识产权制度发展，尤其是 1994 年 TRIPs 生效，将知识产权制度与贸易政策挂钩。《反假冒贸易协议》（ACTA）、《跨太平洋伙伴关系协定》（TPP）、《跨大西洋贸易与投资伙伴协议》（TTIP）等双边、复边知识产权协议的出现和发展，很大程度也与市场经济的发展态势以及国际贸易的发展需要紧密相关。[3]

我国知识产权制度在改革开放的背景下诞生，在市场经济的环境中发展。对于我国知识产权制度的缘起，虽然学术界存在不同观点，[4] 但是普



---

[1] 吴汉东. 利弊之间：知识产权制度的政策科学分析［J］. 法商研究，2006（5）：8-11.

[2] 道格拉斯·诺思，罗伯斯·托马斯. 西方世界的兴起［M］. 厉以平，蔡磊，译. 北京：华夏出版社，1999：23.

[3] 葛亮，张鹏. 反假冒贸易协议的立法动力学分析与应对［J］. 知识产权，2013（1）：71-77.

[4] 邓建鹏. 宋代的版权问题——兼评郑成思与安守廉之争［J］. 环球法律评论，2005（1）：71-80. WILLIAM P. ALFORD. To Steal a Book Is an Elegant Offense：Intellectual Property Law in Chinese Civilization［M］. Stanford：Stanford University Press，1995：9-29. 郑成思. 知识产权论［M］. 北京：法律出版社，1998：14.

遍认为，我国封建社会时期仅仅产生了知识产权制度萌芽，中国近代专利制度萌芽于清朝末年的太平天国时期。❶ 但是，洋务运动时期，由于缺乏市场经济背景，我国专利制度畸形发展。❷ 新中国成立初期所采取的发明权等制度与严格意义上的知识产权制度存在很大区别。从1979年起，我国进入双重转型阶段，❸ 体制转型和发展转型结合重叠，一方面经历从计划经济体制向市场经济体制的转型，另一方面经历从传统农业社会向现代工业社会的转型。其中，体制改革是双重改革的重点，需要以计划经济体制向市场经济体制的转向带动发展转型。双重转型中，需要不断提高产业和企业竞争力，而提高产业和企业竞争力的核心是鼓励自主创新。与我国经济改革的其他方面一样，鼓励自主创新的关键在于界定产权。就我国经济改革而言，应当以产权改革（包括明晰产权、界定产权、培育独立的市场主体）为主线。❹ 对于自主创新同样如此，鼓励自主创新不仅需要加大研发投入、加强科技管理，或者说主要不在于这些方面，最为关键的环节是明晰产权、界定产权和保护产权。正是在这样的背景下，我国知识产权制度应运而生，1983年8月我国颁布了第一部商标法，1984年4月诞生了第一部专利法。❺ 可以说，30年前，打开国门、扩大国际贸易、搞活商品经济以及改革科技管理体制，都促使我们借鉴国际先进经验，建立起符合我国国情的知识产权制度，是市场经济将现代知识产权制度和理念引进了中国，是市场经济促进我国知识产权制度和理念的逐步完善。

其次，处理好知识产权领域市场和政府的关系，需要深入分析经济非均衡背景下的政府职能。一方面市场配置创新资源具有高效性。通常经济学家所说的“市场”是任何一个地区的全部，在这个地区中，买主与卖主批次之间的往来自由到相同的商品的价格几乎会迅速相等起来，而并不是指任何一个特定的供货物进行交易的场所。❻ 在市场配置资源的背景下，商品出售的市场价格，有时高于自然价格，有时低于自然价格，有时恰好和自然价格完全相同，其受到它的实际供求关系即市场上的存货与愿支付



❶ 徐海燕. 中国近现代专利制度研究［M］. 北京：知识产权出版社，2010：1-8.

❷ 徐海燕. 中国近代专利制度萌芽的过程［J］. 科学学研究，2010，28（9）：1294-1301.

❸ 厉以宁. 中国经济双重转型之路［M］. 北京：中国人民大学出版社，2013：1-4.

❹ 厉以宁. 中国经济双重转型之路［M］. 北京：中国人民大学出版社，2013：18.

❺ 张志成，张鹏. 中国专利行政案例精读［M］. 北京：商务印书馆，2017：17-20.

❻ 阿尔弗雷德·马歇尔. 经济学原理［M］. 宇琦，译. 长沙：湖南文艺出版社，2012：256-261.

它的自然价格的人的需要量之间的比例支配。[1] 在市场配置资源的情况下，边际生产率决定投入的价格。[2] 在完全竞争环境下，市场配置资源具有高效性的特点。但是市场配置资源高效性的前提是所有商品是由完全竞争的厂商有效率地生产。另一方面，在经济非均衡背景下，市场对创新资源的配置与政府在知识产权领域的宏观调控具有高度互补性。在均衡的条件下，市场是完善的，价格是灵活的，微观经济单位的资源投入是受自身利益支配的，资源配置必将受到市场价格的制约，资源必将被投入有效的部门、地区和企业，并且从无效的部门、地区和企业流出。然而经济均衡只是一种假设，现实世界是非均衡的，市场失灵的情况广泛存在。根据市场经济发展的实证经验，典型的市场失灵包括不完全竞争、市场外部性和不完全信息。也就是说，垄断或者寡头厂商可能合谋减少竞争或者将其他厂商驱逐出市场，从而产生不完全竞争，市场因有垄断势力的存在无法发挥资源配置作用；不受管制的市场可能产生更多的外部成本；不受管制的市场为消费者提供的信息往往太少，价格因为有预期因素的作用或者信息不对称而并非灵活调整，使消费者无法基于完善的信息进行决策。应对市场非均衡性产生的市场失灵的基本措施是加大政府干预力度，以政府调节弥补市场不足，[3] 弥补市场配置创新资源决定性作用中的缺陷。



再次，把握知识产权领域市场与政府关系需要立足中国国情。中国经济改革不应当以放开价格为主线，而应当以产权改革为主线。[4] 针对知识资源配置的改革同样如此，应当以明晰产权、界定产权和培育独立市场主体为主线，[5] 通过产权明晰和规范使得中国由经济非均衡向经济均衡靠拢。在这一过程中，知识产权作为市场经济的产物，对知识资源配置具有非常重要的作用。基于此，处理好知识产权领域市场与政府的关系、准确定位政府职能的基本原则：一是坚持发挥市场配置知识产权资源的决定性作用。政府职能的关键是消除各种制度障碍和制约因素，以促进知识产权资源高效流转，充分释放出市场配置资源的决定性力量，实现知识产权活动经济绩效的全面提升。这需要通过持续改革，进一步明晰政府与市场的边

---

❶ 亚当·斯密. 国富论［M］. 宇琦，译. 长沙：湖南文艺出版社，2012：35-36.

❷ 保罗·萨缪尔森，威廉·诺德豪斯. 经济学（第18版）［M］. 萧琛，译. 北京：人民邮电出版社，2008：205-209.

❸ 厉以宁. 中国经济双重转型之路［M］. 北京：中国人民大学出版社，2013：17.

❹ 厉以宁. 中国经济双重转型之路［M］. 北京：中国人民大学出版社，2013：18.

❺ 罗纳德·哈里·科斯. 企业、市场与法律［M］. 盛洪，陈郁，译. 上海：上海人民出版社，2003：13.

界和关系。二是提升国家知识产权治理能力，实现国家知识产权治理体系现代化。知识产权治理是一项系统工程，是多主体参与的治理过程，需要有科学合理的国家知识产权治理体系作为基础。这就要求深化政府职能由知识产权管理向知识产权治理转变，提升政府治理能力，创新政府治理手段。政府应更多关注市场失灵环节，充分发挥其引导、动员和激励的优势，理顺政府与市场、政府与社会的关系，既不越位，也不缺位。政府主要通过制定法律法规和提供政策供给，为创新主体的知识产权能力提升提供制度保障。

## 二、问题关键：我国知识产权领域的政府职能定位

更好地发挥政府在知识产权领域的作用，基础是提高知识产权宏观调控能力，加快实现知识产权治理体系和治理能力的现代化。更好地发挥政府在知识产权领域的作用，关键是从经济调节、市场监管、社会治理、公共服务四个角度加强知识产权工作。

首先，知识产权经济调节。知识产权市场，是指知识产权产品这一特殊商品的交换关系和法制关系的总称。[1] 知识产权市场相对于一般市场而言具有一定特殊性，这一特殊性使得不完全竞争、市场外部性和不完全信息等市场失灵现象更为突出。知识产权经济调节恰恰需要解决知识产权市场存在的这些问题。



一是知识产权经济调节解决不完全竞争问题。知识产权是合法垄断权，其对竞争秩序具有影响。竞争是知识产权市场的活力之源，知识产权市场效率的获得有赖于竞争的充分性和有效性，知识产权市场有赖于竞争而繁荣。但是，知识产权的垄断是“合法权利”的垄断，而非“市场”的垄断。在市场主体借助知识产权这一“合法权利”的垄断去实现“市场”的垄断的情况下，需要政府主动干预维护市场秩序。可以说，常态的“市场”竞争是通过“合法权利”的垄断推动知识产权市场繁荣的基础。但是，不正当竞争与知识产权市场相伴而生，较之商品市场关系更为密切。因此，政府需要担负知识产权反垄断调查的重要职责。

二是知识产权经济调节解决市场外部性问题。这一点是知识产权经济调节的关键内容。运行良好的市场才能通过价格信号反映生产资源的相对稀缺程度，从而引导企业进入符合本国比较竞争优势的部门，如果遵循本

[1] 郑英隆. 知识产权市场理论初探［J］. 社会科学，1995（3）：16-19.

国技术和产业发展过程中的比较竞争优势，那么这个国家的经济就会在国内和国际市场中具有竞争力，可以更快地实现经济增长、资本积累和要素禀赋结构升级。这一过程中，尤其需要政府因势利导，补偿产业升级先行企业创造的外部性，协调或者提供个别企业决策无法内部化的改进。这一过程中尤其需要发展中国家的政府，跟发达国家的政府一样，对先行企业产生的信息外部性进行补偿。❶ 创新的过程具有高度不确定性和高成本性，往往处于新技术轨道前端。❷ 在这一过程中，需要政府发挥经济调节作用，引导企业的创新方向，同时对中小微企业提供直接支持。尤其是，中小微企业作为创新动力源泉，对创新的高度不确定性和高成本性非常敏感，需要政府在经济调节过程中通过政策手段加以扶持。

三是知识产权经济调节解决不完全信息问题。知识产权作为无形财产权，不完全信息问题非常突出。知识产权市场的信息不完全性主要来自两个方面："经济人"的有限理性决定其不可能掌握某个事件过去、现在和未来的全部信息；知识产权本身的特殊性导致信息的不完全。知识产权本身的特殊性导致信息的不完全主要是指知识分为隐性知识和显性知识，其中隐性知识存在于人的大脑，难以形式化和表述，隐性知识阻碍了知识传播的速度，加剧了知识产权领域信息不完全的程度。由于知识产权本身的这一特殊性，知识产权的不完全信息问题主要表现为知识产权权利的不确定性使市场主体无法基于完善信息进行决策。因此，要求政府发挥经济调节作用，向社会公开知识产权交易和知识产权产品交易所需要的信息。

其次，知识产权市场监管。有效的市场监管是市场体系的重要组成部分。西方资本主义市场经济发展了两百多年，包括市场监管在内的整个市场体系相当完善。当代新兴市场经济体的政府无一例外地在市场体系建设方面发挥了主导作用，积极建设市场监管机制。《中共中央关于全面深化改革若干重大问题的决定》明确指出："建设统一开放、竞争有序的市场体系，是使市场在资源配置中起决定性作用的基础。"市场机制作用的发挥必须以良好的市场秩序作为前提，良好的市场秩序取决于：一是市场主体内在的自我调控和自我约束能力，二是对市场行为的外部规制。❸ 市场



❶ 林毅夫. 新结构经济学——反思经济发展与政策的理论框架［M］. 北京：北京大学出版社，2012：47.

❷ 蔡晓月. 熊彼特式创新的经济学分析——创新原域、连接与变迁［M］. 上海：复旦大学出版社，2009：34.

❸ 李昌麟. 经济法学［M］. 北京：法律出版社，2008：16.

监管就是通过对市场行为的外部规制维护良好的市场秩序。市场监管的关键是法治监管，要实现政府监管的权力法定、程序法定和监督法定。[1] 知识产权市场监管的总体思路是加强知识产权保护体系建设，统筹知识产权司法保护、行政保护和社会保护，对知识产权侵权行为给予足够的惩戒力度，使得知识产权侵权收益低于知识产权侵权投入。

再次，知识产权社会治理。社会治理是国家治理的重要组成部分，实现知识产权治理体系和治理能力现代化，必然要求推进知识产权社会治理现代化。创新知识产权社会治理体制的关键是完善制度，形成一个多元的知识产权社会治理体系。在知识产权社会治理中，政府要发挥主导作用，改进社会治理方式，运用法治思维和法治方式治理社会知识产权问题，社会要提高自我管理、依法自治的能力和水平，实现知识产权领域政府治理与社会自我调节、创新主体自治良性互动。

知识产权社会治理的治理主体包括政府、企业组织、社会组织等。其中，政府包括知识产权管理部门和相关知识产权部门，企业组织包括行业协会等，社会组织包括中华全国专利代理人协会、中国专利保护协会、中华商标协会、中国发明协会等。知识产权社会治理的治理机制是坚持知识产权系统治理，发挥政府主导作用，鼓励和支持社会各方面参与，激发社会组织活力，推进社会组织明确权责、依法自治、发挥作用。知识产权社会治理的治理目标是形成职能边界清晰的政府、市场、社会“共治”的现代国家治理体系。知识产权社会治理的总体思路是发挥政府主导作用，鼓励和支持社会各方面参与，加快政社分开，推进社会组织明确权责、依法自治、发挥作用，实现政府治理和社会自我调节的良性互动。

最后，知识产权公共服务。政府职能转变的重要目标在于建设法治政府和服务型政府，加强公共服务是《中共中央关于全面深化改革若干重大问题的决定》的重要要求。知识产权领域的公共服务是未来知识产权工作重点加强的部分，也是知识产权系统相关工作的重要业务增长点。知识产权公共服务就是强调知识产权政府管理部门的服务职能，使用公共权力或者公共资源，创新服务载体和服务形式，丰富服务产品和服务内容，满足人们生活、生存与发展的直接需求，促进经济社会的健康发展。[2]



---

[1] 曹丽辉. 全国政协委员迟福林：市场监管应以法治监管为主［N］. 检察日报，2014-03-05（10）.

[2] 吴离离. 浅析我国知识产权公共服务体系的构建［J］. 知识产权，2011（6）：63-66.

## 三、战略展望：国家知识产权治理体系的建设方向

立足上述知识产权领域市场与政府的关系的分析，在经济非均衡背景下，充分发挥市场配置创新资源的高效性，同时加强政府在知识产权领域的宏观调控，需要定位于政府经济调节、市场监管、社会治理、公共服务等职能，更多关注市场失灵环节，充分发挥其引导、动员和激励的优势，深化政府职能由知识产权管理向知识产权治理转变，提升政府治理能力，创新政府治理手段，加快实现国家知识产权治理体系和治理能力的现代化。

首先，建立健全知识产权宏观调控体系，加强知识产权综合调控能力。知识产权宏观调控体系的核心内容是，促进创新产权化、知识产权产业化和知识产权产业贸易化。❶ 知识产权宏观调控体系的方式是制定中长期发展的战略和规划，促进赶超型经济发展。建立健全知识产权宏观调控体系的关键是整体调控知识产权与创新能力的关系、不同类型知识产权之间的关系、知识产权与产业结构的关系、知识产权与贸易结构的关系、知识产权与企业竞争力的关系。❷ 一是通过制定战略、规划、标准、计划等政策文件，加强知识产权工作的顶层设计和统筹协调。二是深入研究创新规律，建立基于创新能力的知识产权申请结构动态调控机制，根据创新能力发展情况调控知识产权的结构和数量以及不同类型知识产权之间的结构关系。❸ 三是深入研究产业发展规律，根据我国产业结构特点，结合产业专利饱和度的分析，调控不同产业专利申请的结构和数量，建立基于产业特质的专利审查标准动态调控机制。❹ 四是深入研究贸易提升规律，根据我国贸易结构特点，引导优化知识产权商品的结构和附加值。五是深入研究创新型企业成长规律，尤其是中小微创新型企业的成长规律，根据我国企业分布情况，建立基于企业特点的知识产权运用引导机制。

其次，优化完善知识产权保护体系，加强知识产权市场监管。优化完善知识产权保护体系的关键在于正确处理好行政和司法的关系、处理好公权力保护和私权自治的关系、处理好知识产权专门执法与市场监督管理的



❶ 张鹏. 知识产权强国建设基本问题初探［J］. 科技与法律，2016（1）：4-16.

❷ 张鹏. 知识产权公共政策体系的理论框架、构成要素和建设方向研究［J］. 知识产权，2014（12）：69-73.

❸ 张鹏. 专利授权确权制度原理与实务［M］. 北京：知识产权出版社，2012：487-506.

❹ 张鹏. 建设世界一流专利审查机构的模式路径与战略任务初探［J］. 中国发明与专利，2017（14）：8-11.

关系、处理好知识产权各专项执法之间的关系、加强知识产权保护和防止知识产权滥用的关系。一是加快推进相关法律法规的完善，健全知识产权保护长效机制。从制度层面降低权利人的证明标准，调整权利人的举证责任，加大对知识产权侵权行为的惩处力度。二是充分发挥知识产权司法保护的主导作用，加快构建最高人民法院、知识产权统一上诉法院、知识产权法院、知识产权法庭等共同构成的知识产权司法保护体系，优化知识产权司法保护程序规则，完善执法信息公开、"两法"衔接、纠纷调解等工作机制，营造出知识产权高效保护的市场环境。三是加强知识产权文化建设，促进形成尊重知识、崇尚创新、诚信守法的知识产权文化。

再次，探索建立知识产权社会治理体系，改进知识产权社会治理方式。探索建立知识产权社会治理体系的关键在于处理好知识产权工作中政府和社会的关系。一是改革对社会组织的管理手段，强化社会组织自治能力的提高。二是建立知识产权制度使用主体（尤其是创新主体）的反馈机制，制度化、规范化、常态化地听取知识产权制度使用主体的诉求，建立知识产权制度使用主体诉求回应的工作机制，根据创新主体诉求调整知识产权工作方式。

最后，全面加强知识产权公共服务，努力建设服务型行政机关。全面加强知识产权公共服务的关键在于处理好公共服务和社会服务的关系、产业服务和企业服务的关系、知识产权服务的供给与需求关系。在提供知识产权公共服务的同时，加大知识产权服务业培育力度；以为产业发展提供知识产权公共服务为重点，兼顾为企业提供知识产权公共服务，尤其是为中小企业提供知识产权公共服务；全面调查梳理知识产权服务的需求，根据知识产权服务的需求优化知识产权服务的供给，实现知识产权服务的供需平衡。一是完善知识产权信息公共服务体系，为社会提供公共服务。搭建知识产权基础信息公共服务平台，实现现有各类知识产权基础信息平台的互联互通，实现知识产权基础信息的共享共用，促进知识产权信息传播。建设中外知识产权基础信息库、知识产权检索与服务系统等信息平台，探索具有产业特色的全国知识产权运营与产业化服务平台。二是建立知识产权信息产业服务体系，为产业提供公共服务。实施专利导航试点工程，加强重点领域专利预警和知识产权分析评议，探索知识产权运营促进产业创新发展的新模式，加强知识产权协同运用，形成资源集聚、流转活跃的知识产权市场环境。三是建设知识产权非营利化服务体系，提供基础公共服务。加强知识产权维权援助与举报投诉服务平台建设，形成多层次的知识产权维权援助工作体系。做好重大涉外知识产权案件的指导工作，积极帮助我国企业应对海外知识产权纠纷，探索开展知识产权侵权事先协助调查，帮助当事人获取证据等深层次服务。四是加强知识产权营利化服务体系，积极培育和发展知识产权服务业。加强知识产权服务标准化体系建设，组织实施全国知识产权服务业统计调查，推动知识产权服务业集聚区建设和品牌机构培育。

## 四、战略部署：国家知识产权治理体系的建设路径

国家治理体系和治理能力现代化有五个基本要素：制度化、民主化、法治化、效率、协调，国家治理体系和治理能力现代化的基本依托就是现代的国家法治体系。❶ 法治建设是中国未来深化改革至关重要的核心内容，是全方位综合联动改革中其他领域改革的关键枢纽，是国家治理体系和治理能力现代化的重要基石。在“法规治理、激励机制、社会规范”三大基本制度安排中，“法规治理”是最为核心和最为基本的制度安排。❷ 知识产权治理是一项系统工程，是多主体参与的治理过程，需要有科学合理的制度规则作为国家知识产权治理体系和治理能力现代化的基础。由于界定知识产权领域政府与市场的关系、政府与社会治理的边界关键是政府知识产权领域的管理职能与权力边界的明晰，而政府知识产权领域的管理职能与权力边界的明晰关键靠法治。在法治结构体系中，立法“分配正义”，行政“运送正义”，司法“矫正正义”。❸ 其中，对于知识产权法治结构体系建设以及在此基础上建构的国家知识产权治理体系建设，迫切需要通过立法的方式实现分配正义，健全市场竞争的法治要素，提升促进创新的法治措施，凝聚促进发展的法治方式。据此，建设国家知识产权治理体系，实现国家知识产权治理能力现代化的根本路径在于研究制定知识产权基本法，用知识产权基本法的方式实现分配正义，建构知识产权法治结构体系。

首先，在知识产权基本法中构建和完善“平衡高效、双轮驱动、多元保护、灵活可及”的知识产权保护制度。知识产权基本法是民法典的特别法，是未来知识产权法典的总则或者通则，引领未来知识产权法典的总体



---

❶ 俞可平. 论国家治理现代化［M］. 北京：社会科学文献出版社，2015：76.

❷ 人民论坛. 大国治理：国家治理体系和治理能力现代化［M］. 北京：中国经济出版社，2014：43.

❸ 余和平. 关于司法体制改革的思考［J］. 民主法制建设，2003（12）：9-11.

定位、价值取向与骨干制度。基于上述定位，知识产权基本法仍应秉承民法典确立的、未来知识产权法典作为特别民事法律制度也要继续坚守的“私权—私法—司法”的基本逻辑。严格知识产权保护，发挥知识产权司法保护主导作用，发挥知识产权行政保护的快捷性、便利性优势，完善司法保护和行政保护两条途径优势互补、有机衔接的知识产权保护模式，形成包括司法审判、刑事司法、行政执法、快速维权、仲裁调解、行业自律、社会监督等的多元纠纷解决机制。一方面充分发挥知识产权司法保护的主导作用。国家建立知识产权统一上诉法院，建立区域布局均衡发展的知识产权法院体系，完善知识产权专门审判机构合理布局，实行知识产权民事、行政和刑事审判合一。制定符合知识产权审判特点的特别程序规则，就知识产权审判机构、管辖、证据、保全等作出规定，积极推行知识产权案例指导制度和技术事实查明机制。另一方面加强知识产权综合执法，构建高效便捷、综合可及的知识产权保护体系，依法加强涉及知识产权的市场监督管理。完善执法协作、侵权判定咨询与纠纷快速调解机制，查处有重大影响的知识产权侵权假冒行为，全面公开知识产权行政执法信息，实现全流程材料全面公开，强化执法队伍建设。建设知识产权快速维权机制，构建知识产权快速授权、快速确权、快速维权的工作机制。同时，加强确权程序与侵权纠纷处理程序的衔接，积极改进民行交叉案件的审判机制，加强行政与司法的高效衔接，避免循环诉讼，加快纠纷的实质性解决。



其次，在知识产权基本法中构建和完善“弥补失灵、供需平衡、科学有效、系统全面”的知识产权宏观调控体系。加强知识产权反垄断规制，优化滥用知识产权规制制度，通过知识产权经济调节的方式解决不完全竞争问题。明确知识产权分析评议、专利导航等制度规范，加强对中小微企业知识产权服务，通过知识产权经济调节解决市场外部性问题，以保障交易安全、降低交易成本为两大基本出发点，向社会公开知识产权交易和知识产权产品交易所需要的信息，促进知识产权信息的高效分析和运用，建构知识产权运用促进制度，通过知识产权经济调节解决不完全信息问题。

再次，在知识产权基本法中构建和完善“多元参与、多方共治、惠益共享、服务高效”的知识产权社会治理体系和社会服务体系。向全社会及时免费公开知识产权申请、授权、执法、司法判决等信息。国家鼓励各地区、各有关行业建设符合自身需要的知识产权信息库，支持全社会在研发、规划、管理、评估等整个过程中对相关信息的应用。培育和发展市场化知识产权信息服务，引导社会资金投资知识产权信息化建设。还有，完善企业主导、多方参与的专利协同运用体系，提升企业知识产权运用能力，形成资源集聚、流转活跃的专利交易市场体系。国家建立专利导航产业发展工作机制，开展专利布局，在关键技术领域形成专利组合，构建支撑产业发展和提升企业竞争力的专利储备。国家推动专利联盟建设，加强专利协同运用，建立具有产业特色的全国专利运营与产业化服务平台。

综上所述，深化知识产权领域改革，需要深入思考知识产权领域政府和市场的关系，充分发挥市场配置知识产权资源的决定性作用，更好地发挥政府在知识产权领域的作用。知识产权治理是一项系统工程，是多主体参与的治理过程，需要有科学合理的国家知识产权治理体系作为基础。这就要求深化政府职能由知识产权管理向知识产权治理转变，提升政府治理能力，创新政府治理手段。政府应更多关注市场失灵环节，充分发挥其引导、动员和激励的优势，理顺政府与市场、政府与社会的关系。建构现代化的国家知识产权治理体系，应当定位于经济调节、市场监管、社会治理、公共服务等方面。其中，知识产权领域的经济调节是未来知识产权工作的中心和重心，主要考虑经济非均衡下市场失灵的纠正以及创新外部性的补偿，采用规划、标准与政策等宏观调控手段和结构性调控措施为主的微调手段，建立知识产权宏观调控体系，整体调控知识产权与创新能力的关系、不同类型知识产权之间的关系、知识产权与产业结构的关系、知识产权与贸易结构的关系、知识产权与企业竞争力的关系等；知识产权领域的市场监管，主要是加强知识产权保护体系建设，统筹知识产权司法保护、行政保护和社会保护，对知识产权侵权行为给予足够的惩戒力度，使得知识产权侵权收益低于知识产权侵权投入，采取的手段主要是降低调查取证成本和降低非经济成本；知识产权领域的社会治理，主要是充分发挥社会力量的作用，实现政府治理与社会自我调节、组织自治良性互动，采取的手段主要是提高社会组织自治能力和建立政府与社会之间的信息互通机制；知识产权领域的公共服务是未来知识产权工作重点加强的部分，也是知识产权系统相关工作的重要业务增长点，主要是加强基于知识产权信息分析的公共服务和服务业培育，采取的手段主要是服务能力的提升和信息资源的互联互通、共享共用。为了建构现代化的国家知识产权治理体系，提升现代化的国家知识产权治理能力，迫切需要制定知识产权基本法，从知识产权经济调节、市场监管、社会治理、公共服务等方面部署相关制度，明确市场在创新资源配置中的决定性作用并促进法治化地发挥政府的作用。

# 第三章

# 比较论：知识产权公共政策法律化的比较借鉴

20世纪七八十年代以来，以微电子技术、生物工程技术和新材料技术为代表的新技术革命给人类发展带来了巨大的影响，世界经济开始从传统经济向知识经济转型，知识的重要性表现得比历史上任何一个时期都更加明显，以知识产品为客体的知识产权法的重要性特别彰显，与此相对应，在世界立法史上的几次民法法典化热潮后，又出现了一股知识产权法典化的热潮，法国、菲律宾、越南、斯里兰卡等纷纷制定了知识产权法典。[1]基于我国知识产权基本法所具有的在知识产权入典和知识产权成典之间的定位，以知识产权治理体系和治理能力现代化为总体价值，需要从比较法角度对《日本知识产权基本法》、《韩国知识产权基本法》、《法国知识产权法典》总则篇、《俄罗斯联邦民法典》知识产权篇的立法经验进行分析梳理。



## 一、《日本知识产权基本法》比较分析[2]

《日本知识产权基本法》是以公法形式建构知识产权公共政策法律化的典型立法例。日本知识产权基本法的内容以公法规范为主，类似行政组织法的体例和主要制度。《日本知识产权基本法》分为4章和1个附则，共计33条，分别规定了总则，基本措施，有关知识财产的创造、保护及应用的推进计划以及知识产权战略本部，旨在有计划地集中推动知识产权相关措施的实施，以提高日本企业的国际竞争力，促进经济持续健康发展。[3]

---

[1] 曹新明，张建华. 知识产权制度法典化问题研究［M］. 北京：北京大学出版社，2010：151.

[2] 本部分涉及日本知识产权基本法的译文，引自中村真帆. 日本知识产权基本法［J］. 网络法律评论，2004（1）：314-320.

[3] 曹新明，张建华. 知识产权制度法典化问题研究［M］. 北京：北京大学出版社，2010：16.

1.《日本知识产权基本法》的制定背景

进入 20 世纪 90 年代，日本在高技术领域的竞争力开始落后于欧美，而在传统工业和劳动密集型产品方面又面临着亚洲其他国家和地区的竞争，在这样的背景下，日本开始确立“知识产权立国”的国策。进入 21 世纪之后，日本为了保持其世界经济强国地位，采取了三大步骤推进“知识产权立国”国策：制定《知识产权战略大纲》、成立知识产权专门法院、颁布知识产权基本法。

2002 年 7 月，日本知识产权战略会议制定出台《知识产权战略大纲》。《知识产权战略大纲》在第五部分“建立实施体制”中提出：“为了用快速和统一的形式推行中央政策，并考虑到许多行政机构参与了日本知识产权立国大纲的创建，在首相的领导下召开了知识产权战略会议。该会议在整理出知识产权战略大纲之后还必须为其切实顺利地实施而建立体制。为此，至迟在 2003 年的通常国会之前，在经过必要讨论的基础上提出规定了下述内容的‘知识产权基本法’：将激活知识产权循环的理念作为国家目标，设置‘知识产权战略本部（暂定名称）’，该本部在相关府省的合作下具有切实实施知识产权战略大纲的强有力的职能和责任。”2002 年 11 月，日本国会通过《智慧财产基本法》。可以说，日本知识产权基本法就是为了从法律制度层面推进知识产权战略、促进知识产权立国，就《知识产权战略大纲》作出的政策部署给予法律保障。由此背景可以看出，《日本知识产权基本法》的主旨目标是促进知识产权流转循环，重点内容是设置知识产权战略本部。日本知识产权基本法的内容分为总则、分则、附则三部分，其中“附则”部分主要规定了日本知识产权基本法的实施时间等。下面对日本知识产权基本法总则、分则的内容加以阐述。

2.《日本知识产权基本法》总则的内容

日本知识产权基本法“总则”是关于日本知识产权基本法的立法目的、立法理念，什么是知识财产、知识产权，以及国家、高校、企业等发展和保护知识产权的义务。

日本知识产权基本法总则部分规定了立法目的和立法理念。就日本知识产权基本法的立法目的而言，主要是为了开发并有效利用新的知识财产进而创造附加价值，并借此建设一个以其为基轴的充满经济活力的社会，通过制定日本知识产权基本法对有关知识财产的创造、保护和应用的基本理念及与该理念的实现相关的基本事项作出规定，明确国家、地方公共团体、大学和企业的责任，并制订有关知识财产创造、保护及应用的推进计划。同时，通过设置知识财产战略本部，集中、有计划地实施有关知识财产创造、保护及应用的措施。就《日本知识产权基本法》的立法理念而言，在第三条、第四条中进行了规定。其中，《日本知识产权基本法》第三条规定了国民经济的健康发展及丰富文化的创造的立法理念，亦即有关知识财产的创造、保护及应用的政策的推行应基于以下宗旨进行，即通过培养富有创造力的人才并使其创造力得到充分发挥，通过努力实现对知识财产在国内外的、适应技术革新的迅速发展的、及时且合理的保护，通过完替为促进知识财产在社会经济中逐步得到积极、充分应用并使其价值得到最大限度发挥所必需之环境，实现一个让广大国民能够享受到知识财产之惠泽的社会。同时，为今后的新的知识财产的创造夯实基础，并进而为国民经济的健康发展和丰富文化的创造作出贡献。《日本知识产权基本法》规定有关知识财产的创造、保护及应用的措施的推行必须基于以下宗旨进行，即努力促使有创造性的研究开发成果顺利实现产业化，通过开发以知识财产为基础的新兴产业，促进经营革新，鼓励创业活动，从而加强日本产业的技术能力，实现产业复苏，进一步活跃地方经济，并创造出更多的就业机会，进而为提升日本产业的国际竞争力，为日本产业正确应对国内外经济环境的变化、实现可持续发展作出贡献。

《日本知识产权基本法》总则部分还进一步规定了作为知识产权客体的“知识产品”的外延，并基于此给出了“知识产权”的外延。《日本知识产权基本法》规定的作为知识产权客体的“知识产品”包括发明、实用新型、外观设计、植物新品种、作品以及其他创造性活动的成果、商标等标识，以及商业秘密等对经营活动有用的技术信息或者商业信息。因而，日本知识产权基本法保护的“知识产权”包括发明专利权、实用新型专利权、植物新品种权、外观设计权、著作权、商标权，以及其他有关知识产权法律法规所规定的权利和法律法规所保护的合法利益。就该部分的规定而言，与 TRIPs 和《成立世界知识产权组织公约》的内容总体一致。其中，TRIPs 第一部分第一条规定，本协定所保护的知识产权是指该协定第二部分第一节至第七节中所列举的著作权与邻接权、商标权、地理标志权、外观设计权、专利权、集成电路布图设计权和商业秘密相关权益。《成立世界知识产权组织公约》第二条第八项规定，“知识产权”包括有关下列项目的权利：文学、艺术和科学作品，表演艺术家的表演以及唱片和广播节目，人类一切活动领域内的发明、科学发现，工业品外观设计，商标、服务标记以及商业名称和标志，制止不正当竞争，以及在工业、科学、文学或艺术领域内由于智力活动而产生的一切其他权利。

《日本知识产权基本法》总则部分还进一步规定了国家、高校、企业等发展和保护知识产权的义务。就国家而言，第五条主要规定了国家遵循上述立法理念制定并且实施知识产权创造、运用和保护的措施的义务，亦即《日本知识产权基本法》进一步明确了日本政府在知识产权战略实施中的定位。第六条规定了日本地方政府在知识产权战略实施中的定位，在遵循上述统一理念的基础上，与国家合理分担权力，自主制定并实施可以发挥本地区特色的有关知识财产的创造、保护、运用的措施。第七条、第八条分别规定了大学等研究机构、产业界在知识产权战略实施中的义务，要求大学等研究机构积极自主地培养人才、开展研究并促进研究成果的普及，并保证研究人员及技术人员的职位和工作环境具有与其重要性相当的吸引力，同时要求产业界各企业加强知识产权运用和知识产权管理，将本企业或其他企业创造的知识财产或者大学等相关研究机构所创造的知识财产积极投入应用，并对自己所拥有的知识财产进行适当的运营，同时给予发明人及其他从事创造性活动的人员适当之待遇，以使发明人及其他从事创造性活动的人员的职位具有与其重要性相当的吸引力。第九条对产学研合作提出要求，明确国家、地方公共团体、大学等研究机构以及从业者的相互协作，国家应该采取必要措施加强这些主体之间的合作。第十条明确知识产权保护运用与公平竞争、自由竞争的关系。由于知识产权本质上属于“禁”的权利，有权利要求不特定其他人不得为一定的行为，因此其构成合法的排他性民事权利。同时，由于滥用知识产权所造成的对竞争的影响，亦应当有所规制。因此，该条文明确在推行有关知识财产的保护和应用的措施时，应对知识财产的公正利用及公共利益的维护予以关注，同时也应谋求促进公平、自由的竞争。第十一条对法律制度、财政方面的支持措施作出了规定。



### 3.《日本知识产权基本法》分则的内容

《日本知识产权基本法》的分则包括基本措施，有关知识财产的创造、保护及应用的推进计划，知识产权战略本部三个部分。“基本措施”部分规定了推进研究开发、促进成果转化、加速授权、诉讼程序的完善和便捷、加大侵权惩罚力度等措施；“有关知识财产的创造、保护及应用的推进计划”则部署了知识财产战略部制订有关知识财产的创造、保护及应用的推进计划，并就计划的主体内容进行了规定；“知识产权战略本部”部分则明确了本部长、副本部长、本部员的职责和构成。❶

《日本知识产权基本法》分则“基本措施”部分围绕知识产权创造、知识产权运用、知识产权保护以及知识产权基础四个方面部署相关制度。这一点与日本《知识产权战略大纲》的逻辑完全一致。日本《知识产权战略大纲》提出，知识创造的循环分为知识产权“创造”“保护”“运用”以及构成其基础的“人才基础的充实”四个方面，并提出知识产权创造战略、保护战略、运用战略以及充实人才基础、建立实施体制五项内容。与之对应，日本知识产权基本法亦从创造、保护、运用以及充实人才基础等四个方面部署相关制度。

首先，《日本知识产权基本法》“基本措施”部分第十二条、第十三条、第十四条规定了促进知识产权创造的法律制度，包括针对高校等科研机构研究开发的促进和成果转化的推动、针对需要登记审查才能产生权利的客体的加快授权制度等，要求采取必要措施培养富有创造力的研究人员，要求采取必要措施对大学等研究机构的相关研究成果进行适当管理并促使研究成果顺利向企业流转，要求采取必要措施完善审查体制以便尽早确定权利。其次，第十五条、第十六条、第十七条、第十八条规定了知识产权保护的相关制度，包括采取必要措施完善相关诉讼程序和法院的专门处理机制，采取必要措施制止侵害知识产权的违法行为，国内自然人、法人和其他组织的知识产权在国外没有得到合理保护的协作与补救，积极与各国政府共同构建体现国际间协调的有关知识产权制度，加强生命科学、互联网等新兴领域的知识产权保护。再次，第十九条、第二十条规定了促进知识产权利用的相关制度，包括确立作为知识产权客体的知识产权产品价值的评估方法，特别考虑个人创业活动和富有创业热情的中小企业所进行的新事业，采取必要措施对国外知识产权动态进行调查分析，完善知识产权数据库并以互联网等方式向从业者、大学等研究机构及相关部门提供便捷的信息服务。最后，第二十条、第二十一条规定了构成知识产权创造、保护、利用的基础的人才促进制度，包括采取必要措施加强知识产权教育和知识产权宣传，促进知识产权知识的普及，采取必要措施培养知识



---

❶ 中村真帆. 日本知识产权基本法［J］. 网络法律评论，2004（1）：314-320.

产权专业人才等。

《日本知识产权基本法》分则“有关知识财产的创造、保护及应用的推进计划”部分只有一个条文，即第二十三条。第二十三条第一款至第七款分别明确了有关知识财产的创造、保护及应用的推进计划的制定主体、主要内容、具体要求、公开机制、调查机制、决策机制等。第二十三条第一款要求，知识产权战略本部应当制订有关知识财产的创造、保护及应用的推进计划，明确了知识产权战略本部的一项法定职责。第二十三条第二款规定了推进计划的内容，包括为促进知识产权创造、保护和应用，政府集中、有计划地采取相关措施应当遵循的基本方针；针对知识产权的创造、保护和应用，政府应当集中、有计划地采取的措施；针对知识产权教育振兴和相关专门人才的培养，政府应当集中、有计划地采取的措施；政府应当集中、有计划地推进有关知识产权创造、保护和应用的措施时所需的其他事项。第二十三条第三款是推进计划的具体要求，即对推进计划中所确定的措施原则上需要规定的具体目标和完成时间。第二十三条第四款是推进计划的公开机制，即知识产权创造、保护及应用的推进计划应当通过互联网或者其他适当的途径加以公开。第二十三条第五款是推进计划的调查机制，即知识产权战略本部应当适时对知识产权创造、保护及应用的推进计划的实施情况进行调查，并通过互联网或者其他适当途径公布调查结果。第二十三条第六款是推进计划的决策机制，即知识产权战略本部应当根据知识产权国际国内环境的变化，对知识产权创造、保护及应用的推进计划的实施效果进行评估，至少每年对推进计划进行一次讨论，如有必要时对推进计划进行调整，并且将调整的情况通过互联网或者其他适当途径加以公布。

《日本知识产权基本法》分则“知识产权战略本部”部分围绕机构设置、职能配置、资料获取进行规定。首先，第二十四条、第二十六条、第二十七条、第二十八条、第二十九条、第三十一条、第三十二条规定了知识产权战略本部的机构设置。第二十四条规定，为了集中、有计划地推进知识产权创造、保护及应用的措施，在内阁之下设置知识产权战略本部。第二十六条、第二十七条、第二十八条规定，日本知识产权战略本部的组织机构由知识产权战略本部长、副本部长、战略本部成员构成。知识产权战略本部长是知识产权战略本部的负责人，由作为日本政府首脑的首相（内阁总理大臣）担任，主要负责总揽知识产权战略本部事务并监督指导知识产权战略本部工作人员的工作情况；知识产权战略副本部长是知识产权战略本部的负责人，由国务大臣担任，主要负责协助知识产权战略本部长开展工作；知识产权战略本部成员由本部长、副本部长之外的所有国务大臣以及由日本首相任命的，对知识产权的创造、保护及应用具有卓越见解者构成。第三十一条、第三十二条规定，知识产权战略本部日常事务由内阁官房负责处理，由内阁官房副长官助理具体承担。同时，第三十三条规定，日本知识产权基本法没有规定的并且与知识产权战略本部有关的其他必要事项，由行政法规加以规定。其次，第二十五条规定了知识产权战略本部的职能配置，即知识产权战略本部负责制订推进计划并推动推进计划的实施，对与知识产权的创造、保护和应用有关的重点措施进行研究审议。再次，第三十条专门对资料获取作出规定，即知识产权战略本部必要时可以要求相关行政机关、社会团体等提供相关资料、发表相关意见或者提供必要帮助。

从《日本知识产权基本法》的内容可以看出，尽管日本知识产权基本法对知识产权法的一般性问题（如立法目的、理念以及何谓知识财产、何谓知识产权）进行了规定，但是主体内容却是对政府以及社会各界推进知识财产的创造、保护和应用义务的规定，属于行政法性质，而非私法。[1]

## 二、《韩国知识产权基本法》比较分析



《韩国知识产权基本法》是以公法形式建构知识产权公共政策法律化的另一个典型立法例。《韩国知识产权基本法》分为四章和一个附则，共计 40 条，分别规定了知识产权公共政策的制定与推进体系，促进知识财产的创造、保护与应用的公共政策和政策基础，旨在国家层面推进知识产权工作，运用知识产权提升国家竞争力。

### 1.《韩国知识产权基本法》的制定背景

《韩国知识产权基本法》的立法历程和主要内容与日本知识产权基本法的立法历程和主要内容总体类似，旨在直接实现知识产权公共政策法律化。2009 年 3 月，韩国特许厅联合相关部门研究制定《知识产权的战略与愿景》；2009 年 7 月 29 日，直属韩国总统领导的咨询机构国家竞争力强化委员会第十五次全体会议审议通过《知识产权强国实现战略》，并提出制定国家层面的知识产权基本法的构想。在韩国知识产权强国实现战略实施

---

[1] 齐爱民. 知识产权基本法之构建［J］. 河北法学，2009（5）：57-60.

伊始，即在国务总理室设置专门机构，由知识产权相关部门及民间专门委员组成的知识产权政策协调委员会，负责制定包括知识产权创造、运用、保护等内容的知识产权基本法。[1] 2010 年 8 月，知识产权基本法政府方案提出，其间还有两位议员提出知识产权基本法议案。最终，以政府方案为基础，统合了两个议员提案，制定了《韩国知识产权基本法》。2011 年 4 月 29 日，韩国国会全体会议通过知识产权基本法。这一立法历程与日本知识产权基本法的立法历程非常相似，都是为了实现国家层面知识产权战略的法律化保障。就内容而言，韩国知识产权基本法规定了成立国家知识产权委员会、制订国家知识产权基本计划等推进知识产权工作、整备知识产权环境的多项措施，已经成为韩国国家知识产权战略的基础和支柱。《韩国知识产权基本法》分为总则，知识产权政策的制定与推进体系，促进知识财产的创造、保护与应用，奠定旨在促进知识财产的创造、保护及应用的基础，以及附则五章，附则主要规定了公务人员和行使公权力人员的保密义务。下面分成总则、分则两部分加以介绍。

2. 《韩国知识产权基本法》总则的内容

《韩国知识产权基本法》总则部分包括立法目的、立法理念、术语定义、主体职责以及与其他知识产权法律、知识产权政策之间的关系。



就韩国知识产权基本法的立法目的而言，主要是通过促进知识产权的创造、保护和应用，构建知识产权公共政策体系，促使知识产权的价值得到充分发挥，从而为国家的经济、社会和文化发展提供有力支撑，为国民生活质量的提高提供有力帮助。就韩国知识产权基本法的立法理念而言，包含四个方面：一是保证创新创造者持续进行创新创造活动，促进高质量知识产权的创造；二是有效稳定地保护知识产权，并且促进知识产权合理公正地运用；三是引导社会尊重知识产权，培养知识产权人才，培育知识产权产业，夯实知识产权事业发展的基础；四是促进国外知识产权制度协调，支援发展中国家知识产权制度完善，为国际知识产权事业共同发展作出贡献。

《韩国知识产权基本法》第三条对知识财产（知识产权保护客体）、新知识财产、知识产权、公共研究机构、经营者分别给出了基本的定义。值得关注的是，在此之前，世界各国对“知识产权”的定义基本上采用列举法从外延的角度加以描述。然而，《韩国知识产权基本法》第三条率先从

---

[1] 王淇. 韩国知识产权政策体系初探［J/OL］. 科技促进与发展，2017（10）：826-831.

基本内涵的角度给出了定义。亦即第一款首先将“知识财产”定义为人们通过创造性活动或者经验等创造或发现的知识、信息、技术、思想或者情感的表达或物品的标示、生物品种或者遗传资源及其他可实现财产价值的无体物。在此基础上，第二款将“新知识财产”定义为随着经济、社会、文化的进步或者科学技术的发展，在新的领域出现的知识财产。第一款、第二款界定了知识财产和新知识财产之后，给出知识产权的定义。亦即第三款规定，“知识产权”是指遵照法令或者条约等得到认可或者受到保护的有关知识财产的权利。可见，第一款、第二款通过给“知识财产”和“新知识财产”作出定义的方式，明确了知识产权的权利客体非物质性；第三款明确要求知识产权“遵照法令或者条约等得到认可或者受到保护”，从而强调了知识产权的法定性和地域性。综上所述，第三条通过给知识财产、新知识财产和知识产权进行定义的方式，明确了知识产权的权利客体非物质性、法定性、地域性等基本特征。同时，第四款、第五款对公共研究机构、经营者进行定义，明确将知识产权权利主体分为公共研究机构、经营者两类。

《韩国知识产权基本法》第四条规定了中央政府、地方政府、公共研究机构、经营者等各方主体的基本职责。第一款规定，中央政府应当为促进知识财产的创造、保护和应用，建立全方位的基础方案加以推进。第二款规定，各地政府应当按照国家政策导向和地区基本特点，针对各个地区制定不同的知识产权政策并加以推进。第三款规定，公共研究机构和经营者等应当积极改善研究人员和创作人员的待遇并对其成果给予合理的奖励，创造优秀的知识产权并加以积极应用。第四款规定，国家、地方自治团体、公共研究机构以及经营者等应当相互协作，有效推行政府各项政策，奠定有助于促进创造、保护及应用知识产权的基础。



《韩国知识产权基本法》第五条规定了韩国知识产权基本法与其他知识产权法律、知识产权政策之间的关系，亦即修订其他知识产权法律应当符合韩国知识产权基本法的立法目的和立法理念，除其他法律上有特别规定之外知识财产政策均遵从韩国知识产权基本法的规定而加以推行。

### 3.《韩国知识产权基本法》分则的内容[1]

《韩国知识产权基本法》分则部分主要包括第二章“知识产权政策的

[1] 相关译文参见 http://www.sipo.gov.cn/ztzl/ywzt/qgzlsyfzzltjgz/newsps/201209/t20120920_754443.html.

制定与推进体系”，第三章“促进知识财产的创造、保护与应用”，第四章“奠定旨在促进知识财产的创造、保护及应用的基础”。可以看出，第二章规定了如何制定和实施推进知识产权公共政策。第三章、第四章则与《日本知识产权基本法》分则“基本措施”部分非常类似，围绕知识产权创造、知识产权运用、知识产权保护以及知识产权基础四个方面部署相关制度。

《韩国知识产权基本法》第二章“知识产权政策的制定与推进体系”部分围绕国家知识产权委员会的设立、功能、组成、机制作出明确规定，同时对知识产权公共政策的制修订加以规范。其中，第二章第六条规定设立直接隶属于总统的国家知识产权委员会，负责审议和调整政府关于知识产权的主要政策和计划，并对其实施状况进行评价。上述国家知识产权委员会负责审议和调整的知识产权政策计划（包括制订发布国家知识产权战略实施基本计划和国家知识产权战略施行计划），对国家知识产权战略实施基本计划和国家知识产权战略施行计划的实施状况进行评价，关于知识产权相关预算分配运用事项，制定实施旨在促进知识产权的创造、保护及应用以及奠定知识产权基础的推行政策事项。另外，国家知识产权委员会委员长认定为促进知识财产的创造、保护和应用以及奠定其基础需要制定实施的政策，或者其他特别事项。同时，针对根据韩国知识产权基本法需要制定的政策或者计划，韩国知识产权委员会应提前与该政策或者计划的主管机构进行协商。

《韩国知识产权基本法》第二章第七条规定了国家知识产权委员会的基本结构与运作规律，国家知识产权委员会由40名以内的委员组成，包括2名委员长。委员长是由国务总理和总统从下述第二类委员中指名担任。以下人员可以担任国家知识产权委员会的委员：（1）从相关中央行政机构负责人和从事政务职的公务员中按照总统令指定的人；（2）从有关知识财产的学识和经验丰富的人中，按照总统令委任的人。其中，第二种类型的委员任期为2年，只限连任一次。委员长代表委员会，国务总理即委员长负责召集并主持会议，但国务总理因不得已的原因无法执行职务，则遵照第二项由总统指名的委员长来代理执行其职务。为有效执行委员会业务，可以在委员会内设立专业委员会。此外，委员会和专业委员会的结构及运营所需的事项应当遵从总统的命令。

《韩国知识产权基本法》第二章第十一条规定了国家知识产权委员会的办事机构。亦即为支持韩国知识产权委员会的业务，委员会可以设立办事机构。韩国知识产权委员会为有效执行委员会业务，必要时可以向中央行政机关、地方自治团体及其他相关机关、团体等负责人要求派遣其所属公务员或者干部职工兼任。办事机构的组成及运营所需事项遵照总统令确定。第十二条规定，相关中央行政机关的负责人和省、市负责人可以从所属公务员中指定一人担任知识财产责任人一职，以便有效制定和施行相应机关的知识财产政策。

《韩国知识产权基本法》第二章第八条、第九条、第十条规定了韩国知识产权委员会的基本职责。首先，韩国知识产权委员会负责制订国家知识产权基本计划，亦即政府为有效达成本法目的，每五年制定一次旨在确定有关知识财产的中长期政策目标及基本方向的国家知识产权基本计划。政府在制订或变更基本计划时，应先经过委员会的审议并及时进行公告，但遵照总统令所需变更事项属于次要事项的除外。国家知识产权基本计划应包括如下内容，知识产权公共政策目标和知识产权公共政策基本方向，知识产权创造、保护及应用战略，产业界、学界、研究界、文化艺术界等知识产权创造力量加强方案，国外关于韩国国民知识产权保护事项，旨在预防知识财产侵害行为对国民安全等构成危害的预防方案，知识产权公正使用方案，关于营造知识财产友好社会环境的事项，知识产权国际标准化事项，知识产权信息收集、分析及提供事项，中小企业、从事农渔业者等知识产权培育方案，为支援在经济和社会上处于弱势阶层的人群了解知识产权、提高知识产权意识所需事项，知识财产专业人员培养方案，旨在改善知识财产相关文化、教育及金融制度等的法令完善计划，以及其他为促进知识财产的创造、保护及应用和奠定其基础而所需事项。另外，有关基本计划的制订与变更的具体程序遵从总统令确定。其次，韩国知识产权委员会负责制订国家知识产权施行计划，政府每年按照相关中央行政机关负责人和省、市负责人有关第八条基本计划推进计划，制订国家知识产权施行计划，政府需制订或变更施行计划时，应经过委员会的审议进行确定，但遵照总统令对次要事项进行变更时除外。关于施行计划的制订与变更的具体程序遵照总统令确定。还有，韩国知识产权委员会负责推进状况评价事宜。亦即韩国知识产权委员会对基本计划和施行计划的推进情况进行评价；为顺利促进基本计划和施行计划，韩国知识产权委员会必要时可以依照上述评价结果，向相关中央行政机构的负责人或者省、市负责人提出相关的改善意见。中央行政机构负责人或者省、市负责人接到有关改善意见通知之后，应制订相应的改善计划，提交给韩国知识产权委员会，韩国知识产权委员会应对该机关提交的计划执行情况进行检查。此外，为评价基本计划和施行计划推进情况的所需事项遵照总统令执行。

《韩国知识产权基本法》第二章第十三条、第十四条、第十五条规定了韩国知识产权委员会的运行机制。第十三条对相关法令的制定、修订通知机制进行了规定，亦即中央行政机关的负责人和省、市负责人需要制定或者修订有关知识财产的法令、条例，或者制订或变更主要政策和计划时，应向委员会进行通报；韩国知识产权委员会可以对接到通知的法令、条例或者主要政策等方面提出意见，中央行政机关负责人或者省、市负责人应努力反映委员会的意见。上述通知和意见的具体程序遵照总统令执行。第十四条规定了向相关机关要求协助的机制，亦即为了执行委员会业务，韩国知识产权委员会在必要时可以要求中央行政机关、地方自治团体及其他相关机关、团体或者专家提供资料或者意见，可以委托进行调查或者研究，而且可以在预算范围内支付经费。第十五条规定了年度报告机制，亦即每过一个会计年度，政府应在三个月之内编制该会计年度的施行计划推进绩效的报告呈报给国会，年度报告的编制等所需事项遵照总统令决定。



如前所述，《韩国知识产权基本法》分则部分第三章规定了促进知识财产的创造、保护与应用，第四章规定了奠定旨在促进知识产权创造、保护及应用的基础，类似于日本知识产权基本法分则“基本措施”部分，围绕知识产权创造、知识产权运用、知识产权保护以及知识产权基础四个方面部署相关制度。其中，韩国知识产权基本法的分则部分第三章分为“促进知识产权创造”“加强知识产权保护”和“促进知识产权应用”三节。

在韩国知识产权基本法分则部分第三章第一节“促进知识产权创造”部分，第十六条规定，为促进优秀知识财产的创造，政府应制定包含以下内容的政策加以推进，知识产权相关统计以及指标调查及分析，未来知识产权发展趋势及相关产业与市场前景，提供支援并且开展旨在加强公共研究机关和经营者等知识财产力量的支援活动，开展旨在加强研究人员、创作人员以及知识财产管理人员资质的培育活动，改善法律制度以促进优秀知识财产的创造，支援公共研究机关以及经营者积极开展国内外共同研究开发事业和为促进创造优秀的知识财产而所需事项。第十七条就研究开发与知识产权创造的结合加以部署，包括政府应当支持利用研究开发成果创造出高质量的知识产权；政府应当支持在研究开发策划、管理、评估等整个过程中对相关知识产权信息的应用；政府应采取措施，利用知识产权创造成果，对研究开发进行评估。第十八条就支援新知识财产创造等作出规定，亦即政府应促进新知识产权的创造、保护与应用；政府应对新知识产权现状进行调查分析，以便促进新知识财产的创造、保护与应用；政府应为适当保护新知识产权，对相关法令进行完善，采取必要措施促进技术性保护手段的开发与积极应用。第十九条规定，政府应当为创造知识产权的主体提供相应的补偿，营造相应的社会环境和奠定相应的基础，同时制定所需推行政策。

在《韩国知识产权基本法》分则部分第三章第二节“加强知识产权保护”部分，第二十条规定，政府应制定包括以下各项内容的公共政策并加以推进，包括知识产权审查、审判、注册体系等完善方案，旨在加强保护知识产权的法律、行政措施，旨在加强保护知识产权的安全体系和构建信息系统等的技术措施，与国内外知识产权保护相关机关、团体之间的合作方案，与知识财产的权利化与保护有关的专业人员确保方案，其他旨在促进知识财产的权利化与保护所需的事项，以保证知识财产迅速、准确地享受应有的权利并得到有效保护。第二十一条还就完善诉讼体系作出规定，亦即为迅速、公正解决知识产权纠纷，充分落实知识产权的权利救济，政府应通过简化诉讼程序等努力改善相应制度。同时，为确保解决知识财产争议的专业性，政府应完善诉讼体系，提高从业人员专业水平。第二十二条进一步规定加强裁判等解决争议程序的灵活性，亦即为了促进知识产权纠纷迅速圆满地得到解决，政府应简化调解、仲裁、裁判等解决争议程序，提高其专业水平，加大引导和宣传力度，实现程序应用的简便性。第二十三条就应对侵害知识产权行为作出规定，为加强对侵害知识产权行为的管制、检查等执行活动，应制定包括以下内容的应对方案加以推进：（1）知识财产非法泄露和侵害知识产权的预防方案；（2）有关知识产权侵害物品的制造流通或者进出口行为杜绝方案；（3）旨在预防侵害知识产权的相关机关之间合作方案；（4）其他为应对侵害知识产权行为所需事项。同时，韩国知识产权委员会和相关中央行政机关负责人可以为制定上述应对方案，向信息、调查机关负责人要求收集信息提供帮助以及其他协助。第二十四条就适当保护海外知识产权作出规定，亦即政府应努力确保韩国国民拥有的知识产权在国外适当得到保护；如果韩国国民拥有的知识产权在国外没有适当得到保护，则政府应发挥职权或者按照当事人的要求，在对该情况进行调查和要求相关外国政府采取措施之外，采取与国际机构以及相关团体合作等必要措施。

在《韩国知识产权基本法》的分则部分第三章第三节“促进知识产权应用”部分，第二十五条作出了原则性规定，亦即为促进知识产权的转移、交易、事业化等知识财产的应用，政府应制定包括以下各项内容的推行政策加以推进：（1）应用知识产权促进创业的方案；（2）加强知识产权的需求者与供应者之间联系的方案；（3）知识产权的挖掘、收集、融合、追加开发、权利化等提升知识财产价值及其所需的资本筹集的方案；（4）旨在促进知识产权流动化的制度完善方案；（5）加强对知识产权的投资、融资、信托、担保、保险等方案；（6）其他为促进知识财产应用所需事项。同时，政府应努力促进国家、地方自治团体或者公共研究机关对知识产权的应用。第二十六条就培育知识产权服务业作出规定，政府应扶植有关知识产权信息分析、供应，知识财产评估、交易、管理，知识财产经营战略制定及咨询等知识产权服务业；政府可以为知识产权服务业提供创业、人才培养、提供信息等必要支持；政府可以对具有提供优秀知识产权服务的实力和业绩的经营者给予褒奖；政府应制定关于知识财产服务产业的分类体系，对相关统计实施收集和分析。第二十七条就构建知识财产价值评估体系作出规定，亦即为促进对知识产权的客观价值评价，政府应建立知识产权价值的评估技法以及评估体系，政府支持上述评估方法及技术体系应用于有关知识产权的交易、金融等。同时，为促进对知识产权的价值评估事业的开展，政府应努力培养相关人才。第二十八条对构筑知识产权公正应用秩序作出规定，亦即政府应努力促进对知识产权的公正应用，预防知识产权滥用行为；政府应采取必要措施，使各当事人之间通过共同努力创造的知识产权相关权益得到公正分配；政府应预防大型企业与中小企业之间对知识产权的不公正交易，促进相互之间的合作。

《韩国知识产权基本法》第四章“奠定旨在促进知识财产的创造、保护及应用的基础”，围绕知识产权文化建设与社会环境、知识产权人才培养与知识产权研究、知识产权国际标准化与知识产权制度国际化、知识产权信息加工运用等方面部署先骨干制度。

首先，《韩国知识产权基本法》第四章第二十九条就加强知识产权文化建设、营造对知识产权友好的社会环境作出规定，亦即为提升国民的知识财产的意识，政府应制定相应推行政策加以推进，从而营造尊重知识财产的社会环境；为提高各地区的知识财产竞争优势，政府应制定旨在促进各地区知识财产创造、保护与应用的推进政策。

其次，《韩国知识产权基本法》第四章第三十二条、第三十三条、第三十四条、第三十五条就知识产权人才培养与知识产权研究作出规定。第三十二条规定支持经济、社会上的弱势者，亦即为了加强中小企业、农渔业者、个人等知识产权创造、保护与应用水平，政府应提供必要的支持；为促进对知识产权的创造、保护与应用，政府可以对在开展战略性经营活动中起到模范作用的中小企业，遵照总统令的指定，实施知识产权经营认证；为残疾人、老人等难以接触知识产权的人群对知识财产的应用便利，政府应提供必要的支援。第三十三条要求加强知识产权教育，亦即为提高国民对知识产权的认识和知识产权的创造性与应用水平，政府应加强对知识财产的教育；政府应当将知识产权的内容编入学校的正规教育课程；政府应培育以知识产权教育为特点的学校，开设知识产权学科或讲座；政府应将有助于加深对知识产权的了解和关注的内容纳入教育机关的教育课程。第三十四条要求培养知识产权专业人员，亦即政府应培养知识产权的创造、保护与应用以及奠定其基础所需的专业人才；政府应制定女性知识产权专业人才的培养与应用方案，鼓励女性在知识产权领域充分发挥其资质和能力；为培养知识产权方面的专业人才，政府应与产业界、学界、研究界以及文化艺术界进行合作；为培养知识产权方面的专业人才，政府可以向公共研究机关或者经营者提供教育设备、开发教材、施行教育所需的全部或者一部分费用。第三十五条对加强知识产权研究、培育知识产权研究机构作出规定，亦即政府应当培育专门从事知识产权制度方面的调查和研究的研究机关，政府应扶植为创造、保护和应用知识财产以及奠定其基础而成立的法人或者团体，政府可以为前述研究机关或法人和团体捐助或补助全部或部分运营费用。

再次，《韩国知识产权基本法》第四章就知识产权国际标准化与知识产权制度国际化作出规定。在促进知识产权标准化方面，第三十条规定，为研究开发事业中创造中或者已创造的知识产权符合《国家标准基本法》第三条第二项中的国际标准，政府应制定从研究策划阶段到达标的全部过程中所需的支援政策加以推进；为支援知识产权的国际标准化，政府应收集、分析、提供国际标准动向方面的信息。在知识产权制度国际化方面，第三十六条规定，知识产权制度的国际化，亦即为在国内外有效创造、保护和应用知识产权，政府应制定必要的政策，使国内的知识财产制度与国际协议内容和规范相协调；政府应当与外国政府、国际机构协作制定有关知识产权制度，使其与国际相协调；政府应调查和分析与外国政府、国际机构等条约、协定等国际协议对国内知识产权制度、政策等产生的影响，并制定相应对策。同时，第三十八条针对与朝鲜之间的知识产权交流合作加以规定，即政府应推进对朝鲜的知识产权制度、政策或现状的调查研究活动，为增进朝鲜与韩国之间知识财产领域的相互交流和合作而努力。第三十七条就支援发展中国家作出规定，亦即为了提高发展中国家对知识产权的创造和应用力量，政府可以提供必要的支援，从而为发展中国家摆脱贫困、经济增长和文化发展作出贡献。

最后，《韩国知识产权基本法》第四章就“知识产权信息加工运用”作出规定。第三十一条就收集、分析、提供知识财产信息等内容作出规定，亦即为了促进知识产权信息的生产、流通和应用，政府应制定包括下列各项内容的政策加以推进：（1）知识产权信息的收集、加工以及数据库的构建方案；（2）制定知识产权信息分类体系以及知识财产分类表的编制、补充等事项；（3）构建知识产权信息网和成立知识财产专业图书馆，提高对信息的掌握水平；（4）旨在加强知识产权信息收集、分析与提供所需的研发活动方案；（5）知识产权信息的管理、流通专业机构扶植方案；（6）其他收集、分析与提供知识产权信息所需事项。同时，依照上述规定促进推行政策时，政府应采取必要措施，使个人信息或国家机密适当得到保护。



## 三、《法国知识产权法典》总则篇比较分析[1]

到目前为止，除了法国、菲律宾、斯里兰卡、越南等国家有了以“知识产权”命名的法典以外，在其他国家知识产权只不过是一个学科概念，并不是一部具体的制定法。[2]《法国知识产权法典》的编纂工作从 1987 年开始到 1992 年结束，立法者认为其必要性在于现行的各知识产权单行法既繁杂又缺乏应有的协调性，难以适应现代科学技术迅速发展的现实需求，因此需要通过制定知识产权法典的方式实现知识产权制度的法典化；立法者认为其可行性在于知识产权法律制度经历了近两百年的发展，其基础理论、基本架构、关键制度已经成熟。1992 年 7 月，法国颁布了第 92-597 号法令，亦即《法国知识产权法典（法律部分）》。《法国知识产权法典（法律部分）》整理了法国当时二十多个与知识产权有关的单行法律，对著作权和邻接权、发明专利权、商业秘密有关权利、原产地名称有关权

[1] 法国知识产权法典［M］. 黄晖，朱志刚，译. 北京：商务印书馆，2017. 曹新明，张建华. 知识产权制度法典化研究［M］. 北京：北京大学出版社，2010.

[2] 曹新明，张建华. 知识产权制度法典化研究［M］. 北京：北京大学出版社，2010：37.

利、商标权、集成电路布图设计专有权等加以规定。1995 年 4 月，法国颁布了第 93-385 号法令，汇编形成了《法国知识产权法典（法规部分）》，汇集了法国行政法院制定的知识产权行政法规、操作程序和操作规范。《法国知识产权法典》的可资借鉴经验包括如下内容。

首先，明确了知识产权法典作为民法典特别法的地位。《法国知识产权法典》细致地处理了和民法典之间的关系，在法典中明确地、具体地规定了哪些地方适用或者不适用民法典的规定。“由于《法国民法典》未对知识产权进行规定，因而《法国知识产权法典》在处理其与民法典的关系时就显得小心翼翼，在法典中明确而具体地规定了哪些地方适用或者不适用民法典的相应规定。”[1]《法国知识产权法典》规定有关有形财产的原理不适用于该法典。例如，《法国知识产权法典》规定艺术作品原件所有权与作者的作品著作权相互独立，无形财产所有权和有形财产所有权的权利主体并不相同。再如，《法国知识产权法典》在知识产权移转方面，基于知识产权的客体非物质性规定了权利移转的登记对抗主义，各类知识产权的移转非经注册不能对抗第三人，同时知识产权移转合同应当采用书面形式。

其次，《法国知识产权法典》采取公法和私法规范相结合的方式实现较高的保护水平。《法国知识产权法典》在认可知识产权的私权属性并且围绕知识产权请求权部署相关制度之外，还规定了大量公法性规范。《法国知识产权法典》规定的公法性规范包括国家工业产权局、植物新品种委员会的组成以及职能等有关行政法规范，知识产权民事诉讼、知识产权行政诉讼、知识产权刑事诉讼相关的诉讼法规范，还有禁令、诉前和诉中行为保全、诉讼管辖、侵权扣押等诉讼法规范，侵犯知识产权先骨干的刑事规范。因而，《法国知识产权法典》采取公法和私法规范相结合的方式，对知识产权进行全面的、系统的、深入的保护，权利内容较为丰富，保护范围相对较广。

再次，《法国知识产权法典》立法技术开放先进。现代知识产权法律体系正处于不断发展、变革的过程之中，其权利制度是一个动态的、开放的法律体系。[2]《法国知识产权法典》并没有固守权利体系完整性和全面性的追求，顺序式设计条文并且每章独立起算条文，便于修改完善，具有较强的可扩展性。同时，《法国知识产权法典》保持了较高的修改频率，几

[1] 夏建国. 论法国知识产权法典的立法特点及借鉴［J］. 河北法学，2002（6）：124-128.

[2] 吴汉东. 知识产权立法体例与民法典编纂［J］. 中国法学，2003（1）：48-58.

乎每年都有所更新，体现了较强的开放品质。同时，《法国知识产权法典》保持了《法国民法典》的做法，没有规定知识产权法典的总则，甚至连序编都没有规定。虽然有的学者质疑其是否为真正意义上的法典化以及是否构成单纯的法典汇编，但是这一立法技术对保持《法国知识产权法典》的开放属性具有重要的作用。

## 四、《俄罗斯知识产权法》法典化比较分析

2006 年 12 月 18 日，俄罗斯联邦总统签署《俄罗斯联邦民法典（第四部分）》。随着《俄罗斯联邦民法典（第四部分）》的通过，俄罗斯知识产权法的民法典化终告完成。作为民法典独立的一编，知识产权法内容从此获得了与物权法和债法同样重要的地位，成为民事基本法的组成部分。知识产权法民法典化的模式选择不仅需要立法者的智慧和勇气，更要有基础理论的积累和编纂技术为前提。俄罗斯知识产权法的民法典化是对传统民法理论和法典编纂技术的突破和超越，虽非尽善尽美，但是它在世界知识产权立法乃至民事立法史上终将成为一个重要的里程碑，或许亦不失为民法典编纂的一种“范式”。[1] 同时，俄罗斯有关知识产权的单行法废止。应当说，知识产权法已经成为《俄罗斯联邦民法典》的独立一编，《俄罗斯联邦民法典（第四部分）》不仅实现了知识产权法典化，而且实现了知识产权的民法典化。

《俄罗斯联邦民法典（第四部分）》以总则、分则结构建立了知识产权法律制度体系，同时将知识产权法律制度体系完全纳入民事法律制度体系。俄罗斯民事立法传统深受德国法影响，历史上均采用潘德克顿立法体例。纳入《俄罗斯联邦民法典（第四部分）》的俄罗斯知识产权法，同样采用上述从抽象到具体的总分结构展开法律制度。《俄罗斯联邦民法典（第四部分）》第六十九章“一般规定”共有 30 个条文（第 1225 条至第 1254 条），涉及知识产权客体的范围、分则各章共同适用的规则、不宜在其他各章规定的内容等。首先，《俄罗斯联邦民法典（第四部分）》没有直接对“知识产权”作出明确定义，而是按照通常的做法以列举的方式描述了各种知识产权客体类型。《俄罗斯联邦民法典（第四部分）》第六十九章第 1225 条规定，受法律保护的智力活动成果和个别化手段（知识产权）包括“科学、文学和艺术作品，电子计算机程序，数据库，表演，音

[1] 王志华. 论俄罗斯知识产权法的民法典化［J］. 环球法律评论，2009（6）：43-55.

像制品，无线和有线的广播、电视节目，发明，实用新型，外观设计，育种成果，集成电路布图设计，生产秘密，商业名称，商标和服务标志，商品原产地名称，商业标识”❶。其次，《俄罗斯联邦民法典（第四部分）》“一般规定”部分规定了关于知识产权的产生、处分、权利保护、侵权责任等方面的共同性规则。虽然《俄罗斯联邦民法典（第四部分）》有很多不足之处，与WIPO和WTO相关的公约有差距，但是其确实在知识产权的权利体系化、实现知识产权制度法典化乃至民法典化方向上作出了有益探索。

## 五、《德国知识产权法》法典化探索❷

目前，德国现行知识产权法针对不同类型的知识产权（著作权、专利权、商标权、外观设计权、实用新型权、植物新品种权、半导体集成电路权等）分别由不同的知识产权法律制度加以保护。这些法律制度在不同时间点进行过多次修改，同时受到欧盟立法的影响，呈现碎片化的状态，并且阻碍了知识产权法律制度的内在体系化。在这一背景下，德国学者借鉴法国、俄罗斯、意大利的经验，开始探讨制定旨在克服知识产权制度碎片化、在国家层面实现法典化并融入德国法律体系的《德国知识产权法典》（学者建议稿）（*Code of Intellectual Property*，简称CIP）。



CIP旨在运用统一的立法资源整合现有法律制度，并通过整体系统化的方式提高知识产权法律制度的清晰度。CIP的立法目的在于，一是避免和解决不同类型知识产权之间的冲突，并且形成知识产权法律制度的普遍观念，解决知识产权法律制度碎片化问题；二是形成知识产权交易的法律框架，通过保障知识产权交易、促进知识产权运用的法律制度框架，促进高价值智力成果的开发和转移转化，促进经济发展❸；三是实现立法技术的一致化，解决现有知识产权法律制度体系中针对不同知识产权的创造、运用和保护制度存在的差异；四是通过知识产权制度体系化将现有知识产权法律制度整合为内在协调的制度体系，按照绝对知识产权和相对知识产权的区分实现知识产权分级保护，并且弥合现有知识产权制度中存在的鸿沟；五是明确知识产权法的私法属性，合理设置知识产权法律制度中的诉

❶ 俄罗斯联邦民法典（全译本）[M]. 黄道秀，译. 北京：北京大学出版社，2007：427.

❷ HANS-JÜRGEN AHRENS，MARY-ROSE MCGURIE. Modern Law on Intellectual Property：A Proposal for German Law Reform [M]. Munich：Sellier European Law Publishers GmbH，2013.

❸ HANS-JÜRGEN AHRENS，MARY-ROSE MCGURIE. Modern Law on Intellectual Property：A Proposal for German Law Reform [M]. Munich：Sellier European Law Publishers GmbH，2013：19-20.

讼程序性法律制度和国际私法制度，使得知识财产作为信用证券具有法律基础，使得知识财产在债法和破产法中可以得到有效保护；六是整合协调知识产权方面的国际私法和国际程序法的相关规则；七是协调职务发明创造的法律制度，使得职务作品制度、职务发明制度有效协调；八是优化整合不同知识产权类型的行政程序法律制度；九是协调不同类型知识产权的民事诉讼法律制度。

可见，CIP 通过整体系统化（overarching systematization）的方式将现有知识产权制度整合到统一的法律资源中。下面整体介绍 CIP 的构成体系。CIP 第一部分是“总则”，具体包括四章，即总体规定、法律适用（与欧盟法律之间的关系以及管辖）、知识产权保护、知识产权运用。CIP 第二部分是“程序法律制度”，包括行政程序总体规定、德国专利商标局行政程序、联邦法院（BGH）管辖、行政程序和诉讼程序的通用规则、诉讼代理与专利代理、职务作品和职务发明仲裁程序。CIP 第三部分到第九部分分别是未能纳入 CIP 第一部分和第二部分的著作权法律制度、商标权法律制度、专利权法律制度、实用新型法律制度、外观设计法律制度、植物新品种多样性保护制度、集成电路保护制度。CIP 第十部分是职务发明创造法律制度，主要涵盖职务发明制度和职务作品制度，并与 CIP 第二部分“程序法律制度”中的“职务作品和职务发明仲裁程序”相呼应。



接下来，对 CIP 第一部分的内容加以详细介绍。第一部分第一章“总体规定”包括“权利内容”“权利关系”“权利限制”三节。

在“权利内容”一节，包含七个条文。第一条是知识产权的概念，包括三款内容。第一条第一款规定了知识产权的内涵，亦即根据本法规定，对知识产权的法律保护可以赋予创新创造和相应的企业信誉。知识产权保护可以分为绝对知识产权（绝对排他性权利）和相对知识产权（制止非法利用和模仿）。第一条第二款、第三款是知识产权的外延，分别规定了绝对知识产权和相对知识产权的范围。第一条第二款规定，根据本法第三部分到第九部分（著作权法律制度、商标权法律制度、专利权法律制度、实用新型法律制度、外观设计法律制度、植物新品种多样性保护制度、集成电路保护制度）的规定，下列客体可以得到绝对知识产权的保护：（1）文学艺术作品；（2）计算机程序；（3）科学编辑和遗著，摄影作品，表演作品，摄影作品和录音作品，数据库，电影作品；（4）外观设计，印刷字体（typographic typefaces）；（5）商标，商业标识和地理标志；（6）发明，植物新品种和拓扑（topographies）。第一条第三款规定，根据第二节“权利关系”部分的规定，本法进一步保护的相对知识产权有：（1）基于人格权的经济利益；（2）为形成竞争优势付出的努力（efforts of competitive originality）；（3）商业秘密；（4）集体管理组织相关权益。在“权利内容”一节，第二条是关于“权利法定与自由模仿”的规定。第二条第一款提出，创新创造和企业信誉仅在本法规定的范围内享有法律保护。第二条第二款指出，根据本法对处于公共领域的创新创造和企业信誉的模仿开发是允许的。第三条、第四条是关于知识产权的权利保护和资产保护的规定。第五条是关于知识产权权利人的规定，知识产权可以由具有法定平等地位的自然人、法人依法享有。第六条是关于权利转移和合作开发的权利归属的规定。第七条进一步明确知识财产的知识产权与承载知识财产的动产或者不动产所有权相分离。

在“权利关系”一节包含四个条文。其中，第八条规定了自然人的姓名、声音、肖像或者类似内容的商品化开发所享有的权益，该权益保护期限为自然人生存期间及死后10年。自然人死后，其法定亲属可以保护上述权益。同时，自然人可以许可第三方实施上述商品化开发。第九条规定了防止模仿的知识产权保护，具有原创性竞争力的产品制造者、服务提供者和商业方法使用者应当得到保护以防止模仿。第十条规定了商业秘密，亦即商业秘密的所有人应当得到保护，以防止商业秘密被非法披露、使用、转让或者从第三方获得商业秘密。第十一条规定了对公共体育文化活动组织者的保护，防止相关活动未经许可被录制。



“权利限制”一节包括基于第三方利益和公众利益的限制、善意使用者的利益保护、个人目的使用、其他人的人格权益的限制、竞争性限制等权利内容的限制措施，以及保护期限等权利期限的限制措施。

如前所述，CIP第一部分“总则”第二章“法律适用”包含第二十一条至第四十四条，涵盖共同体法律与国家法律之间的关系、适用法律的确定、知识产权合同纠纷和知识产权侵权纠纷等国际管辖等。

CIP第一部分“总则”第三章“知识产权保护”，包括私法下的知识产权保护、知识产权的行政保护（administrative offences）、知识产权的边境保护三个部分。其中，“私法下的知识产权保护”，亦即知识产权司法保护，包含知识产权侵权判定、授权前知识产权保护、知识产权侵权抗辩权、知识产权侵权证据证明、知识产权侵权的程序规则五个部分，就知识产权及相关权利的侵权构成要件、知识产权及相关权利的侵权责任、主要抗辩事由、免除损害赔偿责任的事由、警告函的法律适用等设计具体法律规则。“知识产权的行政保护”主要包括知识产权刑事处罚、违反著作权法和商标法的行政措施等。

CIP 第一部分“总则”第四章“知识产权运用”，包括知识产权转让、知识产权强制许可、知识产权许可（包含工业产权许可和著作权许可两个部分）等具体部分，对知识产权转让合同的形式要件、知识产权转让人的义务和受让人的义务、知识产权转让中的瑕疵担保责任等设计相关法律规则，对知识产权许可合同的形式要件、知识产权许可人的义务和被许可人的义务、知识产权许可中的瑕疵担保责任等作出规定。

# 第四章

# 思路论：知识产权基本法的内生制度逻辑

在知识产权学界，法典化运动大抵有两层含义：一是实现知识产权法与民法典的连接，即在民法典的民事权利框架中对知识产权进行制度安排，是一个知识产权“入典”问题；二是实现知识产权法律体系化，即在民法典之外再设专门法典，是一个知识产权“成典”问题。[1] 未来我国知识产权法的发展过程将呈现出以“入典”和“成典”为基本选择的法典化的趋势。[2] 目前，《民法总则》第一百二十三条规定民事主体依法享有知识产权，同时对知识产权保护客体作出了明确规定，使知识产权入典迈出了关键的一步。然而，基于私权属性的本质回应与技术观念的现实障碍，我国采取高度集中的糅合式立法模式，仅仅用《民法总则》第一百二十三条一个条文进行知识产权规则集中性规定的可能性非常大。因此，我国知识产权法律制度采取了“链接式入典”的民法典衔接模式。同时，实现知识产权法律体系化，亦即在民法典之外再设专门法典的知识产权“成典”，是我国知识产权法学界的主流观点。然而，我国知识产权成典需要以知识产权体系化作为基础，以中国特色知识产权理论作为支撑，目前仍存差距，我国知识产权法典未来会采用“解构化成典”[3] 的模式，在民法典之外建立知识产权法典这一特别民法制度，由知识产权法典这一特别民法制度回应社会关系的发展。由于法典是“一套内容十分完整、具有严格的逻辑顺序并且用语精确的综合性法律规定的总和”[4]，是法律体系化的最高表现形式。可见，在知识产权“链接式入典”和知识产权“解构化成典”之



---

[1] 吴汉东. 知识产权精要：制度创新与知识创新［M］. 北京：法律出版社，2017：425.

[2] 吴汉东，刘鑫. 改革开放四十年的中国知识产权法［J］. 山东大学学报（哲学社会科学版），2018（3）：16-28.

[3] 谢鸿飞. 民法典与特别民法关系的建构［J］. 中国社会科学，2013（2）：15.

[4] POSTEMA G. J.. Bentham and the Common Law Tradition［M］. Oxford：Oxford University Press，1986：423.

间，需要研究制定知识产权基本法，作为知识产权入典和成典的重要衔接，作为中国特色知识产权法律制度的总体统领。

## 一、知识产权基本法的立法思路

就基本秉性而言，知识产权基本法既是民法典知识产权规定的落实，是“法典解构”下的特别民事法律制度的概括，又是知识产权法典的探索，是知识产权入典和知识产权成典之间的历史衔接。在上述法律制度位阶中，“知识产权法典”的重要制度价值在于衔接《民法总则》第一百二十三条，将民法典的价值取向、权利观念、基本属性在知识产权法律制度中加以落实，并对知识产权单行法起到引领统领作用。可见，知识产权基本法是民法典的特别法，是未来“知识产权法典”的总则或者通则，引领未来“知识产权法典”的总体定位、价值取向与骨干制度。进一步就知识产权基本法的价值归属而言，是充分发挥市场配置创新资源决定性作用的制度保障，是知识产权治理体系和治理能力现代化的基本依托，是提高知识产权国际竞争力、引导知识产权国际规则发展的范式立法例，应当是有效激励创新发展的促进法、严格保护知识产权的实现法、发展中国家知识产权制度的示范法。



立足上述定位，就总体思路而言，知识产权基本法包括“一个目标、两个维度、三个支柱、四个特征、五个原则”。“一个目标”是指中国特色知识产权制度的基本法律，知识产权强国建设的制度支撑。中国特色知识产权制度是中国特色社会主义法律体系的重要组成部分，是中国特色社会主义法治体系的基本构成要素，是国家知识产权治理能力和治理体系现代化的制度基础。在中国特色知识产权制度中，知识产权基本法是中国特色知识产权制度的基本法律，是知识产权强国建设的制度支撑。

知识产权基本法的两个维度是指国内维度和国际维度。中国特色知识产权制度的内涵是兼具“创新之法”和“发展之法”的属性，是激励创新的基本法、高端发展的促进法、维护秩序的保护法，是知识产权强国建设的制度基础，是中国特色社会主义法律制度和中国特色社会主义法治体系的组成部分。中国特色知识产权制度的外延是知识产权法律制度、与知识产权相关的法律制度、知识产权公共政策以及知识产权国际规则。因此，知识产权基本法需要从国际、国内两个维度部署相关制度，在国内维度上部署严格知识产权保护、促进知识产权运用的制度，在国际维度上推动形成普惠包容、平衡有效、严格保护、促进发展的知识产权国际规则。

知识产权基本法的三个支柱是知识产权严格保护制度、知识产权运用促进制度和现代知识产权治理体系。知识产权基本法的四个特征是形成和完善归属清晰、权责明确、保护严格、流转顺畅的现代知识产权制度。知识产权基本法的五个基本原则是激励创新原则、私权神圣原则、诚实信用原则、严格保护原则、高效运用原则。其中，“激励创新原则”就是知识产权基本法的立法必须把促进创新发展放在首位，鼓励发展新业态、新模式、新技术，有效激发创新动力、积极形成创新合力、全面促进创新活力，将创新发展作为知识产权基本法的总体目标和落脚点，作为知识产权制度的基本精神和价值依托。“私权神圣原则”就是根据知识产权规则的本质特征，秉持“私权—私法—司法”的内在逻辑，以私权为中心轴展开体系，全面弘扬私法自治。“诚实信用原则”就是知识产权的创造、保护、运用、管理、服务应当遵循诚实信用原则，秉持诚实，恪守承诺。知识产权的取得和行使，应当遵守法律，尊重社会公德，不得损害国家利益、社会公共利益和他人合法权益。“严格保护原则”就是国家依法严格保护知识产权，权利人的人身权利、财产权利以及其他合法权益受法律严格保护，任何组织或者个人不得侵犯。同时，国家依法平等保护国内外权利人的知识产权。就严格保护原则的外延而言，该原则除了通常具有的同等保护、平等保护、有效保护的基本内涵之外，还涵盖权利法定、地域保护两个方面的含义。首先，权利法定要求，知识产权的种类和内容由法律法规予以规定；国家建立知识产权动态立法机制，根据发展需要及时调整法律法规；根据知识产权法律法规保护的，不影响其享有反不正当竞争法的补充保护。其次，地域保护要求根据中国法律法规和参加的国际条约的规定产生的知识产权在中国境内有效，依据其他国家和地区法律产生的知识产权要获得中国法律保护的，依照有关国际条约、双边协议或按互惠原则办理，知识产权的归属、内容、限制、行使与保护的程序由本法和相关法律规定，相关国际条约或本法或相关法律有不同规定的除外。“高效运用原则”就是倡导各类主体的创新、创业、创意活动，鼓励开展原始性、颠覆性、突破性创新，激励在此基础上获得各类知识产权，积极促进知识产权运用，提升知识产权运用效益。该原则有两点基本含义：一方面是市场主导，知识产权基本法应当规定知识产权经济调节、市场监管、公共服务相关法律制度，充分发挥市场配置创新资源的决定性作用，更好地发挥政府作用；另一方面是社会共治，政府、企业和社会组织等三大类治理主体彼此协同，良性促进，无缝隙地满足社会对知识产权公共服务的需求，国家综合运用政府、市场和社会三种治理机制的功能优势，发挥三种治理权威的协同优势。[1] 其中，知识产权基本法需要促进政府充分发挥知识产权经济调节、市场监管、公共服务的作用，推动政府管理职能向运用知识产权制度和政策手段加强经济调节方向转变，向完善知识产权领域市场监管体系和完善知识产权领域公共服务方向转变，构建完善的国家知识产权治理体系，提高国家知识产权治理能力。[2]

## 二、知识产权基本法的制度结构

就制度结构而言，知识产权基本法围绕促进运用、严格保护、国际化发展三个基本构成加以组织，三者相互支撑，促进知识产权基本法成为有效激励创新发展的促进法、严格保护知识产权的实现法、发展中国家知识产权制度的示范法。

### 1. 充分发挥市场配置创新资源决定性作用的制度保障

知识产权基本法是充分发挥市场配置创新资源决定性作用的制度保障，是有效激励创新发展的促进法。《中共中央关于全面深化改革若干重大问题的决定》指出，“产权是所有制的核心。健全归属清晰、权责明确、保护严格、流转顺畅的现代产权制度”。《中共中央、国务院关于完善产权保护制度依法保护产权的意见》明确提出“坚持平等保护、坚持全面保护、坚持依法保护、坚持共同参与、坚持标本兼治”的基本原则，强调保护产权不仅包括保护物权、债权、股权，也包括保护知识产权及其他各种无形财产权，进一步完善归属清晰、权责明确、保护严格、流转顺畅的现代产权制度和产权保护法律框架。

首先，知识产权基本法应当规定知识产权归属和权能制度，实现知识产权的权利归属清晰和权能科学。对知识产权的所有权、使用权、处置权、收益权等权能进行配置，优化财政资助项目的知识产权归属与权能配置，建立财政资助项目形成的知识产权信息公开机制，促进财政资助项目形成的知识产权成果高效运用。赋予高等院校、科研机构等对其享有的知



[1] 徐嫣，宋世明. 协同治理理论在中国的具体适用研究［J］. 天津社会科学，2016（2）：19-24.

[2] 国家知识产权局“知识产权强国课题研究”总体组，张鹏，刘洋，张志，等. 抢抓机遇，加快知识产权强国建设——《知识产权强国建设——战略环境、目标路径与任务举措》报告摘编［R/OL］.（2016-02-19）［2018-10-30］. http://www.sipo.gov.cn/ztzl/zscqqgjs/yjcg_qgjs/1064869.htm.

识产权的处置权和收益权，优化职务知识产权归属与利益分配制度，有效平衡单位与创新创造者之间的关系。明确国防项目委托研发主体、研发成果的知识产权归属，促进知识产权军民融合发展。通过知识产权权能的配置和归属的设计，充分调动创新创造者的积极性，有效激励创新。

其次，知识产权基本法应当规定知识产权保护制度，强化知识产权的严格保护。建立知识产权动态立法机制，根据发展需要及时调整法律法规。就新业态新领域创新成果的知识产权保护，授权国务院通过行政法规加以规定。对知识产权保护客体的交叉重叠产生的权利冲突与权利重复保护进行调整。充分发挥知识产权司法保护主导作用，建设由知识产权统一上诉法院、若干知识产权法院等共同构成的知识产权审判组织体系，提出适应知识产权特点的诉讼制度（如证据开示制度、诉前或者诉中行为保全制度、技术调查官制度等），加强知识产权综合执法，打造知识产权创造、运用、保护、管理、服务全链条，构建高效便捷、综合可及的知识产权保护体系。通过知识产权严格保护的落实，维护良好的市场竞争秩序，不断优化市场环境和法治环境。

再次，知识产权基本法应当规定知识产权流转制度，降低知识产权流转的交易成本，提高知识产权流转的交易安全。建立全国知识产权运营公共服务体系，供给交易信息，降低交易成本。建立国家重大产业规划、高技术领域重大投资项目的知识产权布局原则、目标评估等制度。建立国家科技计划（专项、基金等）知识产权目标评估制度。建立重点领域评议报告发布机制。制定评议服务标准。建立重点产业联盟管理库，对联盟发展状况进行评议监测和分类指导。通过这些制度设计，促进知识产权高效运用，使知识产权成为创新驱动发展的基本制度保障。



### 2. 知识产权治理体系和治理能力现代化的基本依托

知识产权基本法是知识产权治理体系和治理能力现代化的基本依托，是严格保护知识产权的实现法。《中共中央关于全面深化改革若干重大问题的决定》指出："全面深化改革的总目标是完善和发展中国特色社会主义制度，推进国家治理体系和治理能力现代化。"国务院《关于新形势下加快知识产权强国建设的若干意见》要求："到 2020 年，在知识产权重要领域和关键环节改革上取得决定性成果，知识产权授权确权和执法保护体系进一步完善，基本形成权界清晰、分工合理、责权一致、运转高效、法治保障的知识产权体制机制，知识产权创造、运用、保护、管理和服务能力大幅提升，创新创业环境进一步优化，逐步形成产业参与国际竞争的知识产权新优势，基本实现知识产权治理体系和治理能力现代化，建成一批知识产权强省、强市，知识产权大国地位得到全方位巩固，为建成中国特色、世界水平的知识产权强国奠定坚实基础。”

首先，知识产权基本法应当规定知识产权经济调节、市场监管、公共服务相关的法律制度，充分发挥市场配置创新资源的决定性作用，更好地发挥政府作用。现代化的国家知识产权治理体系的总体思路如下[1]：一是管理体制健全完善。国家知识产权管理架构健全，职能配置科学，权责统一、运行高效的大部门制初步形成。二是治理主体良性互动。政府、企业和社会组织三大类治理主体彼此协同，良性促进，无缝隙地满足社会对知识产权公共服务的需求。三是治理机制协同增效。国家综合运用政府、市场和社会三种治理机制的功能优势，发挥三种治理权威的协同优势。[2] 其中，知识产权基本法需要促进政府充分发挥知识产权经济调节、市场监管、公共服务的作用，推动政府管理职能向运用知识产权制度和政策手段加强经济调节方向转变，向完善知识产权领域市场监管体系和完善知识产权领域公共服务方向转变，构建完善的国家知识产权治理体系，提高国家知识产权治理能力。[3]



其次，知识产权基本法应当规定知识产权利益分享相关的法律制度，发挥政府在促进知识产权高效运用方面的引导作用。知识产权基本法应当对知识产权所有权、处置权、收益权等权能作出划分和规定，激发不同类型、不同层次创新主体的创新热情和成果转化的主动性。在知识产权高效运用方面，企业是主体，市场是主要动力，同时政府需要充分发挥引导作用。因此，迫切需要形成职责明晰、积极作为、协调有力、长效管用的知识产权治理体系，发挥政府在促进知识产权高效运用方面的引导作用，引导广大创新主体采用灵活多样的方式运用知识产权创造价值。

再次，知识产权基本法应当规定知识产权公共政策决策机制和运行

[1] 宋世明，张鹏，葛赋斌. 中国知识产权体制演进与改革方向研究［J］. 中国行政管理，2016（9）.

[2] 徐嫣，宋世明. 协同治理理论在中国的具体适用研究［J］. 天津社会科学，2016（2）：19-24.

[3] 国家知识产权局“知识产权强国课题研究”总体组，张鹏，刘洋，张志成，等. 抢抓机遇，加快知识产权强国建设——《知识产权强国建设——战略环境、目标路径与任务举措》报告摘编［R/OL］.（2016-02-19）［2018-08-21］. http://www.sipo.gov.cn/ztzl/zscqqgjs/yjcg_qgjs/1064869.htm.

机制，提高知识产权公共政策的有效性。知识产权公共政策的总体方向是，以制度建设和政策设计为手段，充分释放出市场配置资源的决定性力量，健全知识产权运用的市场导向机制，发挥知识产权公共政策体系对科技成果产权化、知识产权产业化、知识产权产业贸易化的导向作用。[1] 由于创新形态发展迅速，科技创新瞬息万变，对知识产权公共政策的动态性和实效性均具有较高的要求，因此迫切需要知识产权基本法顺应创新主体多元、创新活动多样、创新路径多变的新趋势，推动知识产权公共政策决策机制和运行机制创新，形成多元参与、协同高效的知识产权治理格局。

### 3. 提高知识产权国际竞争力、引导知识产权国际规则发展的范式立法例

知识产权基本法是提高知识产权国际竞争力、引导知识产权国际规则发展的范式立法例，应当是有效激励创新发展的促进法、严格保护知识产权的实现法、发展中国家知识产权制度的示范法。

首先，适应国际知识产权制度的发展趋势，知识产权基本法应当部署知识产权对外交流合作的关键制度。目前，已经进入知识产权全球治理新结构初步形成的时期。建议知识产权基本法探索部署知识产权不公平贸易调查制度，针对知识产权侵权行为形成更为全面的边境措施，建立国内自由贸易区知识产权执法规则，研究知识产权纠纷长臂管辖与专属管辖制度。

其次，适应我国发展需要，加强知识产权双边合作并强化知识产权对外援助。加强知识产权双边合作，深化同主要国家知识产权、经贸、海关等部门的合作，巩固与传统合作伙伴的友好关系，积极推动区域全面经济伙伴关系和亚太经济合作组织框架下的知识产权合作。建立“一带一路”沿线国家和地区知识产权合作机制和博鳌亚洲论坛知识产权研讨交流机制。加强 WIPO、WTO 框架下的知识产权合作，推动相关国际组织设立知识产权仲裁和调解分中心。另外，国家应当通过各种有效措施支持和援助发展中国家知识产权能力建设，鼓励向部分最不发达国家优惠许可其发展急需的专利技术，加强面向发展中国家的知识产权学历教育和短期培训。

[1] 张鹏. 知识产权公共政策体系的理论框架、构成要素和建设方向研究［J］. 知识产权，2014（12）.

# 第五章

# 方法论：知识产权公共政策法律化的立法技术

这是一个政策不断增长且日益盛行的时代。[1] 我国知识产权制度在公共政策体系中也是一项知识产权政策，是在国家层面上制定、实施和推进的，即政府以国家的名义，通过制度配置和政策安排对知识资源的创造、归属、利用以及管理等进行指导和规制，宗旨在于维护知识产权的争议秩序，实现知识产权传播的效益目标。[2] 改革开放以来，我国建立了与国际通行规则一致、适合中国国情的知识产权制度，基本形成了以商标法、专利法、著作权法为骨干，以行政法规和司法解释为补充的中国特色知识产权法律体系。同时，尤其是2008年国务院颁布《国家知识产权战略纲要》以来，我国形成了以党中央、国务院联合颁布的创新驱动发展战略文件，国务院发布的加快建设知识产权强国的总体部署，国务院办公厅转发的深入实施国家知识产权战略的具体安排[3]等为主体的知识产权公共政策体系。知识产权公共政策体系和知识产权法律体系良性互动，是知识产权公共政策合法化和知识产权公共政策法律化的交互进程，[4] 需要从决策机制方面分析知识产权公共政策合法化的有效路径，并从立法技术方面分析知识产权公共政策法律化的具体技术。本章主要讨论后者，亦即分析知识产权公共政策法律化的立法技术。



---

[1] 邢会强. 走向规则的经济法原理［M］. 北京：法制出版社，2015：103.

[2] 吴汉东. 中国应建立以知识产权为导向的公共政策体系［J］. 中国发展观察，2006（5）：4-6.

[3] 中共中央、国务院《关于深化体制机制改革　加快实施创新驱动发展战略的若干意见》、中共中央、国务院《创新驱动发展战略纲要》、国务院《关于新形势下加快知识产权强国建设的若干意见》、国务院办公厅《深入实施知识产权战略行动计划（2014—2020年）》等。

[4] 陈潭. 浅论政策合法化与政策法律化［J］. 行政与法，2001（1）：53-55.

## 一、法理基础：知识产权公共政策法律化与法治化

知识产权公共政策法律化与法治化问题讨论的起点是政策和法律的区别与联系。美国学者伍德罗·威尔逊指出，“公共政策是由政治家，即具有立法权者制定的，而由行政人员执行的法律和法规”❶，这明晰了公共政策与法律法规种属上的同质性。美国法理学家德沃金教授提出“规则—原则—政策”理论，对此作出了明确的诠释。按照德沃金教授的观点，“政策”是涉及社会性、集体性的目标或者目的的一种政治决定，“它们规定一个必须实现的目标，一般是关于社会的某些经济、政治或者社会问题的改善”❷。由此可见，德沃金教授所界定的“政策”，与我国现实实践中所认知的“公共政策”并无二致。同时，德沃金教授所指出的“政策”与“原则”、“规则”存在明显不同，政策具有政治性、功利性和实用性，原则具有法理性、稳定性和长期性，规则具有明确性、实践性和预期性。当然，三者之间具有相互转化的向度和空间。政策经过一段时间的推行证明具有良好的公共政策效果，可以通过立法程序转换为规则；原则经过系列案件的验证获得广泛的社会认知效果，可以通过司法实践转换为规则；政策经过不同情形的反复验证具有正向的价值导向功能，可以通过司法认知转化为原则。而在上述转化和转换的过程中，公共政策通常扮演着起点和启动者的角色。



知识产权领域规则、原则、政策的转化和转换更具正当性基础和现实性意义。世界各国的历史经验表明，除了法律规范之外，公共政策已经成为调控市场经济和社会发展不可或缺的一个重要方面和关键性因素，而且社会经济发展程度越高，国家宏观调控的重要性越大，公共政策的作用和影响也就越大。❸ 这一点在知识产权领域表现得尤为突出。事实上，在知识产权领域由于并不具有较强的道德可非难性，其公共政策目标的实现更多地依靠公共政策手段，知识产权制度在公共政策体系中也是一项知识产权政策。❹ 首先，从知识产权公共政策的决策主体看，“公共政策是由政治家，亦即具有立法权者制定的，而由行政人员执行的法律和法规”❺，因此

---

❶ 伍启元. 公共政策（上册）[M] //台北：台湾商务印书馆，1985：4.

❷ 罗纳德·德沃金. 认真对待权利 [M]. 信春鹰，吴玉章，译. 北京：中国大百科全书出版社，1998：41.

❸ 刘平. 立法原理、程序与技术 [M]. 上海：学林出版社，上海人民出版社，2017：138.

❹ 吴汉东. 知识产权精要：制度创新与知识创新 [M]. 北京：法律出版社，2017：28.

❺ 吴汉东. 关于知识产权本质的多维度解读 [J]. 中国法学，2006（5）：19-26.

公共政策决策主体的主要活动包括制定法律法规、提供实施条件手段、建立包括司法裁判、行政管理、社会服务等在内的配套机制等。其次，从知识产权公共政策的内容看，知识产权公共政策之所以必要，是因为选择公共政策来解决知识资源配置与知识财富增长的问题，较之于市场自发解决问题所产生的社会成本更低，而带来的收益更高。正如著名经济学家罗纳德·科斯所述，政府公共政策是一种在市场解决问题时社会成本过高的情况下所作出的替代选择。[1] 作为知识产权保护客体的知识产品，恰恰因为其非物质性产生市场调节手段的失灵问题，采用政府公共政策解决创新补偿、交易保障的作用社会成本较低。再次，从知识产权公共政策的基本逻辑看，“知识产权法律与公共政策同构”[2]。关于知识产权法律制度的选择和安排，背后体现的是国家利益的政策立场，亦即知识产权法律制度蕴含着创新发展的目标选择和实现目标的手段，反映了私人产权制度中的国家利益需求。

从上述知识产权公共政策的决策主体、政策内容、基本逻辑看，知识产权公共政策法律化符合提高政策稳定性、战略性、全局性、系统性、民主性、科学性的要求。正如党的十八届四中全会通过的《中共中央关于全面推进依法治国若干重大问题的决定》所要求的：“法律是治国之重器，良法是善治之前提。建设中国特色社会主义法治体系，必须坚持立法先行，发挥立法的引领和推动作用，抓住提高立法质量这个关键。”首先，知识产权公共政策法律化符合提高政策稳定性和战略性的要求。法律制度较之公共政策更加具有稳定性，可以用国家强制力的方式促进持续稳定的规则适用和原则保障，从而保障政策实施效果符合总体战略目标的需要。其次，知识产权公共政策法律化符合全局性和系统性的要求。法律制度较之公共政策更加具有全局性，其可以在整个大陆地区法域内全面推行，避免公共政策在地域、行业、层级方面的适用局限性，避免行政领域公共政策对司法实践的迁移性等问题，促进知识产权公共政策实现系统性的推行效果。最后，知识产权公共政策法律化符合民主性和科学性的要求。法律制度的形成需要严格按照《立法法》规定的立法程序，在立法规划、立法调研、形成法案的基础上多次进行审议，有助于保障相关内容的民主性和科学性。

综上所述，知识产权公共政策法律化就是以政策之实披以“法律外



---

[1] R. 科斯，等. 财产权利与制度变迁［M］. 胡庄君，等，译. 上海：上海三联书店，1991：3.

[2] 吴汉东. 知识产权精要：制度创新与知识创新［M］. 北京：法律出版社，2017：341.

衣”，以法律替代政策实为法经济学视角下最优进路。❶ 正如美国法学家昂格尔所指出的，政策导向的法律推理以强调公正性和社会责任性的广义标准为特征，对法律形式主义的反叛似乎是不可避免的并且是有益的。❷ 知识产权公共政策法律化既有助于提高知识产权公共政策的稳定性、战略性、全局性、系统性、民主性、科学性，亦有助于实现知识产权法律制度的政策导向，是促进提高知识产权领域法治水平、实现知识产权领域治理体系和治理能力现代化的关键举措。

## 二、基本现状：知识产权领域的“软法之治”

回首我国第一部知识产权法律法规 1910 年《大清著作权律》以降的百余年制度发展史，尤其是总结我国改革开放以来 1982 年商标法、1984 年专利法和 1990 年著作权法以降的三十余年的制度运行史，可以得知，我国知识产权制度百年史是一部从“逼我所用”到“为我所用”的法律变迁史，也是一部从被动移植到主动创制的政策发展史。在改革开放的历史背景下，我国基本建立了一套与国际通行规则接轨，以著作权法、专利法、商标法等法律为主导，以专利法实施细则、计算机软件保护条例、植物新品种保护条例、集成电路布图设计保护条例、信息网络传播权保护条例等行政法规为主体，以司法解释和政府规章为补充的中国特色知识产权制度构成体系，形成了司法保护主导、行政保护支撑、仲裁调解补充的中国特色知识产权制度执行体系，形成了严格保护、促进运用、平衡高效的中国特色知识产权制度价值体系。可以说，改革开放是中国特色知识产权制度发展的不竭动力，权利保护是中国特色知识产权制度发展的本质特征，推动创新是中国特色知识产权制度发展的根本要求，与时俱进是中国特色知识产权制度发展的高贵品格。

就本质属性而言，中国特色知识产权制度是中国特色社会主义法律体系的重要组成部分，是中国特色社会主义法治体系的基本构成要素，是国家知识产权治理能力和治理体系现代化的制度基础，是知识产权强国建设的制度支撑。❸ 然而，虽然知识产权强国建设对中国特色知识产权制度建



❶ 张燕城. 由“内容法律化”到“政策法制化”——以互联网行业产业政策法治化优先进路选择为视角［J］. 中财法律评论（第九卷），2017：302-323.

❷ 哈罗德·J. 伯尔曼. 法律与革命——西方法律传统的形成［M］. 贺卫方，高鸿钧，张志铭，夏勇，译. 北京：中国大百科全书出版社，1993：47.

❸ 张鹏. 知识产权强国建设基本问题初探［J］. 科技与法律，2016（1）：4-16.

设与完善提出了新的更高要求，但是中国特色知识产权制度建设存在突出问题。首先，立法滞后性问题突出。我国专利法保持八年一修改的历史传统，但是2008年专利法第三次修改完成以来，专利法的第四次修改至今尚未完成。（专利法修改已经列入十三届全国人大五年立法规划一类项目）我国著作权法第三次修改尚在进展程序中，我国商标法自2013年修改以来已经出现难以适应法律实践现状的情况。上述情况与日本、韩国等国家的知识产权法律1—2年修改一次的频率相比存在严重滞后性。其次，立法全面性不足。专利法、商标法、著作权法等法律法规偏重知识产权保护方面，对知识产权促进方面的法律规则明显不足，难以适应当前多种样态的知识产权运营需要。再次，立法深入性不足。我国知识产权法律法规存在一定缺失，与法律实践存在一定差距。例如，在知识产权创造方面，缺少对于非正常申请和低质量申请的规制措施；在知识产权运用方面，缺少对保障交易安全和降低交易成本的关键性制度安排；在知识产权保护方面，缺乏知识产权保护的程序性规则和知识产权滥用的规制规则；在知识产权管理方面，缺乏对知识产权治理体系现代化的法律制度保障；在知识产权服务方面，缺乏对公共服务和服务业发展的促进内容。用法律条文数目作为简单的参照标准亦可以印证上述观点，我国现行专利法共计76条，对比而言德国专利法共计147条、日本特许法共计204条、韩国特许法共计232条。



与此同时，2006年，国务院制定颁布《国家中长期科学和技术发展规划纲要（2006—2020年）》，并出台知识产权的配套政策和实施细则，尤其是2008年国务院颁布《国家知识产权战略纲要》，我国形成了以党中央、国务院联合颁布的创新驱动发展战略文件，国务院发布的加快建设知识产权强国的部署文件，国务院办公厅转发的深入实施国家知识产权战略的具体安排❶等为主体的知识产权公共政策体系。到目前为止，我国知识产权政策措施数量已达30余项，知识产权公共政策体系逐渐成型，但是知识产权公共政策在体系性、协调性等方面存在突出问题，迫切需要“制定知识产权政策发展的路线图，及时清理调整落后的知识产权政策，及时将稳定的政策上升为法律”❷。

---

❶ 参见中共中央、国务院《关于深化体制机制改革 加快实施创新驱动发展战略的若干意见》、中共中央、国务院《创新驱动发展战略纲要》、国务院《关于新形势下加快知识产权强国建设的若干意见》、国务院办公厅《深入实施知识产权战略行动计划（2014—2020年）》等。

❷ 宋河发，沙开清，刘峰. 创新驱动发展与知识产权强国建设的知识产权政策体系研究［J］. 知识产权，2016（2）：93-96.

如前所述，为了应对知识产权法律制度存在的滞后性和全面性、深入性不足与知识产权公共政策在体系性、协调性等方面存在的突出问题，我国知识产权领域将二者加以互补产生了知识产权领域的“软法之治”，亦即发挥知识产权法律制度和知识产权公共政策的各自优势，互补各自劣势，促进柔性互动，开展协同治理，[1] 是进一步促进和优化知识产权领域的“软法之治”，实现知识产权领域治理能力和治理体系现代化的关键。进一步促进和优化知识产权领域的“软法之治”，关键在于打通公共政策法律化的现实通道，协调运用公共政策和法律制度的各自优势，通过“立法整合”与“共生而治”等多重路径，分别构建起“软法”与“硬法”之间的良性转化机制和良性共存机制。[2]

## 三、总体方向：法典编纂形成知识产权基本法

所谓“法典编纂”，是指有关国家机关在法律清理和法律汇编的基础上，对现存有效的同一类或者同一法律部门的法律加以审查，根据社会发展的需要，决定各种法律规范的存废，或者对其加以修改，并最终形成一部统一的法典。[3] 应当说，法典编纂是一种更高级的立法，是国家法典化的重要内容，直接体现了一个国家的立法能力。[4]《民法总则》第一百二十三条对知识产权保护客体作出了规定，走出了知识产权入典的关键一步。总体而言，知识产权法典应当成为民法典的特别法，从而形成如下法律制度位阶：第一位阶是民法典总则编关于知识产权的概括性规定；第二位阶是《知识产权法典》（知识产权基本法+主要知识产权类型的原则性规定）；第三位阶是知识产权单行法。其中，知识产权法典的起草可以分“两步走”：第一步，先行研究制定知识产权基本法，作为未来知识产权法典的总则或者通则；第二步，按照内在逻辑研究起草著作权、专利权、商标权、地理标志、商业秘密等主要知识产权类型的原则性规定和共通性规则，在此基础上结合知识产权基本法形成完整的知识产权法典。同时，在民法典总则编关于知识产权的概括性规定指导下，知识产权法典对知识产权规则作出概括性、统领性的规定，并非进行法律汇编直接替代知识产权单行法，而是进行法典编纂凝练原则性规定。未来基于适应创新创造快速



[1] 罗豪才，苗志江．社会管理创新中的软法之治［J］．法学杂志，2011（12）：1-4.

[2] 廉睿，高鹏怀．整合与共治：软法与硬法在国家治理体系中的互动模式研究［J］．宁夏社会科学，2016（6）：81-85.

[3] 侯淑雯．新编立法学［M］．北京：中国社会科学出版社，2010：312.

[4] 邓世豹．立法学：原理与技术［M］．广州：中山大学出版社，2016：351.

发展的需要，知识产权单行法将保持动态立法工作机制，较为及时地对相关法律规则进行修改完善。

在知识产权入典和知识产权成典之间，应尽快研究制定知识产权基本法。从知识产权入典的角度，知识产权基本法是民法典知识产权规定的落实，是“法典解构”下的特别民事法律制度的概括；从知识产权成典的角度，知识产权基本法是知识产权法典的探索，是知识产权入典和知识产权成典之间的历史衔接。在上述法律制度位阶中，知识产权法典的重要制度价值在于衔接《民法总则》第一百二十三条，将民法典的价值取向、权利观念、基本属性在知识产权法律制度中加以落实，并对知识产权单行法起到引领统领作用。

## 四、具体方法：知识产权基本法具体立法技术探析

如前所述，通过法典化编纂形成知识产权基本法的方式，是实现知识产权公共政策法律化的根本路径。同时，需要指出的是，由于法典化编纂形成知识产权基本法需要实现公共政策法律化，所以需要从法律条文构成、法律规范结构、法律原则提炼三个角度探讨其立法技术，亦即基于知识产权基本法所具有的知识产权公共政策法律化的本质属性，需要探讨知识产权基本法的立法技术。



首先，用概念、规则、原则的维度构建知识产权基本法法律文本中的法律条文。一是构建知识产权基本概念。“法律概念乃是解决法律问题所必需的和必不可少的工具，没有严格限定的专门概念，我们不能清楚和理性地思考法律问题。”[1] 知识产权基本法需要对知识产权领域的基本概念作出界定，尤其是专利法、商标法、著作权法等知识产权单行法律法规没有予以界定的、能够统领各个单行法律法规的基本概念。首先需要给出“知识产权”的概念，我国《民法总则》第一百二十三条从知识产权权利客体列举的角度对“知识产权”予以界定，可以预见未来民法典也会承继上述条文。基于本书第一章所述的知识产权基本法的定位，建议从知识产权所具有的客体非物质性、专有性（排他性）、时间性、地域性等本质属性的角度给出知识产权概念的描述。同时，建议对知识产权保护格局、知识产权运用体系、知识产权公共服务等基本概念从内涵或者外延的角度给出描述。二是构建知识产权法律规则。“法律规则”是指法律在各门类情况下

[1] E. 博登海默. 法理学——法哲学与法律方法［M］. 邓正来，译. 北京：中国政法大学出版社，1999：486.

对群体的人允许或者要求什么行为的一般性描述，❶可以被视为规范性控制的方式，其特征是它具有很高程度的精确性、具体性和明确性。❷知识产权法律规则是构成法律的基本单元，是法律推理的基础性前提。因此，就知识产权保护而言，可以从知识产权司法保护、知识产权行政保护（狭义）、知识产权海关保护、知识产权仲裁调解等多个角度构建具体法律规则，特别强调知识产权司法保护的主导作用；就知识产权运用而言，可以从高校科研院所、企业、军民融合等多个角度构建具体法律规则，特别强调知识产权运用的市场主导作用；就知识产权服务而言，可以从服务业发展、公共服务投入、财政税收支持等多个角度构建具体法律规则，特别强调知识产权公共服务的公平性原则。三是构建知识产权法律原则。法律原则源于正义要求和政策考量等社会制度的精神和性质，用于指导各项具体的法律规则，"法律原则是证成法律规则，确定法律规则应当如何扩展和修正，以及解决法律规则冲突的理论实体"❸。就知识产权基本法而言，需要权利法定原则、严格保护原则、禁止权利滥用原则、高效运用原则、诚实信用原则等加以明确规定。尤其是需要结合知识产权所具有的权利客体非物质性特点，以及基于上述特点产生的知识产权侵权行为的获益性侵权行为特征，基于其对以"无损害即无责任"为主旨、以补偿原则和禁止获利原则为基础的损害赔偿制度的挑战，❹丰富严格保护原则的内涵，从实体法和程序法两个方面明晰严格保护原则的系统构成与具体落实。



其次，用"基本条件—行为模式—后果引导"的规范结构构建知识产权基本法法律文本中的法律规范。"法律是以权利和义务为核心的，法律规范的一切内容都是围绕这一核心而展开的，法律就是通过权利和义务的设定进行利益调整的。"❺我国知识产权基本法与韩国知识产权基本法、日本知识产权基本法存在本质不同，仍然属于私法范畴，用于保护知识产权这一私权。基于此，从立法技术的角度看，通过明晰适用的基本条件，并

---

❶ 史蒂文·J. 伯顿. 法律和法律推理导论［M］. 张志铭，解兴权，译. 北京：中国政法大学出版社，2000：16.

❷ E. 博登海默. 法理学——法哲学与法律方法［M］. 邓正来，译. 北京：中国政法大学出版社，1999：236.

❸ 拉里·亚历山大，肯尼思·克雷斯. 反对法律原则［M］//安德雷·马默. 法律与解释［M］. 张卓明，徐宗立，译. 北京：法律出版社，2006：362.

❹ 张鹏. 专利侵权损害赔偿制度研究——基本原理与法律适用［M］. 北京：知识产权出版社，2017：9-14.

❺ 孙笑侠. 法律对行政的控制——现代行政法的法理解释［M］. 济南：山东人民出版社，1999：46.

提出授权模式、禁止模式、义务模式等行为模式，使得“一旦具体案件事实符合法律规范的事实条件，就应当产生法律事先规定的法律后果”[1]，从而形成法律权利义务、法律行为和法律责任三者有机构成的法律制度本体要素。[2] 例如，通过规定“行为人侵害他人知识产权的，应当停止侵害，法律另有规定的除外；行为人有过错的，应当赔偿损失”，明确知识产权侵权损害赔偿的过错责任原则，建构起以“他人享有知识产权”为基本条件、以“行为人侵害他人知识产权并存在过错”为行为模式、以“赔偿损失”为后果引导的基本法律规范。

再次，从公共政策导向和社会需求导向两个维度提炼知识产权基本法法律文本中的法律原则。一方面如前所述，知识产权基本法是知识产权领域公共政策法律化的重要产物，因此其具有强烈的公共政策导向。从立法目的看，知识产权基本法的立法目的在于严格保护权利人合法权益，高效运用创新成果，维护公平竞争和有效竞争的市场环境，深入推进国家知识产权战略实施，有力支撑知识产权强国建设，实现知识产权治理体系和治理能力现代化，亦即通过“严格保护权利人合法权益”和“高效运用创新成果”，达到“维护公平竞争和有效竞争的市场环境”的直接效果，促进“深入推进国家知识产权战略实施，有力支撑知识产权强国建设，实现知识产权治理体系和治理能力现代化”公共政策导向的实现。另一方面知识产权基本法应当面向社会需求。党的十八届四中全会通过的《中共中央关于全面推进依法治国若干重大问题的决定》要求，“深入推进科学立法、民主立法。……健全立法机关主导、社会各方有序参与立法的途径和方式。探索委托第三方起草法律法规草案”。我国《立法法》第五条亦明确规定，立法应当体现人民的意志，发扬社会主义民主，坚持立法公开，保障人民通过多种途径参与立法活动。基于“每个人是他自己的权利和利益的唯一可靠保卫者”[3]，需要保障各方利益主体在立法过程中充分表达意志，起到促进沟通、形成制约、体现公平、缓和矛盾等[4]公民利益表达机制的实际作用。随着知识产权公共政策的深入实施，知识产权公共政策直接关系各方利益主体的切身利益，而且各方利益主体的利益呈现多个方向、多个维度的交织与冲突，因此知识产权公共政策法律化尤其需要强调



[1] 哈特穆特·毛雷尔. 行政法学总论［M］. 高家伟，译. 北京：法律出版社，1999：122.

[2] 刘平. 立法原理、程序与技术［M］. 上海：学林出版社，上海人民出版社，2017：284.

[3] J. S. 密尔. 代议制政府［M］. 汪瑄，译. 北京：商务印书馆，1984：44.

[4] 王爱声. 立法过程：制度选择的进路［M］. 北京：中国人民大学出版社，2009：178-180.

面向社会需求。

综上所述，知识产权公共政策体系和知识产权法律体系良性互动，是知识产权公共政策合法化和知识产权公共政策法律化的交互进程，需要从立法技术方面分析知识产权公共政策法律化的具体技术。就我国知识产权基本法的基本秉性而言，知识产权基本法是民法典知识产权规定的落实，同时是知识产权法典的探索，是知识产权入典和知识产权成典之间的历史衔接，并非纯粹的公法制度，应当是以私法为主体、以私权为逻辑的制度架构。基于上述定位，通过法典化编纂形成知识产权基本法的方式是实现知识产权公共政策法律化的根本路径。知识产权政策法律化，需要用概念、规则、原则的维度构建知识产权基本法法律文本中的法律条文，从公共政策导向和社会需求导向两个维度提炼知识产权基本法法律文本中的法律原则。

# 第六章

# 总则论：知识产权基本法立法目的与原则

当今世界，知识经济深入发展，创新发展加快推进。在我国经济发展新常态下，知识产权制度已经成为激励创新的基本保障，知识产权已经成为发展的重要资源和竞争力的核心要素。加快制定知识产权基本法，是深化知识产权领域改革、加快推进知识产权治理体系和治理能力现代化的制度需求，是中国特色知识产权制度建设的迫切需要，是积极参与和主导国际规则制定、推动形成全面开放新格局的现实考虑。

## 一、知识产权基本法的指导思想



知识产权基本法是知识产权领域的综合性、基础性法律，对保障知识产权各方主体权益、促进创新创造、维护市场秩序具有非常重要的作用。知识产权基本法的立法，对贯彻落实新发展理念、促进创新驱动发展、实现高质量发展、更好地满足人民群众对美好生活的需求、深化供给侧结构性改革、建设创新型国家和知识产权强国、完善社会主义市场经济法律体系、参与全球知识产权治理体系建设等方面均具有重大意义。知识产权基本法的指导思想是全面贯彻党的十八大和十九大精神，牢固树立和贯彻落实创新、协调、绿色、开放、共享发展理念，按照深入实施创新驱动发展战略的目标和要求，坚持保护权利、促进发展、开放互惠，充分发挥立法的引领和推动作用，加强法律制度顶层设计，夯实社会治理法律基础，解决知识产权制度发挥激励创新基本保障作用中的突出问题和矛盾，建立市场配置创新资源的产权机制，形成有效激励创新的制度环境，推动实现经济提质增效转型升级。

首先，知识产权基本法需要以“保护权利”为主线。从国际知识产权规则的演进和我国知识产权发展的需求看，严格知识产权保护已经成为主流趋势。一方面，从国际知识产权规则演进的角度，由发达国家极力推动达成的 TRIPs 以知识产权最低保护标准的方式，规范各国知识产权立法，统一各国知识产权保护的规则，把国际知识产权保护水平提高到前所未有的高度，它要求 WTO 各成员国都必须将其原则和标准体现在各自的知识产权法律和法规之中。在新的时代背景下，知识产权国际规则变革的趋势包括知识产权保护不断强化、知识产权保护客体扩大、知识产权国际化趋势明显加强、国际规则变革呈多元化等。ACTA（Anti-Counterfeiting Trade Agreement，反仿冒贸易协议）、TPP（Trans-Pacific Partnership Agreement，跨太平洋伙伴关系协定）、TTIP（Transatlantic Trade and Investment Partnership，跨大西洋贸易与投资伙伴协定）等在禁令的适用与例外、损害赔偿数额计算、边境措施、刑事犯罪构成要件等方面，均提出了高于包括我国在内的主要新兴市场国家现行法律规定和法律实践的执法标准。另一方面，就我国知识产权发展的需求而言，严格知识产权保护已经成为客观需要。随着创新驱动发展战略的深入推进，我国创新主体对严格知识产权保护需求强烈。[1] 因此，知识产权基本法应当规定知识产权保护制度，强化知识产权的严格保护。

其次，知识产权基本法需要以"促进发展"为关键。如何运用知识产权制度促进经济科技发展，使得创新成果真正惠及社会公众，是世界各国进行知识产权制度设计时的重要考量。深入实施创新驱动发展战略，需要充分发挥知识产权制度作为市场经济条件下激励创新根本制度的作用。同时，中国特色知识产权制度必须按照体现国家利益的要求，与国家发展阶段相适应，与国家经济、技术和社会发展战略密切配合，与国家经贸、科技、文化等各方面紧密衔接，支撑国家发展目标的实现。同时，知识产权基本法需要积极实现知识产权制度在激励创新创造、促进创新发展、维护竞争秩序方面的功能，将创新动力、创新活力、市场环境作为知识产权制度设计的价值取向出发点，充分发挥立法的引领作用和推动作用，加强顶层设计，夯实制度基础，激发全社会创新发展的新动力、新动能。

再次，知识产权基本法需要以"开放互惠"为视野。在国际知识产权规则加快变革的历史背景下，迫切需要积极推动建立知识产权全球治理新结构，打击以知识产权为核心的知识霸权，促进知识产权发展的多样性，积极抵制垂直论坛转移，总结推广知识产权发展的"中国模式"，提出知识产权国际战略，推动形成全面开放新格局。因此，知识产权基本法不仅



[1] 2015 年、2016 年、2017 年知识产权保护社会满意度调查报告，载于国家知识产权局网站。

是严格保护知识产权的实现法、有效激励创新发展的促进法，还应是提高知识产权国际竞争力、引导知识产权国际规则发展的范式立法例，是发展中国家知识产权制度的示范法。

## 二、知识产权基本法立法需要处理的关系

在上述立法背景下，知识产权基本法立法需要处理如下关系：

一是市场与政府的关系。市场和政府的关系，是在知识产权基本法定位方面面临的首要关系。完善中国特色社会主义市场经济体制，充分发挥市场配置资源的决定性作用和市场主体的创造性，是中国特色法律制度建设的重要依托。对知识产权制度而言，必须通过立法引领和推动改革，加快推进市场化改革，革除知识产权制度发展中的非市场化干扰因素，秉承“私权—私法—司法”的基本逻辑，坚持以私权领域为依归、以权利制度为体系、以权利中心为本位，[1] 完善科学有力的知识产权宏观调控和务实高效的知识产权市场治理。政府在知识产权制度体系中的作用主要是引导知识产权市场健康发展和规范知识产权市场运行秩序，需要力避不必要的监管和干预，加快实现知识产权治理体系和治理能力现代化。

二是严格知识产权保护与高效知识产权运用的关系。知识产权保护与知识产权运用的关系，是在知识产权基本法调整对象和逻辑主线方面面临的主要关系。建议知识产权基本法以“归属清晰、权责明确、保护严格、流转顺畅”的知识产权保护法律框架为主线，进行制度设计，建构制度体系，将知识产权基本法设计成为严格保护知识产权的实现法和有效激励创新发展的促进法，为未来知识产权法典制定奠定基础。通常而言，知识产权具有民事权利、无形资产、竞争工具三层含义，主要是因为知识产权具有技术价值、法律价值和市场价值。其中，知识产权的技术价值是基础，因为专利技术方案所具有的技术创新性和商标标识所具有的消费者认知感，其具备了相应的技术价值，为其法律价值和市场价值奠定了基础。知识产权的法律价值是知识产权技术价值的体现，是知识产权市场价值的保障。最高人民法院强调“要以市场价值为导向，加大对知识产权侵权行为的惩治力度，提升侵权人的违法成本”，体现了坚持案件损害赔偿与知识产权的市场价值、创新贡献度相匹配的理念，深化了司法裁判对于知识产权定价的引领作用，突出了法律价值与技术价值、市场价值的辩证统一。

[1] 吴汉东. 知识产权精要：制度创新与知识产权［M］. 北京：法律出版社，2017：5.

知识产权的技术价值在法律价值的保障下最终表现为知识产权的市场价值，亦即知识产权作为无形资产和竞争工具的价值。显然，以降低知识产权交易成本、提高知识产权交易安全为导向的知识产权运用促进法律制度，与降低知识产权维权成本、提高知识产权保护力度为导向的知识产权严格保护法律制度，是建构在知识产权市场价值和法律价值方面的两项法律制度，需要相互支撑、相互促进。

三是法律规范与公共政策的关系。法律规范与公共政策的关系是在知识产权基本法调整手段方面面临的重要关系。由于知识产权是私权，知识产权法是私法，必须充分尊重和有效保障民事主体主张和保护知识产权的意思自治。因此，在知识产权基本法的立法中，需要充分借鉴和全面吸收在现实中发挥了积极作用的知识产权规则的有益部分，将发展实践中成熟有效的政策措施、有关规则上升为知识产权法律制度，用法律制度的方式确定下来，为知识产权综合实力的提升提供切实可靠的法律保障。[1]

四是知识产权基本法与其他法律的关系。知识产权基本法与其他法律的关系是在知识产权基本法价值定位方面面临的重要关系。首先，在我国民法典加快研究制定的过程中，学术界普遍认为，经历了体系化、现代化改造的知识产权入典，将成为范式民法典的历史坐标。《民法总则》第一百二十三条对知识产权保护客体作出了规定，迈出了知识产权入典的关键一步。这种链接式立法的方式，明确了知识产权基本法与民法的关系，界定了知识产权基本法作为民法特别法的基本定位。其次，知识产权基本法与专利法、商标法、著作权法等知识产权单行法之间存在着统领关系，知识产权基本法作为中国特色知识产权制度的核心制度，规定了知识产权单行法的一般原则、统一准则和共通的价值取向。再次，知识产权基本法与诉讼法等程序法具有关联关系，与行政法具有一定的联系。知识产权基本法致力于以私权保护为核心，必然涉及知识产权保护的程序实现、程序设计与程序构成，与作为基本法律制度的民事诉讼法等具有关联关系。同时，由于知识产权所具有的权利客体非物质性，知识产权管理具有一定的特殊性，因此知识产权基本法与行政法亦具有一定的联系。



五是国内立法与国际规范的关系。国内立法与国际规范的关系是在知识产权基本法调整维度方面面临的重要关系。如前所述，知识产权制度从来都是一个国际规则背景下的法律制度安排。因此，知识产权基本法需要

[1] 张鹏. 知识产权公共政策法律化的立法技术探析——兼论《知识产权基本法》编纂方向与基本方法［J］. 电子知识产权，2018（12）.

立足国内实践，具备国际视野，从国际、国内两个维度部署相关制度，在国内维度上严格部署知识产权保护、促进知识产权运用的制度，在国际维度上推动形成普惠包容、平衡有效、严格保护、促进发展的知识产权国际规则。

## 三、知识产权基本法的基本原则

知识产权基本法的基本原则也就是未来知识产权法典的基本原则，是指贯穿于知识产权法律制度，对各项知识产权法律制度和各知识产权单行法律法规起到统领作用的基本准则。知识产权法的基本原则代表了整个社会在知识产权领域的价值共识与价值追求，立法者制定各项知识产权法律制度及具体知识产权法律规范，裁判者运用知识产权法律制度和具体知识产权法律规范进行具体知识产权案件的裁判，都必须遵守知识产权法的基本原则。同时，从法律解释方法的角度看，在知识产权法律制度和具体知识产权法律规范出现法律漏洞的时候，知识产权法的基本原则可以作为漏洞填补的法律依据。立足上述立法背景存在的现实需求，以知识产权基本法的指导思想为指导，知识产权基本法应当秉持如下原则：

一是激励创新原则。激励创新是知识产权制度的基本精神和价值依托。知识产权基本法的立法必须把促进创新发展放在首位，鼓励发展新业态、新模式、新技术，有效激发创新动力、积极形成创新合力、全面促进创新活力，将创新发展作为知识产权基本法的总体目标和落脚点。知识产权基本法可以通过构建上述知识产权保护法律框架，充分发挥市场配置创新资源的决定性作用，成为有效激励创新发展的促进法。

二是私权神圣原则。“权利的存在和得到保护的程度，只有诉诸民法和刑法的一般规则才能得到保障”[1]，知识产权法同样如此，在入典和成典之间的知识产权基本法同样需要以私权为中心轴展开体系，全面弘扬私法自治和私权神圣。私权神圣原则是知识产权基本法应当予以明确的根本性原则。

三是诚实信用原则。“诚实信用原则”的基本内涵是知识产权的创造、保护、运用、管理、服务应当遵循诚实信用原则，秉持诚实，恪守承诺。知识产权的取得和行使应当遵守法律，遵守社会公德，不得损害国家利益、社会公共利益和他人合法权益。就诚实信用原则的主体而言，传统民



---

[1] 彼得·斯坦，约翰·香德. 西方社会的法律价值［M］. 王献平，译. 北京：中国人民公安大学出版社，1989：41.

法认为其主体系民事主体，亦即诚实信用原则有两方面含义：一方面是意思表示必须真实，行为人应当承担因表意不真实给相对人造成的损害；另一方面是意思表示必须讲信用，生效的意思表示必须履行，行为人应承担因不履行生效表意给相对人造成的损害，因此诚实信用原则仅适用于意定性民事关系。[1] 同时，针对行政法律关系的行政法律制度则将“信赖保护”作为基本原则，亦即政府对自己作出的行为或承诺应当守信用，不得随意变更，不得反复无常。[2] 德国学者认为，信赖保护原则部分源自在法治国家原则中得到确认的法律安定性，部分源自诚实信用原则。[3] 就知识产权基本法而言，其本质属性亦属于私法，同时兼有部分行政法律制度，因此可以将扩展的诚实信用原则作为基本原则，涵盖传统民法的诚实信用原则和行政法与之相关的信赖保护原则。这亦符合诚实信用原则要求“一切权利的行使与义务的履行均应遵守这一准则”[4] 的现代发展。同时，禁止权利滥用在学理中被认为是诚实信用原则的具体化，[5] 亦即诚实信用原则当然涵盖了“虽然具有合法权利之外观，但其权利的不当行使或者非法行使不受法律保护”[6] 的内容。

四是严格保护原则。“严格保护原则” 主要是指国家依法严格保护知识产权，权利人的人身权利、财产权利以及其他合法权益受法律严格保护，任何组织或者个人不得侵犯。同时，国家依法平等保护国内外权利人的知识产权。就严格保护原则的外延而言，该原则除了通常具有的同等保护、平等保护、有效保护的基本内涵之外，还有权利法定、地域保护两个方面的含义。首先，权利法定要求，知识产权的种类和内容由法律法规予以规定；国家建立知识产权动态立法机制，根据发展需要及时调整法律法规；根据知识产权法律法规保护的，不影响其享有反不正当竞争法的补充保护。其次，地域保护要求根据中国法律法规和参加的国际条约的规定产生的知识产权在中国境内有效，依据其他国家和地区法律产生的知识产权要获得中国法律保护的，依照有关国际条约、双边协议或按互惠原则办



---

[1] 李锡鹤. 民法原理论稿（第二版）[M]. 北京：法律出版社，2012：109-110.

[2] 姜明安. 行政法与行政诉讼法（第六版）[M]. 北京：北京大学出版社，高等教育出版社，2015：72-73.

[3] 哈特穆特·毛雷尔. 行政法总论 [M]. 高家伟，译. 北京：法律出版社，2000：277-278.

[4] 王泽鉴. 民法学说与判例研究（重排合订本）[M]. 北京：北京大学出版社，2015：225-228.

[5] 王泽鉴. 诚实信用与权利滥用——我国台湾地区“最高法院”九一年台上字第七五四号判决评析 [J]. 北方法学，2013（6）. 施启扬. 民法总则（修订第8版）[M]. 北京：中国法制出版社，2010：363.

[6] 彭诚信. 论禁止权利滥用原则的法律适用 [J]. 中国法学，2018（3）：249-268.

理，知识产权的归属、内容、限制、行使与保护的程序由本法和相关法律规定，相关国际条约或本法或相关法律有不同规定的除外。

五是高效运用原则。该原则要求倡导各类主体的创新、创业、创意活动，鼓励开展原始性、颠覆性、突破性创新，激励在此基础上获得各类知识产权，积极促进知识产权运用，提升知识产权运用效益。该原则有两点基本含义：一方面是市场主导，知识产权基本法应当规定知识产权经济调节、市场监管、公共服务相关法律制度，充分发挥市场配置创新资源的决定性作用，更好地发挥政府作用；另一方面是社会共治，政府、企业和社会组织等三大类治理主体彼此协同，良性促进，无缝隙地满足社会对知识产权公共服务的需求，国家综合运用政府、市场和社会三种治理机制的功能优势，发挥三种治理权威的协同优势。❶ 其中，知识产权基本法需要促进政府充分发挥知识产权经济调节、市场监管、公共服务的作用，推动政府管理职能向运用知识产权制度和政策手段加强经济调节方向转变，向完善知识产权领域市场监管体系和完善知识产权领域公共服务方向转变，构建完善的国家知识产权治理体系，提高国家知识产权治理能力。❷

综上所述，在我国经济发展新常态下，知识产权制度已经成为激励创新的基本保障，知识产权已经成为发展的重要资源和竞争力的核心要素。加快制定知识产权基本法，是深化知识产权领域改革、加快推进知识产权治理体系和治理能力现代化的制度需求，是中国特色知识产权制度建设的迫切需要，是积极参与和主导国际规则制定、推动形成全面开放新格局的现实考虑。我们需要科学界定知识产权基本法的基本定位。知识产权基本法的指导思想是，全面贯彻党的十八大和十九大精神，牢固树立和贯彻落实创新、协调、绿色、开放、共享发展理念，按照深入实施创新驱动发展战略的目标和要求，坚持保护权利、促进发展、开放互惠，充分发挥立法的引领和推动作用，加强法律制度顶层设计，夯实社会治理法律基础，解决知识产权制度发挥激励创新基本保障作用中的突出问题和矛盾，建立市场配置创新资源的产权机制，形成有效激励创新的制度环境，推动实现经济提质增效转型升级。知识产权基本法立法需要处理如下关系：在基本定



❶ 徐嫣，宋世明. 协同治理理论在中国的具体适用研究［J］. 天津社会科学，2016（2）：19-24.

❷ 国家知识产权局“知识产权强国课题研究”总体组，张鹏，刘洋，张志成，等. 抢抓机遇，加快知识产权强国建设——《知识产权强国建设——战略环境、目标路径与任务举措》报告摘编［R/OL］.（2016-02-19）［2018-10-30］. http://www.sipo.gov.cn/ztzl/zscqqgjs/yjcg_qgjs/1064869.htm.

位方面的市场与政府的关系，在逻辑主线方面的严格知识产权保护与促进知识产权运用的关系，在调整手段方面的法律规范与公共政策的关系，在制度体系方面的知识产权基本法与其他法律的关系，在发展视野方面的国内立法与国际规范的关系。知识产权基本法的基本原则包括激励创新原则、私权神圣原则、诚实信用原则、严格保护原则、高效运用原则。

# 第七章

# 分则论：知识产权基本法的主要制度与内容

如前所述，研究制定知识产权基本法是处于知识产权入典和知识产权成典之间的重要战略选择。就知识产权基本法的基本秉性而言，从知识产权入典的角度，知识产权基本法是民法典知识产权规定的落实；从知识产权成典的角度，知识产权基本法是知识产权法典的探索，是知识产权入典和知识产权成典之间的历史衔接。就知识产权基本法的价值归属而言，是知识产权治理体系和治理能力现代化的基本依托，是充分发挥市场配置创新资源决定性作用的制度保障，是提高知识产权国际竞争力、引导知识产权国际规则发展的范式立法例。建议知识产权基本法以“归属清晰、权责明确、保护严格、流转顺畅”的知识产权保护法律框架为主线，进行制度设计，建构制度体系，将知识产权基本法设计成为严格保护知识产权的实现法、有效激励创新发展的促进法、发展中国家知识产权制度的示范法，为未来知识产权法典制定奠定基础。



## 一、知识产权权能制度

知识产权基本法应当规定知识产权归属和权能制度，实现知识产权的权利归属清晰和权能科学。对知识产权的所有权、使用权、处置权、收益权等权能进行配置，通过知识产权权能的配置和归属的设计，充分调动创新创造者的积极性，有效激励创新。

第一，优化财政资助项目的知识产权归属与权能配置，建立财政资助项目形成的知识产权信息公开机制，赋予高等院校、科研机构对其享有的知识产权的处置权和收益权，促进财政资助项目形成的知识产权成果高效运用。

第二，优化职务知识产权归属与利益分配制度，包括职务发明制度、职务作品制度和职务植物新品种制度，有效平衡单位与创新创造者之间的关系。

第三，明确国防项目委托研发主体、研发成果的知识产权归属，促进知识产权军民融合发展。通过知识产权权能的配置和归属的设计，充分调动创新创造者的积极性，有效激励创新。

## 二、知识产权保护制度

知识产权基本法应当规定“平衡高效、双轮驱动、多元保护、灵活可及”的知识产权保护制度，强化知识产权的严格保护。建立知识产权动态立法机制，根据发展需要及时调整法律法规。知识产权基本法在知识产权保护方面的主要规定包括知识产权保护格局制度、知识产权侵权救济制度、知识产权权利重叠与冲突制度等。

第一，知识产权保护格局制度。严格知识产权保护，发挥知识产权司法保护主导作用，发挥知识产权行政保护快捷性、便利性优势，完善司法保护和行政保护两条途径优势互补、有机衔接的知识产权保护模式，形成包括司法审判、刑事司法、行政执法、快速维权、仲裁调解、行业自律、社会监督等的多元纠纷解决机制。一方面充分发挥知识产权司法保护主导作用。国家建立知识产权统一上诉法院，建立区域布局均衡发展的知识产权法院体系，完善知识产权专门审判机构合理布局，实行知识产权民事、行政和刑事审判合一。制定符合知识产权审判特点的特别程序规则，就知识产权审判机构、管辖、证据、保全等作出规定，积极推行知识产权案例指导制度和技术事实查明机制。另一方面加强知识产权综合执法，构建高效便捷、综合可及的知识产权保护体系，依法加强涉及知识产权的市场监督管理。完善执法协作、侵权判定咨询与纠纷快速调解机制，查处有重大影响的知识产权侵权假冒行为，全面公开知识产权行政执法信息，实现全流程材料全面公开，强化执法队伍建设。建设知识产权快速维权机制，构建知识产权快速授权、快速确权、快速维权的工作机制。同时，加强确权程序与侵权纠纷处理程序的衔接，积极改进民行交叉案件的审判机制，加强行政与司法的高效衔接，避免循环诉讼，加快纠纷的实质性解决。

第二，知识产权侵权救济制度。正如刑事法学由犯罪论和刑法论共同构成一样，知识产权侵权救济制度由责任构成制度（侵权论）和责任承担制度（赔偿论）共同构成。[1] 首先，从责任构成制度的角度看，明确知识



[1] 张鹏. 专利侵权损害赔偿制度——基本原理与法律适用［M］. 北京：知识产权出版社，2017：1.

产权侵权的过错责任原则，亦即行为人侵害他人知识产权的，应当停止侵害，法律另有规定的除外；行为人有过错的，应当赔偿损失。其次，从责任承担制度的角度看，明确停止侵害、赔偿损失、赔礼道歉等民事责任以及行政责任、刑事责任。针对知识产权侵权损害赔偿制度，从实体法和程序法两个方面加以完善，亦即从实体法的角度看，侵害知识产权的赔偿数额，可以按照权利人因被侵权所致的实际损失、侵权人因侵权所获得的利益或者参照该知识产权许可使用费的倍数合理确定。对恶意侵害知识产权且情节严重的，可以在按照上述方法确定数额的一倍以上三倍以下确定赔偿数额。权利人因被侵权所受到的实际损失、侵权人因侵权所获得的利益、知识产权许可使用费难以确定的，人民法院可以根据知识产权的类型、侵权行为的性质和情节等因素在法律规定的幅度内合理确定赔偿数额。具体赔偿幅度，由法律另行规定。从程序法的角度看，人民法院为确定赔偿数额，在权利人已经尽力举证，应当责令侵权人提供与侵权行为相关的账簿、资料；侵权人不提供或者提供虚假的账簿、资料的，人民法院可以参考权利人的主张和提供的证据判定赔偿数额。

第三，知识产权权利重叠与冲突制度。不同类型知识产权产生竞合与冲突的原因在于知识产权的客体非物质性，以及不同知识产权在权利产生、保护期限和保护方式方面存在的不同，从而出现针对同一创新享有多项知识产权、可以分别以各项知识产权提起民事诉讼的情况，侵权行为人也将对于同一创新构成多项侵权，承担多项侵权责任。显然，这有违侵权责任法的立法主旨。另外，由于不同知识产权保护期限不同，会出现某一类型知识产权到期之后，同一项创新还可以由其他类型知识产权继续保护的情况，这将违背权利到期将进入公有领域的本意，无法达到让社会共享创新成果、进一步促进设计创新的目的。因此，有必要进一步完善针对不同主体享有的知识产权存在的权利冲突问题和针对相同主体享有的知识产权存在的权利重叠问题。为解决这一问题，首先，不同知识产权法律分别对同一知识产权客体提供保护的，权利人不得就同一侵权行为获得多次救济；其次，根据知识产权法律进入公有领域的智力成果，权利人不得再以其他知识产权法律法规为依据，阻止他人对该智力成果的自由使用；再次，权利人享有的知识产权不得与他人在先取得的合法权益相冲突；最后，行使知识产权构成侵犯他人在先取得的合法权利的，应承担侵权责任。

## 三、知识产权运用制度

知识产权运用制度的核心是促进知识产权运用，提高知识产权运用实效。从法律的角度看，知识产权运用制度的本质属性是知识产权这一权利和有关权能的流转制度，其主要目标是降低知识产权流转的交易成本，提高知识产权流转的交易安全。由于知识产权具有客体的非物质性，相对于有形财产权而言，其交易成本更高，交易安全更加难以保障，迫切需要从法律制度层面加以规范。

第一，完善重大经济活动知识产权分析评议制度。知识产权分析评议制度可以从四个维度理解，从目的的角度看，知识产权评议的目的是为了政府决策和企业参与市场竞争提供咨询参考，避免经济科技活动因知识产权导致重大损失；从内涵的角度看，以知识产权竞争情报分析为基础，结合产业发展、市场竞争、政治环境等因素进行综合研究和研判，对经济科技活动的实施可行性、潜在风险、活动价值等进行一揽子评估、核查与论证，并提出合理化对策建议；从外延的角度看，知识产权评议一般分为面向政府的服务和面向企业的服务，在我国还有直接服务于政府决策与项目管理的特殊内涵；从应用的角度看，知识产权分析评议可直接嵌入科技创新活动、技术贸易活动、技术产业化活动、投融资活动和战略与政策管理中。[1] 建议知识产权基本法部署实施重大经济活动知识产权评议制度，针对重大产业规划、政府重大投资活动实施知识产权评议，发布重点领域评议报告，引导企业自主开展知识产权评议工作，规避知识产权风险。

第二，完善知识产权协同运用制度。向全社会及时免费公开知识产权申请、授权、执法、司法判决等信息。国家鼓励各地区、各有关行业建设符合自身需要的知识产权信息库，支持全社会在研发规划、管理、评估等整个过程中对相关信息的应用。培育和发展市场化知识产权信息服务，引导社会资金投资知识产权信息化建设。还有，完善企业主导、多方参与的专利协同运用体系，提升企业知识产权运用能力，形成资源集聚、流转活跃的专利交易市场体系。国家建立专利导航产业发展工作机制，开展专利布局，在关键技术领域形成专利组合，构建支撑产业发展和提升企业竞争力的专利储备。国家推动专利联盟建设，加强专利协同运用，建立具有产业特色的全国专利运营与产业化服务平台。

---

[1] 孟海燕. 知识产权分析评议基本问题研究［J］. 中国科学院院刊，2013（4）.

## 四、知识产权国际合作制度

随着知识经济的迅猛发展，经济全球化步伐加快，知识产权对经济社会发展的重要作用日益凸显，已经成为国际竞争的一个焦点，知识产权国际规则也在发生巨大的变革，知识产权全球治理机制[1]不断变化。在这一背景下，我国对知识产权国际规则变革的战略选择，推动建立以“保护权利”和“促进发展”为核心的知识产权全球治理新结构，抵制以知识产权为核心的知识霸权，促进知识产权发展多样性，推广知识产权发展的“中国模式”，提出知识产权国际战略。建议知识产权基本法对知识产权国际战略进行探索，部署相关法律制度。

建议知识产权基本法可以考虑纳入的相关法律制度包括知识产权长臂管辖制度。长臂管辖制度是美国诉讼法上的一个概念，源起于1945年国际鞋业诉华盛顿案（International Shoe Co. v. Washington）。[2] 在该案中，美国最高法院明确，非居民被告只要与法院地之间存在最低联系，美国法院即可对其行使对人管辖权，放松了属地原则对美国法院对人管辖权的限制。因而，授权美国法院行使对非居民被告对人管辖权的法案，实际上扩张了美国法院对人管辖权的范围，从效果上看就是伸长了法院的管辖手臂。故而，此种法案被形象地称为长臂法案。[3] 美国最高法院在2014年鲍姆诉奔驰案件（Daimler Ag v. Bauman）中，进一步明确了长臂管辖标准，限制了对非居民法人被告行使一般管辖权的条件，进一步体现联系原则正当性基础的必然要求。[4] 美国学者对于联系原则正当性基础的主流见解是法院调整被告行为上的利益。[5] 可见，一个国家对涉外民商事案件管辖权的确定，取决于它所采用的管辖根据，这里的“根据”是指涉外民商事案件法律关系的主体，或者法律关系的客体，或者法律关系的事实同法院地国家存在某种联系。[6] 长臂管辖制度对知识产权纠纷案件，尤其是网络知识产权纠纷案件具有重要意义。我国对涉外知识产权纠纷案件管辖严格遵循地域性



[1] 维维安娜·莫诺兹·特勒兹. 知识产权实施全球治理动态：发展中国家面临新挑战［M］. //李轩，卡洛斯·M. 柯莱亚. 知识产权实施：国际视角. 北京：知识产权出版社，2012：3-8.

[2] International Shoe Co. v. Washington, 326 U. S. 310 (1945).

[3] 张丝路. 长臂管辖效果辨正及对我国的启示［J］. 甘肃社会科学，2017（5）.

[4] Daimler Ag v. Bauman, 134 S. Ct. 746 (2014).

[5] STANLEY E. COX. The Missing “Why” of General Jurisdiction［M］. Pittsburgh: University of Pittsburgh Law Review, 2014-2015 (76): 199.

[6] 林欣. 论国际私法中管辖权问题的新发展［J］. 法学研究，1993（04）.

管辖原则，导致我国法院在管辖权行使问题上缺乏弹性应对能力，在实践中日益显示出弊端。[1] 为了增强我国在国际上的知识产权竞争力，建议适度扩张对涉外知识产权案件的管辖权。建议根据最低联系准则，一方面明确对发生在我国法域内的知识产权侵权行为，我国法院具有管辖权；另一方面部署对发生在我国法域外的知识产权侵权行为，可预见地会实质性影响到我国民事主体利益，我国法院即具有一定的管辖权。

可见，知识产权基本法的两个维度：在国内严格知识产权保护、促进知识产权运用；在国际上推动形成普惠包容、平衡有效、严格保护、促进发展的知识产权国际规则，具体包括知识产权保护格局制度、知识产权侵权救济制度、知识产权权利重叠与冲突制度、重大经济活动知识产权分析评议制度、知识产权协同运用制度、知识产权长臂管辖制度等。



[1] 刘义军. 完善我国知识产权侵权诉讼域外管辖权的若干思考［J］. 科技与法律，2016（4）：662-679.

# 第八章

# 国际论：知识产权国际规则演进与基本法回应

随着知识经济的迅猛发展，经济全球化步伐加快，知识产权对经济社会发展的重要作用日益凸显，知识产权已经成为国际竞争的一个焦点。与之对应，知识产权国际规则也在发生巨大的变革，知识产权全球治理机制[1]不断变化。这一变革给包括我国在内的广大发展中国家带来了巨大的挑战，但也提供了难得的历史机遇。如何更好地把握机遇、迎接挑战，积极应对知识产权国际规则的变革，全力维护我国国家利益和经济安全，已成为我们必须研究解决的重大课题。同时，有效应对国际知识产权规则变化的国内知识产权制度安排，亦应成为知识产权基本法需要加以规定的具体内容。



## 一、知识产权国际规则的演进历史

知识产权国际保护规则兴起于 19 世纪 80 年代，随后发展成为以多边国际公约为基本形式、以政府间国际组织为协调机构的相对统一的国际法律制度。一般而言，知识产权的国际保护制度是指以多边国际公约为基本形式，以政府间国际组织为协调机构，通过对各国国内知识产权法律进行协调并使之形成相对统一的国际法律制度。知识产权国际保护制度的形成，标志着知识产权立法步入一个新的历史阶段，即各国独自产生的知识产权制度在知识产权国际保护的框架下逐渐走上一体化、国际化的道路。从制度上说，知识产权国际保护并不是随着知识产权制度的产生而产生的，而是国际经济贸易关系不断发展的产物，也是知识产权制度自身变革的结果。知识产权国际保护制度一般可以分为四个时期：（1）巴黎联盟和

[1] 维维安娜·莫诺兹·特勒兹. 知识产权实施全球治理动态：发展中国家面临新挑战［M］. //李轩，卡洛斯·M. 柯莱亚. 知识产权实施：国际视角. 北京：知识产权出版社，2012：3-8.

伯尔尼联盟时期；（2）WIPO（世界知识产权组织）时期；（3）WTO（世界贸易组织）时期；（4）WTO、WIPO 和"超 TRIPs"复边、多边和双边机制并行时期（后 TRIPs 时代）。

巴黎联盟与伯尔尼公约联盟时期，是知识产权国际保护制度的产生与形成阶段。这一阶段的主要特点：第一，着力于各国政府之间全球性或区域性的多边协商，促使保护知识产权的国际协调始终朝着整体化和全面化的方向发展。❶ 第二，国际社会所缔结的一系列工业产权公约，概以巴黎公约为主导。第三，联合国教科文组织在促进知识产权国际保护方面发挥积极作用。

WIPO 的建立意味着知识产权国际保护制度进入新的发展阶段。WIPO 的建立使得基于巴黎联盟和伯尔尼联盟所成立的知识产权国际局脱离瑞士联邦政府而独立，并成为联合国的专门机构。此外，WIPO 的建立在推动知识产权立法一体化的同时，也注意向发展中国家提供援助，为发展中国家争取知识产权利益提供了国际舞台。

WTO 的建立与 TRIPs（《与贸易有关的知识产权协议》）的形成标志着知识产权国际保护制度进入一个高水平保护、一体化保护的新的历史时期。WTO 在新的知识产权国际保护体制中发挥了主导作用。WIPO 在保护知识产权的国际协调中注重与 WTO 的合作。知识产权国际保护制度的一体化与国际化的结果就是 WTO 作为知识产权国际立法机构的优先地位、TRIPs 作为知识产权国际立法文件的核心地位以及西方发达国家作为知识产权国际保护参与主体的主导地位。❷



## 二、知识产权国际规则的发展现状

目前，知识产权全球治理机制已经进入 WIPO、WTO 和"超 TRIPs"复边机制❸并行时期，这意味着知识产权国际保护制度的新变革。2001 年 11 月 9 日至 14 日，世界贸易组织第 4 次部长级会议通过的《部长宣言》（又称《多哈部长宣言》）第 17~19 段列举的三个问题与知识产权保护有关：（1）TRIPs 与公共健康的关系；（2）地理标志的保护；（3）TRIPs 与生物多样性公约（以下简称 CBD）、传统知识及民间文学保护的关系。联

❶ 张乃根. 国际贸易的知识产权法［M］. 上海：复旦大学出版社，2007：54.

❷ 吴汉东，郭寿康. 知识产权制度国际化问题研究［M］. 北京：北京大学出版社，2010：231.

❸ 复边协定又称诸边协定，为多边协定（Multilateral Agreement）的对称，是指 WTO 两个以上的部分成员可自愿选择加入的协定，而多边协定则要求全体成员都必须参加并受其约束。

合国贸易和发展会议（以下简称UNCTAD）在其发布的《2007年最不发达国家报告》中强调指出，现存的世界知识产权体系需要改革。该报告题为“为了发展的知识、技术学习和创新”。联合国贸发会议在其中明确指出，现有的世界知识产权体系对知识产权的所有者较之于知识产权的使用者以及潜在使用者更为有利。前者大多为工业国，而后者则以诸多不发达国家为典型。报告指出：“经过二十年的稳步推进，世界知识产权保护取得了很大的进展。随之，另一个问题接踵而至，人们在追问这一进程已经走了多远，发展中国家包括最不发达国家逐渐意识到，在世界知识产权政策制定过程中，发展的元素并没有得到足够的重视。”之后，世界贸易组织围绕知识产权的谈判进展缓慢。后金融危机时代，世界经济开始复苏，经济全球化趋势、区域融合逐渐加深，国际贸易再度活跃。虽然TRIPs允许发展中国家保留某种程度的灵活性，但是“更加严厉的知识产权条款则以地区和双边协定的方式存在”。同时，所谓的TRIPs附加条款（“超TRIPs”条款）限制了这种产生于多边条约条件下的灵活性。

目前，知识产权国际规则的变革呈现如下特点：首先，知识产权国际合作日益深化。知识产权已经成为世界贸易组织、经济合作与发展组织（以下简称OECD）、八国集团首脑会议等各种国际论坛的讨论热点，也已经成为区域或者双边经济伙伴关系、自由贸易协定以及发达国家与发展中国家之间的讨论重点。知识产权执法方面、审查方面等国际合作广泛开展。其次，知识产权国际竞争日益激烈。后TRIPs时代的国际知识产权制度变革，是一个各种国际力量在知识产权领域进行角力的过程。由于TRIPs的许多实体规则明显袒护发达国家及其知识产权所有者的利益，不但忽视了发展中国家实施高标准的知识产权保护在人力、财力和技术上遇到的困难，也忽略了原生基因资源丰富但技术开发实力不足的国家在农业和食品植物基因资源方面的主权；不仅忽略了对土著居民经过长期积累和提炼所形成的传统知识的保护，也忽略了知识产权对人权、公共健康等重要社会利益的消极影响。TRIPs以及WIPO确立的一系列知识产权保护规则和标准越来越遭到发展中国家的批评。[1] 发达国家则试图进一步提高知识产权实施的标准，强化知识产权保护。

发达国家的总体战略方向是推动建立“超TRIPs”全球知识产权实施新标准。发达国家的总体战略手段是运用“超TRIPs”知识产权实施标准



---

[1] 杨长海. 论国际知识产权法律制度的改革和发展——基于国际关系之南北关系的视角［J］. 西北工业大学学报（社会科学版），2009（1）：24-30.

的垂直论坛转移，采取同步推进、交互配合的战略，将“超 TRIPs”标准的议程呈现在多边、双边和复边的多个论坛，包括国际反假冒医药产品任务组、世界海关组织 SECURE 工作组以往认为与知识产权标准制定无关的多边机构框架论坛。可以说，发达国家战略方向和战略手段的设计与 20 世纪 70—90 年代开始的、以 TRIPs 的确立而结束的过程非常相似，跨国公司在历史性论坛转移中发挥重要角色，发达国家与产业界密切配合，力图借助知识产权制度发挥发达国家的比较竞争优势，唯一区别在于增加了“多点攻取”的手段选择。

近年来，美国及欧盟等发达国家利用 TRIPs 的弹性条款，以市场准入及跨国投资为条件，促进发展中国家与之签订自由贸易区协定并以此重新确定知识产权的保护标准。这些知识产权的保护标准超过了 TRIPs 所规定的保护标准，形成了“超 TRIPs”。随着自由贸易区协定的盛行，越来越多的发展中国家与发达国家签订了含有“超 TRIPs”内容的自由贸易区协定，“超 TRIPs”因而得到强势扩张。“超 TRIPs”的扩张已经对知识产权的国际保护秩序产生了重大影响。“超 TRIPs”并不是一个具体协定的名称，也不是 TRIPs 的附加议定书，而是对 TRIPs 缔结生效以来签署的包括“超 TRIPs”标准的各种条约的统称，涵盖双边、区域或多边框架下的自由贸易区协定、投资协定以及知识产权协定。❶“超 TRIPs”，是后 TRIPs 时代发达国家向发展中国家输送其知识产权保护标准的主要法律形态，主导着知识产权国际保护体制的重心从 WTO 向双边体制和 WIPO 论坛转移的新动向。❷概括起来，“超 TRIPs”主要具有以下特点：“超 TRIPs”主要是在 TRIPs 生效之后美欧发达国家与发展中国家之间签署的协定；“超 TRIPs”一般不是单独的知识产权协定，而是包含“超 TRIPs”标准的自由贸易区协定或投资协定，其中关于知识产权保护的规定是此类协定的组成部分之一；“超 TRIPs”所确立的知识产权保护标准是“超 TRIPs”标准，即高于 TRIPs 知识产权保护的标准；“超 TRIPs”通过最惠国待遇原则得以广泛适用，使“超 TRIPs”标准成为后 TRIPs 时代新的、更高的知识产权保护标准。

发展中国家正在被推动通过 WTO 争端解决机制的诉讼改变其知识产



❶ 古祖雪，揭捷．“TRIPs-PLUS”协定：特征、影响与我国的对策［J］．求索，2008（8）：137-139.

❷ 张建邦．“TRIPs-递增”协定：类型化与特征分析（上）——基于后 TRIPs 时代知识产权国际保护制度发展趋势的一种考察［J］．上海对外经贸大学学报，2008（05）：24-27.

权实施机制，面临着如何应对发达国家以及国内外权利人提出的越来越多的知识产权实施制度改革的要求。目前，发展中国家刚刚具备在 WTO 和 WIPO 构筑防线以阻止发达国家提出知识产权保护全球新标准企图的能力。例如，在 WIPO 框架下，发展中国家通过将其关切的议题作为推进讨论条件的方式，成功搁浅统一国际专利法等谈判进程。但是，发展中国家没有实力在多边、双边以及复边机制下完全阻止发达国家提出“超 TRIPs”知识产权实施标准的要求。尤其是，很多双边、复边协议的知识产权条款范围和重点事项由少数前期参与讨论的国家来谈判决定。可以说，垂直论坛转移使得发展中国家处于防御状态，通常只有很少的时间消化信息、评估影响和与同伴合作，很难通过及时有效的策略回应不同机构的动态，忙于适应发达国家的各种新举措。此处所述的“垂直论坛转移”，是发达国家在近期国际知识产权规则演进过程中所采取的转移国际机构的主要策略，一旦发展中国家适应某个国际机构、平台、机制（此处统称为“论坛”）并且具备联合抵制不合理动议的能力，发达国家选择转换到另一个新的论坛。❶

可以说，知识产权保护水平较高的 TRIPs 已经使发展中国家面临着巨大的压力，这种压力激起了发展中国家在 TRIPs 生效之后推动着知识产权全球化的后 TRIPs 发展。发展中国家和最不发达国家总结和吸取了关贸总协定乌拉圭回合知识产权问题谈判的教训，团结合作，并且利用其他政府间和非政府间组织对公共健康危机的高度关切，积极地开展外交努力，形成强大的国际舆论，迫使发达国家改变其在知识产权保护问题上的强硬政策，充分表现了“南南联合自强”的力量与作用。❷ 知识产权国际立法开始从传统的 WIPO 和 WTO 等传统体制向生物多样性、植物基因资源、公共健康和人权等体制渗透。TRIPs 之后知识产权国际立法更为复杂难解，TRIPs 的执行也面临着更艰难的局面。❸

就知识产权国际保护制度的最新进展而言，随着发展中国家的觉醒与回应，知识产权国际保护制度中的南北对立日益加剧。尽管知识经济拉大了发达国家与发展中国家的距离，但是某些发展中大国，如中国、印度、巴西等的经济发展速度已经超过发达国家，在国际政治经济中的作用也不



---

❶ SUSAN K. SELL. TRIPs was Never Enough：Vertical Forum Shifting，FTAs，ACTA，and TPP [J]. 18 J Intell. Prop. L. 447，2011：448-480.

❷ 古祖雪，揭捷. “TRIPs-PLUS” 协定：特征、影响与我国的对策 [J]. 求索，2008（8）：137-139.

❸ 吴汉东，郭寿康. 知识产权制度国际化问题研究 [M]. 北京：北京大学出版社，2010：45.

断增强，由于发展中国家之间存在着许多共同的利益，这些国家往往联合起来与发达国家进行抗争，从而成为当前世界上正在不断发展壮大的一支不可忽视的重要力量，这些国家已经有能力在国际事务中维护自己的利益。自 20 世纪 70 年代以来，WIPO 秉承调节发达国家和发展中国家利益公正的理念，但是现在也几经异化成为实现私人集团和发达国家知识产权标准化的工具。这样的压力也使得发展中国家积极主张自身的权益，知识产权国际立法的重点内容开始转向生物多样性、非物质文化与遗传资源保护、公共健康、人权等方面，知识产权国际化进程由此进入后 TRIPs 时代。另外，TRIPs 生效后，形成了 WIPO 与 WTO 共存的知识产权制度国际协调机制。在此共存的机制中，TRIPs 因与贸易机制挂钩，并以强硬的争端解决方式在知识产权制度的国际协调中占主导地位。

## 三、知识产权国际规则的变革特点

知识产权国际规则变革的特点是内容执行性、主体配合性、手段多样性和趋势明确性。按照美国学者熊彼特 · M. 杰哈特教授的归纳，知识产权国际保护的研究进路可以用“实体/程序”两分法来划分，知识产权的实体问题和知识产权制度形成的程序问题是相辅相成的，将两者分离是不可能的。我们至今为止的关注焦点主要集中于知识产权国际保护制度的实体部分。但是，实体和程序的研究是不可分离的。因为尽管知识生产的最大化和知识资源的分配的实体问题始终应该是我们研究的重点，我们也必须通过程序分析来更好地支撑实体研究，以求理解那些塑造知识产权国际化与一体化的力量及其相互关系。[1] 我国现有的研究没有给予知识产权国际保护制度背后的社会环境、制度形成的参与者及其运作手段、参与者与社会环境之间的相互关系等问题以应有的重视，其直接后果就是对知识产权国际保护制度只知其然而不知其所以然，只能认识昨天和今天的知识产权国际保护制度，但无法准确地找到明天的发展方向，也不能有针对性地提出应对策略。知识产权国际保护制度立法动力学分析的要义在于了解知识产权国际保护制度形成的具体过程，了解影响着知识产权国际保护制度形成的主体、力量、作用机制和具体作用过程。从分析方法和内容来说，这种分析实质上是一种立法动力学分析。在社会科学领域，动力学分析的要素往往是社会主体、社会主体的力量、社会主体相互作用的社会规律、



---

[1] PETER M. GERHART. The Triangulation of International Intellectual Property Law: Cooperation, Power and Normative Walfare [M]. 36 Case W. Res. J. Int'l L. 1, 2004: 3-6.

社会活动的过程等，社会科学领域中的许多事物的发展变化也经历着一种和自然科学领域中的事物类似的发展变化过程，即社会主体在其力量的推动下根据社会主体相互作用的规律进行社会活动，社会活动也循此而发展演变。

知识产权国际立法动力学分析的内容主要包括以下几个方面：（1）知识产权国际立法的政治、经济、科技等宏观环境。法律与立法取决于其背后的政治、经济和科技等宏观社会条件。（2）知识产权国际立法的参与主体及其运作手段。尽管政治、经济和科技等宏观环境是知识产权国际立法的决定性因素，但知识产权国际立法的参与主体及其运作手段也是非常重要的。（3）知识产权国际立法的机制。知识产权国际立法的机制是指知识产权国际立法的宏观力量和微观主体赖以推动知识产权国际立法进行的一套结构化的规则，包括正式的制度安排、组织机构的设置和非正式的方法，这些制度安排、组织机构和非正式方法，既包括国内的，也包括国际的。（4）知识产权国际立法的具体过程。知识产权国际立法动力学分析不仅需要分别离散地分析宏观背景、立法主体和立法机制三个方面，更需要综合地分析这三个方面相互作用的复杂过程；不仅要分析宏观环境是如何影响立法主体的，还要分析立法主体是如何影响宏观环境的；不仅要分析立法主体是如何通过相应机制进行立法活动的，还必须分析立法主体和宏观环境是如何影响机制的变动的。❶ 知识产权国际规则的变革有其自身深刻的政治和经济背景。世界多极化趋势发展，使得不同国家之间的矛盾和斗争趋于复杂；经济全球化步伐加快，导致涉及知识产权的国际经济竞争日趋激烈。其结果是，知识产权的国际协调不断进行，知识产权方面的摩擦有增无减。发达国家主要强调保护，而发展中国家则积极倡导各国的知识产权制度应当与其经济发展水平相适应。

#### 1. 知识产权国际规则变革的环境因素

根据知识产权国际立法动力学的分析，在参与主体方面，发达国家与产业界密切配合，发展中国家尚未形成合力。❷ 这一点与 20 世纪 70—90 年代开始的、以 TRIPs 的确立而结束的过程非常相似，唯一区别在于增加



---

❶ 吴汉东，郭寿康. 知识产权制度国际化问题研究［M］. 北京：北京大学出版社，2010：7-9.

❷ SUSAN K. SELL. Private Power，Public Law：The Globalization of Intellectual Property Rights［M］. Cambridge：Cambridge University Press，2003：5.

了“多点攻取”的手段选择。在运作手段方面，发达国家频繁采用垂直论坛转移作为主要战略手段。发达国家实施议程在很大程度上采用了转移国际机构的战略，一旦发展中国家适应某个国际机构并且具备抵制不合理动议的能力，发达国家就会转换到另外一个新的机构。在 WIPO、WTO 相关谈判遇阻的情况下，在复边、多边和双边机制下同步推进、交互配合，在多种框架论坛下提出内容相近的知识产权议题。在后 TRIPs 时代，实施要求被转换为更为严格的双边、多边、复边或者区域贸易协定，如 ACTA、TPP、TTIP 等，实施机制被转换到许多替代的或者新的国际机构，如国际海关组织、国际刑警组织、万国邮政联盟等。

知识产权国际规则变迁的环境因素：一是经济环境的改变。随着工业经济向知识经济的转变，经济的全球化真正开始出现。[1] 经济全球化的特征包括金融全球化、生产国际化、技术更新化和政治解构化。[2] 经济全球化以及金融危机等都是影响国际规则变迁的重要的经济环境要素。二是国家战略的转变。发达国家的竞争策略发生改变，知识经济的兴起和社会控制力的转移不断使私人集团走上了国际规则制定的前台，还深刻地改变了发达国家的战略方针。三是南北对立的加剧。这主要体现在以下三个方面。首先，在维护利益方面，知识产权国际保护制度对发展中国家的利益考量不充分。其次，在制度理念上，TRIPs 是一个与贸易有关的协定，它重视知识产品的商品和经济属性，忽视其知识和文化属性，对作者的精神权利的维护、传统知识的保护、文化多样性的弘扬不够。再次，在价值关怀上，知识产权国际保护制度对人们的生存权、发展权关注不够。TRIPs 没有反映人权保护的需要，在信息获取、公共健康等基本人权方面关怀不够。对于大多数发展中国家来说，TRIPs 规定的知识产权保护标准从整体上看，已经远远高于其国内知识产权的保护标准。但是，由于经济、政治、科技、文化发展不平衡，注定发展中国家与发达国家在知识产权保护上存在冲突与矛盾。发达国家的科学技术发达，科技创新能力强，对知识产权加强保护的追求是无止境的。于是，前者积极寻求国际知识产权制度的变革，后者则转向缔结“超 TRIPs”的知识产权规则。

在发达国家的经济发展中，与知识产权有关的产业在各类产业中居于产业的龙头，知识产权是经济发展最大的刺激因素，知识产权的保护和国



---

[1] 易继明. 技术理性、社会发展与自由［M］. 北京：北京大学出版社，2005：7.

[2] R. PALAN，J. ABBOTT，P. DEANS. State Strategies in the Global Political Economy［M］. London：Pinter，1996：20.

家的利益直接相关。因此，为维护这些技术优势和经济主导地位，发达国家对知识产权的保护十分重视，对他们来说，对于发展中国家提出提高知识产权保护标准的要求的必要性是毋庸置疑的。TRIPs 达成之后，发达国家显然还不满意 TRIPs 中各种给予发展中国家优惠的条款，利用各种机会要求发展中国家以及最不发达国家提高知识产权的保护标准。对于发展中国家和最不发达国家而言，他们一方面难以割舍自由地进行技术模仿和技术复制所带来的便利，另一方面又急于发展国内的经济。由于获取发达国家的直接投资、改善国内的经济状况似乎是更为迫切的问题，也是更快捷的途径，因此发展中国家以及最不发达国家为了经济的发展，宁愿放弃 TRIPs 中对其有利的弹性条款，而与发达国家达成了具有“超 TRIPs”条款的协议。除此之外，在大量自由贸易区协定产生的背景下，许多发展中国家为了避免因周边国家签订自由贸易区协定而被边缘化的危险，也纷纷加入含有“超 TRIPs”内容的自由贸易区协定谈判，这也导致了“超 TRIPs”进一步蔓延，所以“超 TRIPs”的扩张既存在着发达国家胁迫的因素，也隐藏着发展中国家追求 FTA 经济诱惑的动机。

2. 国际规则变革参与主体的变革手段



知识产权国际规则变革的参与主体及其运作手段分析。知识产权国际规则变迁的微观主体是私人集团，仅仅在国内立法中实现知识产权与国际贸易的挂钩还远远没有达到知识产权私人集团的要求，在全球范围内实现知识产权立法的一体化才是其最终目标。知识产权国际规则变革的宏观主体是国家，国家主要通过致力于国际法秩序中的“垂直论坛转移”实现对知识产权国际化进程的影响。所谓垂直论坛转移，是指在权力约束既定的情况下，国家和非国家参与者采用的使国际体制更精确地反映其利益而演化的策略，亦即通过将条约协商、立法动议或者标准制定等活动从一个国际舞台转向另一个国际舞台，从而改变现状的努力。ACTA、TPP、TTIP 等知识产权国际保护制度体现了“私人政府”[1] 制定规则的形式。

在 ACTA、TPP、TTIP 等的制定起因和制定过程中，产业联盟与政府部门之间实现了互动。下面以美国为例加以阐释。美国作为主导国家之一，贸易代表办公室选取部分企业作为谈判咨询委员会成员，并在签署保密协议的前提下，将谈判文本分别与相关企业进行分享。美国在这些协议

---

[1] GUNTHER TEUBNER. Global Law without a State［M］. Dartmouth Pub Co，1996：Foreword，XIII.

的谈判中得到了美国知识产权利益团体的强烈支持，如国际知识产权联盟、商业软件联盟、美国电影协会、美国录音制品协会、美国药品研发和制造协会等。[1] 其中，国际知识产权联盟、商业软件联盟、美国电影协会、美国录音制品协会、美国药品研发和制造协会等作为产业联盟对本来存在竞争关系的企业实现利益的统筹协调，然后通过游说活动对政府和国会的决策产生影响。从 ACTA、TPP、TTIP 等的谈判得到了美国知识产权利益团体的强烈支持这一点可以看出，ACTA、TPP、TTIP 等的诸多内容在很大程度上实现了美国私人集团的整体利益。产业联盟逐步促使政府设置与其自身利益相关的机构。例如，美国贸易代表在很大程度上就是迎合产业联盟的产物，[2] 与政府建立畅通的沟通渠道，同时在国际上联合其他知识产权强国，使发展中国家无法利用数量优势进行投票，进而阻止发展中国家推行自己的策略，掩盖知识产权强国的动机，使得国际协议正当化。[3]

知识产权国际规则变革的机制与具体过程分析。一是影响知识产权国际立法的国际组织与制度安排。尽管国际关系理论中具有多种理论，但是现实主义理论在其中具有极其重要的作用。根据现实主义的理解，体制的规则是根据霸权的国内利益裁剪的，当那些利益发生变化时，规则必定跟着改变。但是权利尽管重要却也不是唯一的决定因素，政府间组织和国际制度常常限制着霸权行动的范围，并为其他国家影响原则、标准和规则发展留有余地。不同体制在国家的资格和影响力、立法方法、监控和争端解决机制、制度文化以及外部影响的渗透性等方面各不相同。二是影响知识产权国际立法的国内机构设置与制度安排。国际组织和国际制度提供了国家影响知识产权国际立法的内在机制，但是影响知识产权国际立法的直接推动力量不仅有国家，还有国内的私人集团，而决定国内私人集团对知识产权国际立法影响的则是机构设置与国内制度。应当说，国内机构设置和制度安排对知识产权国际立法有着巨大的影响。

### 3. 知识产权国际规则变革的主要内容

在主要内容方面，知识产权执法成为知识产权国际规则变革的新战场。美国、日本、欧盟等主导的 ACTA、TPP、TTIP 以及双边、复边机制

[1] 陈福利. 反假冒贸易协定述评［J］. 知识产权，2010（5）.

[2] M. GADBAW. Intellectual Property and international trade: Merger or marriage of convenience?［J］. Vanderbilt Journal of Transnational Law 22, 1989: 223-239.

[3] LAURENCER. HELFER. Regime shifting: The TRIPS Agreement and new dynamics of international intellectual property lawmaking［J］. 29 Yale Journal of International Law, 2004（1）: 21.

下的自由贸易区协定中的相关知识产权条款，均将知识产权执法作为知识产权国际规则的最主要的内容。知识产权制度从国内法到个别保护到国际法统一保护，是经济全球化、国家间博弈、政府间协调等因素共同作用的结果。知识产权国际保护制度的形成，能够产生有力的协调机制以减少摩擦和冲突，产生有效的规范机制，以降低立法和执法成本，产生有益的统合机制以统一各国保护标准和消除地区立法差异。但是，知识产权国际保护制度的形成是发达国家幕后推动的结果，较多地顾及了发达国家的利益，而忽视了发展中国家的利益。

通过运用立法动力学对国际立法的分析，发现知识产权国际规则变革的内容主要有以下几点：第一，扩大知识产权保护的客体。“超 TRIPs”扩大知识产权客体方面有两个途径。一方面限制缔约方对 TRIPs 中可知识产权客体的选择权，如对动、植物生产方法的专利保护；另一方面“超 TRIPs”也在 TRIPs 之外增加知识产权的保护客体，如在 FTA 中增加对互联网域名的保护。第二，改变知识产权的保护期限，主要体现在两个方面：一方面超越 TRIPs 的规定延长某一知识产权的保护期限；另一方面缩短发展中国家使用 TRIPs 标准的过渡期。第三，强化知识产权的保护措施。“超 TRIPs”在强化知识产权的保护措施时，主要通过加大行政处罚以及实施刑事处罚的手段以遏制盗版侵权等行为。第四，限制使用强制许可及平行进口。TRIPs 中的强制许可以及平行进口的规定是涉及发展中国家的弹性条款，是发展中国家经过艰难的谈判争取到的一项重要权利。但在“超 TRIPs”中，强制许可和平行进口的条件成为发达国家重新解释、赋予不同含义的对象，并由发达国家将符合其利益的解释和理解强加于 FTA 中，使发展中国家及最不发达国家在强制许可和平行进口方面受制于发达国家。第五，要求缔约方承担加入国际条约的义务。其范围涉及 WIPO 管辖的所有条约，如美国要求所有 FTA 的缔约方加入《专利合作条约》《保护植物新品种国际公约》和某些地区条约（如《欧洲专利公约》），时间横跨 TRIPs 缔结之前的既存条约与之后的新订条约等，以此提高知识产权的保护标准。



### 四、知识产权国际规则的变革趋势

在新的时代背景下，知识产权国际规则变革的趋势是多边层面知识产权国际规则进展缓慢，双边、复边层面知识产权国际规则成为焦点；提高知识产权保护力度势不可挡，发挥知识产权制度促进发展作用尚需加强。

1. 知识产权国际规则的变革方式趋势

在知识产权国际规则变革的具体方式方面，突出的趋势表现为多边层面知识产权国际规则进展缓慢，双边、复边层面知识产权国际规则成为焦点。尽管 WIPO 在寻求知识产权实体法律制度一体化方面做了大量努力，但是多边知识产权规范制定领域进展甚微。例如，WIPO 发展议程、实体专利法条约等尚未取得法律方面的实质进展。❶ 作为多边层面普遍缺乏的一个例外，《关于〈生物多样性公约〉获取与惠益分享的名古屋议定书》于 2010 年 11 月缔结，这也是发展中国家在知识产权国际规则层面取得的重要成果。

多边层面知识产权规范制定工作的缓慢进展导致一些政府对现有多边知识产权制度表示严重担忧，并在双边、复边层面开展知识产权国际规则的一体化推进工作，尤其是在双边自由贸易背景下开展知识产权规则谈判。可以预见，在未来五年左右的时间，多边层面知识产权国际规则进展仍然非常困难，双边、复边层面知识产权国际规则将成为焦点，双边、复边自由贸易谈判中的知识产权内容将成为我国应对知识产权国际规则变革的重点。



2. 知识产权国际规则的变革内容趋势

在立法趋势方面，提高知识产权保护力度成为难以阻挡的立法趋势，发挥知识产权制度促进发展作用尚需加强。在新的时代背景下，知识产权国际规则变革的趋势包括知识产权保护不断强化、知识产权保护客体扩大、知识产权国际化趋势明显加强、国际规则变革呈多元化等。ACTA、TPP、TTIP 等在禁令的适用与例外、损害赔偿数额计算、边境措施、刑事犯罪构成要件等方面，均提出了高于包括我国在内的主要新兴市场国家现行法律规定和法律实践的执法标准，并且 ACTA、TPP、TTIP 等没有涉及在知识产权执法中社会公众利益保障等利益平衡考虑因素，过分偏重于权利人利益的保护，知识产权促进发展的作用尚需进一步强化。

首先，知识产权国际化趋势明显加强。发达国家为了发挥其在知识产权上的优势，强化在经济全球化格局中的优势地位，从而占据在国际分工中的主导权，因此致力于加速推进知识产权国际化。美、日、欧等发达国

❶ 弗雷德里克·M. 阿伯特，托马斯·科蒂尔，弗朗西斯·高锐. 世界经济一体化进程中的国际知识产权法［M］. 王清，译. 北京：商务印书馆，2014：5-7.

家继续主导世界专利协调和制度安排的进程和方向，它们借助于 WIPO 平台，通过《专利合作条约》改革、《专利法条约》生效和推进《实体专利法条约》制定等措施，不断推动专利国际化进程，旨在建立统一实体授权标准的一体化世界专利体系。我国具有一定的科技创新能力，专利申请量位居世界前列，但我国的经济和科技发展水平较美、日、欧有较大差距。一体化世界专利体系一旦成为现实，将打破传统专利制度的地域性原则，对我国的现行法律、国家主权等构成现实的挑战。另外，在专利一体化的统一标准之下，我国申请人获取专利权的难度无疑将会增大，将极大地限制我国获得自主知识产权的数量，进而影响我国的国家利益和经济安全。

其次，知识产权保护呈现不断强化趋势。由发达国家极力推动达成的 TRIPs，以知识产权最低保护标准的方式，规范各国知识产权立法，统一各国知识产权保护的规则，把国际知识产权保护水平提高到前所未有的高度，它要求 WTO 各成员国都必须将其原则和标准体现在各自的知识产权法律和法规之中。发达国家从维护其根本利益出发，把知识产权保护作为调整国际政治经济秩序的重要手段，凭借其在知识产权方面的强势，不断强化知识产权保护，大幅度提升保护水平，并不遗余力地按照该目标推动知识产权国际规则的制定。发达国家为更大限度地保护其知识产权，采用外交和贸易的手段以及 WTO 的争端解决机制，敦促发展中国家修改国内相关法律，使之符合该协议的原则、精神和具体规定，竭力推动和督促发展中国家按照协议的规定修改和调整其专利制度，力图通过双边、多边协议进一步提高知识产权保护水平。我国加入 WTO 后，所承担的严格保护知识产权的国际义务给我国带来了严峻挑战。发达国家通过将知识产权与技术标准相结合等手段，利用其拥有的技术和知识产权优势，压缩我国在信息技术等新兴产业中的创新和发展空间，给我国相关产业的发展和经济安全造成了很大压力。

再次，知识产权保护客体呈现不断扩大趋势。随着发展中国家知识产权保护意识的不断提高，拥有丰富的遗传资源、传统知识等资源的发展中国家迫切希望以本国的资源优势作为牵制甚至对抗发达国家的筹码。将遗传资源、生物多样性、传统知识、民间文艺保护等纳入知识产权的保护客体，已经成为知识产权国际规则制定中的一个趋势。我国有着丰富的生物资源、传统文化资源以及基因资源，但相应的国内立法还很不完善，社会各界对其保护重要性的认识不够。知识产权国际规则的这一变革趋势，为我国加强在相应领域的知识产权保护提供了机遇。如果在国内不能及时制定出台相关的法律，有效保护我国的优势资源，在国际规则的制定中不能充分反映我国的立场，将使我国的经济安全和国家利益蒙受损失。

## 五、我国对知识产权国际规则变革的应对立场

我国对知识产权国际规则变革的总体需求是，实现加强保护与促进发展的平衡，为建设知识产权强国提供有力支撑。结合我国知识产权发展状况，我国在知识产权国际规则变革方面的总体立场应当从被动接受、调整性适用和参与阶段向主动性安排、积极影响阶段过渡，为未来进入自主性设计、全局引领阶段打下坚实基础。基于此，提出知识产权国际规则变革的应对立场与战略选择是“一个方向、两个重点、三个关键”，亦即以推动建立知识产权全球治理新结构为方向，以打击以知识产权为核心的知识霸权、促进知识产权发展的多样性为重点，积极抵制垂直论坛转移、总结推广知识产权发展的“中国模式”、提出知识产权国际战略。

### 1. 我国对知识产权国际规则变革的立场演进

我国在知识产权国际规则变革方面的总体立场是从被动性接受、调整性适用和参与阶段向主动性安排、积极影响阶段过渡，为未来进入自主性设计、全局引领阶段打下坚实基础。在法律制度的历史上，知识产权是罗马法以来“财产非物质化革命”的制度创新成果，也是西方国家三百多年来不断发展成长的“制度文明典范”。知识产权对于发展中国家而言是一种制度“舶来品”，是被动移植、外力强加的结果；知识产权立法不是基于自身国情的制度选择，往往是受到外来压力的影响。我国也不例外，我国知识产权制度的百年史，是一个从“逼我所用”到“为我所用”的法律变迁史，也是一个从被动移植到主动创制的政策发展史。中国用三十年的时间走完了西方国家知识产权制度上百年的发展历程。时任 WIPO 总干事阿帕德·鲍格胥博士在回顾该组织与中国合作二十年的历史时指出：“在知识产权史上，中国完成所有这一切的速度是独一无二的。”

回顾我国知识产权制度的演进历程，对知识产权国际规则的变革历经了被动性接受阶段、调整性适用和参与阶段，目前正在向主动性安排、积极影响阶段过渡，并为未来十到十五年过渡到自主性设计、全局引领阶段打下坚实基础。一是中国知识产权制度的“被动性接受”阶段。这一阶段从清朝末年到民国政府时期的五十年间。自 19 世纪末以来，从清朝政府实行新政向西方学习到北洋政府、民国政府取材外国法进行移植，知识产权

法律无一不是被动立法的结果。二是中国知识产权制度的“调整性适用和参与”阶段。这一阶段从新中国成立到中国加入 WTO 前的五十年间。这一时期，我国知识产权制度处于“法律本土化”的摸索阶段：前三十年在计划经济体制下，知识产权制度强化管理功能，主要依赖一些行政规章保护知识产权；后二十年在市场经济体制下，建立健全了知识产权法律体系，并积极参与 WIPO、WTO 下的各项知识产权国际规则讨论，与知识产权国际规则靠拢。三是中国知识产权制度的“主动性安排”阶段。这一阶段从中国加入 WTO 到现在。十年来，中国站在战略全局的高度，致力于知识产权制度建设，并通过制定和实施国家知识产权战略，有效利用知识产权制度，以此作为缩小与发达国家的差距，实现跨越式发展的政策抉择。四是中国知识产权制度的“积极影响”阶段。随着我国成为世界第二大经济体，贸易额跃居世界第一，我国知识产权制度未来将进入“积极影响”阶段。我国作为发展中国家的代表，积极影响发展中国家的基本立场与制度选择，与发达国家展开知识产权国际规则方面的积极交流与合作，全面影响知识产权国际规则的走向。未来十到十五年将是我国建设知识产权强国的攻坚期，要求我们对知识产权国际规则能够起到全局引领作用，根据我国发展需要自主性设计知识产权国际规则，提出知识产权国际规则的总体方向，并引领知识产权国际规则朝与我有利的方向发展。



总结我国知识产权制度的演进规律，可以得出：首先，权利保护是中国知识产权制度发展的本质特征，推动创新是中国知识产权制度发展的根本要求。中国政府十分重视知识产权的保护工作，在近三十年的知识产权法制发展过程中，权利保护是重中之重。知识产权保护极大地激发了人们的创造热情，知识产权制度在推动创新、提高国家竞争力方面已经发挥重要作用。其次，改革开放是中国知识产权制度发展的不竭动力，与时俱进、促进发展是中国知识产权制度发展的高贵品格。

2. 我国对知识产权国际规则变革的总体需求

为了维护国家利益，保持负责任的大国形象，从当前我国国情以及国际形势可知，我国对知识产权国际规则变革的总体需求是实现加强保护与促进发展的平衡，为建设知识产权强国提供有力支撑。

首先，加强保护。努力构建开放型经济新体制，促进对内对外开放，需要充分发挥知识产权在市场决定创新资源配置、促进创新活力迸发中的根本作用，提高知识产权保护力度。总结世界主要知识产权强国的建设经验，没有任何一个国家因为加强知识产权保护而损害竞争力，没有任何一个国家因为减弱知识产权保护而增强竞争力。结合世界发展趋势、主要知识产权强国经验，立足我国知识产权强国建设的实际需要，加强知识产权保护应当成为我国对知识产权国际规则变革的需求之一。

其次，促进发展。分析基本国情，我国知识产权数量迅速增长，知识产权贸易规模保持较高增幅，但是知识产权贸易国际竞争力仍然非常有限，需要充分发挥知识产权制度促进贸易转型升级、推动经济发展的重要作用。一方面我国知识产权数量迅速增长，知识产权贸易总额、知识产权进口额和知识产权出口额均保持较高增幅。近十年来，我国知识产权进口额年均增长率接近 20%，知识产权出口额年均增长率则接近 30%。另一方面，虽然我国知识产权出口额度迅速增长，但是仍然占据非常低的国际市场，知识产权贸易逆差增长迅速。可见，知识产权制度对我国贸易转型升级、促进经济发展的作用尚未充分发挥。我国对知识产权国际规则的变革存在促进发展的强烈需求。

### 3. 我国对知识产权国际规则变革的立场选择

我国对知识产权国际规则变革的战略选择，推动建立以“保护权利”和“促进发展”为核心的知识产权全球治理新结构，抵制以知识产权为核心的知识霸权，促进知识产权发展多样性，推广知识产权发展的“中国模式”，提出知识产权国际战略。



我国对知识产权国际规则变革的应对立场为提倡“包容、互惠、平衡”的知识产权理念，推动建立以“保护权利”和“促进发展”为核心的知识产权全球治理新结构。我国应当坚持发展中国家的地位与立场，同时树立大国信心，团结和联合广大发展中国家积极应对论坛垂直转移。在世界知识产权事务中，作为发展中国家的巴西、印度等一直是发展中国家对抗发达国家知识产权“侵袭”的排头兵，在 TRIPs 等一系列谈判中努力维护本国知识产权立场，印度等同时通过实施专利国内强制许可制度等方面与本国知识产权立场相呼应。作为最大的发展中国家，我国应当改变知识产权国际规则参与的被动局面，团结和联合发展中国家，积极主动提出立场主张。建议我国立场主张的总体方向是提倡“包容、互惠、平衡”的知识产权理念，推动建立以“保护权利”和“促进发展”为核心的知识产权全球治理新结构。推动在加强权利保护的同时加强惠益分享，研究建立知识产权实施的滥用规制与限制例外制度，强调实施的限制和例外能有效阻止损害消费者利益和对市场竞争产生的不利影响，让发展议题融入知识产权国际规则的变革之中。

4. 我国对知识产权国际规则变革的战略重点

一方面 ACTA、TPP、TTIP 等开创了恶劣的国际知识产权立法实践，主要发达国家绕开 WTO 和 WIPO，自行制定知识产权国际规则，剥夺和限制发展中国家在知识产权国际规则方面的话语权，这是以知识产权为核心的知识霸权的重要体现。我国作为新兴市场国家，应当旗帜鲜明地对以知识产权为核心的知识霸权明确反对。

另一方面支持发展中国家知识产权发展的多样性。ACTA、TPP、TTIP 等充分体现出发达国家正在推进知识产权保护标准和实施措施的统一，我国应当旗帜鲜明地表明地域性和最低保护标准是知识产权国际规则的基础，每个国家和地区应当允许通过有利于其特殊情况和社会约束的方式适应国际条约的义务，尤其是知识产权实施是典型的地域性问题，应当允许不同的发展中国家采取不同的救济程序和救济措施。

## 六、我国对知识产权国际规则变革的战略选择



首先，抵制垂直论坛转移。在 WIPO 谈判中，发展中国家阻止了“超 TRIPs”——《实质性专利法协议》（Substantive Patent Law Treaty）的实现，而公共健康问题便开始在 WTO 谈判中得到重视，美国等知识产权强国意识到再难以通过 WTO、WIPO 实现其目标，便进行“垂直论坛转移”，通过双边的（双边贸易协定、双边投资协定、欧洲伙伴关系协议）、区域性的（如 FTA）以及复边的（如 ACTA 和 TTP）协议方式来寻求超出 TRIPs 的知识产权保护标准。无论何种类型的协议，在知识产权保护上都追求范围更广、力度更强，从而在很大程度上抵消了 TRIPs 允许的法律制度弹性。通过签署这些协议，美国在 WTO 制定的条件基础上，为对方提供了更优惠的市场准入（WTO-Plus），从而换取对方接受“超 TRIPs”的条件，其内容通常包括数据独占条款、禁止平行进口、药物注册和专利保护的关系、强制许可的苛刻条件、专利保护期延长等。这些条款制定的知识产权标准之高，不仅超出了 TRIPs（甚至“超 TRIPs”），还高于美国知识产权法自身的保护标准。在 TRIPs 未作出明确要求（即允许成员国自由制定有关内容）的方面，美国也通过双边协议的形式，成功地向贸易伙伴国家“出口”了其知识产权强保护的观念和制度。但双边协议仅仅是第一

步，美国的最终目标是通过复边协议将双边协议中的知识产权强保护标准扩大到全球范围。从复边协议的内容可知，美国等国家试图通过在发达国家之内推行超出 TRIPs 的知识产权保护标准的相关协定，从而迫使发展中国家接受的垂直论坛转移行为，中国的立场应当是坚决反对，其原因并不是这些协定所涉及的知识产权保护高标准，而是他们的谈判过程和内容的不公开，并且试图将其施加到广大未曾参加公平合理谈判的国家和地区上。我国应该倡导一个公开、公平以及公正的国际知识产权谈判和磋商方式，而不是暗箱操作式的运作手段。

其次，总结推广知识产权发展的“中国模式”。我国知识产权战略实施对经济、科技和社会发展起到了巨大的促进作用，发展中国家和欠发达国家对我国知识产权战略的制定和实施非常感兴趣，多数国家对我国战略实施进行了研究和学习。建议我国全面总结我国知识产权战略实施的经验，提取国际通用的战略制定与实施要素，立足系统论、过程论和控制论的基本原理，形成我国建议的知识产权战略制定总体过程和基本工具，分析知识产权战略实施的控制手段，形成可供发展中国家和欠发达国家借鉴的战略制定与实施的“中国模式”。

再次，研究制定我国的知识产权国际战略。我国《国家知识产权战略纲要》主要在知识产权创造、运用、保护与管理等方面部署任务措施，旨在到 2020 年将我国建设成为知识产权创造、运用、保护与管理水平较高的国家。目前，国务院常务会议已经提出了“建设知识产权强国”的任务目标，这尤其需要在部署国内任务措施的同时考虑我国国际方面的工作举措，研究制定知识产权国际战略。从当前知识产权国际规则的发展态势来看，应将知识产权国际化纳入国家战略，只有从战略的高度认识知识产权国际化的重要性，明确战略目标，设计有效的战略举措，才能使我国的知识产权利益“长治久安”，才能从根本上维护国家利益。因此，从国际角度看，我国需要加强与发展中国家的沟通协调，构建发展中国家知识产权沟通协调机制，以抗衡 ACTA 等发达国家主导的知识产权协议框架，力争在 WTO 与 WIPO 多边体制下解决国际知识产权争端。从国内角度看，知识产权国际规则重构涉及国家长远利益与当前利益、总体利益与局部利益的取舍，涉及国内产业整体发展前景，需要取得产业界与公共部门的共识，需要各政府主管部门之间的协调。此外，应建立更高级别的工作机制，统筹协调对外谈判工作，逐步建立起一套跨部门、跨国界的高效完善的谈判机制，解决目前一直困扰国内知识产权规则制定中的“先修订法律，还是先签订国际条约”的难题。

## 七、我国对知识产权国际规则变革的具体策略

立足知识产权国际规则变革的中国立场，从国内和国际两个层面，提出我国应对知识产权国际规则变革的具体策略如下。

### 1. 国内层面的具体策略

首先，搭建国内知识产权相关产业磋商机制。成熟的产业磋商和政策咨询体系，对于完成接近现实的成本利益分析和保障良好的谈判决策非常关键。在知识产权国际谈判中，发展中国家一直比较被动。除了缺乏强有力的谈判杠杆之外，缺乏确定体现本国利益的知识产权具体谈判立场的能力也是发展中国家的软肋。提高知识产权保护标准并不总是有益的，必须进行经济与非经济方面的具体的成本与收益分析。在未来的知识产权国际谈判中，我国首先要确定自身拥有进攻性利益的政策领域（如对生物多样性和传统知识的保护），在谈判新协定之前，应仔细评估强化知识产权标准将带来的经济和社会影响；在作出评估时，必须要与政府各部门、私营部门、消费者团体和其他利害关系方协商，如为确保美国贸易政策与贸易谈判目标能够充分反映美国的商业和经济利益，美国建立了分级咨询体系，由贸易政策与谈判咨询委员会、政策咨询委员会、分部门职能咨询委员会以及私人组成，负责向总统、国会、美国贸易代表办公室和其他政府部门提供咨询意见。其中，成立于 1974 年的贸易政策与谈判咨询委员会处于咨询体系的顶端，其成员部分来自美国最资深的大企业集团，与贸易代表办公室有直接联系，负有就贸易政策向国会报告的义务；就美国贸易谈判目标提供咨询意见，确保谈判结果充分反映产业利益。美国政界、商界的有效协作是其知识产权国际谈判取得实效的重要原因。

其次，发展知识产权政策咨询体系。我国应加快完善从总体利益出发、超越局部利益的知识产权谈判第三方评估和决策咨询机制，加大政府、企业和社会的投入力度，加强彼此信息交流，支持智库进行全局性、战略性研究，提出“中国议题”和“中国方案”，为对外谈判决策提供智力保障，并积极参与这些关注可持续发展的国际组织和智库的活动，与其他发展中成员协调彼此在知识产权议题上的谈判立场，统一在国际谈判中的行动。同时，加大知识产权领域专业人才的培养力度，培育更多精通外语、精通国际规则和国外法律、熟悉国际经营战略和技术发展的复合型人才。

再次，完善涉外知识产权工作体制。我国驻外机构中并未设置与知识产权相关的专职部门，对驻在国中方企业在知识产权领域产生纠纷时缺乏专业的指导与帮助，影响着我国企业海外维权力度。因此，建议在驻外机构中建立知识产权保护服务热线和监控体系，对企业海外知识产权注册和海外知识产权纠纷法律服务提供支持，建立评估、选择、跟踪和监管体系，帮助企业提高对贸易伙伴法律和国际规则的运用能力。

2. 国际层面的具体策略

首先，建立知识产权发展同盟。美欧知识产权谈判是立体网络推进模式，即同时借助多个谈判场所推进在同一贸易政策上的立场。区域贸易协定谈判的分散性使得美国和欧盟在知识产权标准的制定中居于支配地位，区域贸易协定理所当然地成为优先的谈判场所。除区域贸易协定之外，发达国家还不遗余力地通过其他国际组织或峰会活动，提高知识产权保护标准。在此背景下，建立知识产权发展同盟，选择关注发展目标的多边场合，使未来知识产权国际保护机制的发展在特定产业利益和公共利益中间取得平衡，是发展中国家在知识产权谈判中应予以特别考虑的路径。对于发达国家的联盟，发展中国家只有结成发展联盟，协调彼此立场，强化集体谈判地位，才能拥有与前者相抗衡的谈判力量，在相关场合影响谈判结果，促进知识产权国际体制的有效和民主决策。为获得相对平衡的谈判力量，我国还是应充分利用 WTO 和 WIPO 等多边谈判场所。在发展中国家拥有广泛利益的公共健康、传统知识、遗传资源等重要议题上寻求共识。



其次，加强知识产权多、双边协定内容和谈判模式的研究。目前我国对外签署的 FTA 和双边投资协定中与知识产权相关的条款都相对简单，但从未来的发展趋势看，自由贸易区协定与双边投资协定中知识产权条款都将向更严苛的标准看齐，如在 2013 年 7 月初的第五轮中美战略经济对话上，中美已达成共识，中国将以准入前国民待遇和制订外资准入“负面清单”为基础，与美方展开双边投资协定的实质性谈判。美方具体谈判所参照的是美国 2012 年公布的“双边投资协定谈判范本”（2012 U. S. Model Bilateral Investment Treaty），该范本对投资的定义中就包括了“知识产权”和“根据国内法授予的批准、授权、许可和类似权利”，并要求双方在国民待遇、最惠国待遇、业绩要求、高级管理人员等四个方面作出具体承诺。因此，我国对于知识产权多边贸易协定的研究，应当着眼于两个方面：协议内容和谈判手段的研究。对于知识产权多边协定的内容，政府相关部门应根据不同谈判对象，制定与知识产权相关的贸易协定与投资协定的谈判预案，在谈判小组中增加知识产权领域的专家，争取在区域与双边层面最大程度地维护自身利益。同时，应加强对 TPP、TTIP、区域全面经济伙伴关系（Regional Comprehensive Economic Partnership，简称 RCEP）[1] 等区域经济协定以及双边投资协定的研究，为我国参与这些区域经济协定及开展双边投资协定谈判做好充足准备。对于知识产权多边协定的谈判手段，从 TRIPs 的谈判过程来看，单边措施的使用、各种联盟的建立等谈判技巧的应用使谈判的进程瞬息万变。因此，应充分研究已有的谈判案例，利用谈判议程的设置设法对抗大国的单边措施，或利用发达国家选民群体之间的分歧使发达国家难以建立有效的谈判议题和牢固联盟。在谈判力量分配不均的情况下，审时度势地适当运用谈判技巧，在一定程度上限制甚至改变不公平的谈判结果。

## 八、知识产权国际规则变革的议题与内容对策

关于加强知识产权保护国际议题的应对，建议以加强保护与促进发展的平衡为主体策略；关于自由贸易区协定中知识产权议题的应对，建议坚持 TRIPs 标准，并强化与发展中国家合作；关于复边知识产权协议的应对，研究禁令和损害赔偿相关规则，坚决抵制边境措施、刑事犯罪相关内容；关于 WIPO 框架下知识产权国际规则的应对，建议积极开展工作共享和信息化项目；关于 WTO 框架下知识产权国际规则的应对，建议继续推动生物多样性等相关谈判，并提出权利限制与例外的相关议题；关于其他国际场合下知识产权国际规则的应对，建议积极推动促进发展的相关议题。

### 1. 加强知识产权保护国际议题的应对策略

目前，多边层面知识产权国际规则进展缓慢，双边、复边层面知识产权国际规则成为焦点，知识产权执法成为知识产权国际规则变革的新战场。从知识产权保护的程度看，当前知识产权国际规则的趋势表现为知识产权国内执法规则国际化。以欧盟为例，欧盟成员国内的知识产权执法措施和程序的标准越来越高，也越来越严格。2013 年 6 月 12 日，《关于知识产权海关执法及废除 2003 年第 1383 号条例的条例》（简称《2013 年条例》）获得欧洲议会和理事会通过，并于 2014 年 1 月 1 日生效实施。在

[1] 区域全面经济伙伴关系是由东盟十国发起，邀请中国、日本、韩国、澳大利亚、新西兰、印度共同参加（“10+6”），通过削减关税和非关税壁垒，推动建立统一市场的自由贸易协定。

海关执法环节方面，《2013 年条例》规定：如果有合理的侵权怀疑，海关可以对任何海关状态的货物进行执法检查；当认为构成知识产权侵权时无需考虑海关截获货物的海关状态。只要货物在欧盟关境内，它们应当处在海关监管之下，海关有权随时执法。《2013 年条例》的执法范围包括货物跨越欧盟外部边境的所有情形，不论货物是否放行自由流通、处于保税制度或是在自由区❶之中。《2013 年条例》保护的知识产权客体有所增加，新增对商号、集成电路布图设计、实用新型的保护，目标是保持欧盟外部边境保护客体范围与《知识产权执法指令》中内部市场知识产权保护客体范围一致。《2013 年条例》对海关执法保护客体、侵权种类的扩张适用于自由区和过境货物的知识产权执法。海关执法保护客体显著增加，超越 TRIPs 所保护的知识产权客体类型，而且海关执法中认定侵权类型的增加也超越 TRIPs 和 ACTA 边境措施的规定。

由于在 WTO 框架内，执法问题不属于 TRIPs 理事会的管辖范围。美、欧等国开始通过在诸如发达国家开始转向其他多边场所，如世界海关组织、万国邮政联盟、世界卫生组织等。世界海关组织内，为适应新的形势要求和知识产权边境保护的新特点，世界海关组织修改 1995 年制定的《赋予海关权利执行 TRIPs 的国家法律范本》为《公正有效执行 TRIPs 边境措施的国内立法示范条款》。该示范条款在边境知识产权执法方面具有明显的超 TRIPs 特征，如其第 1 条将 TRIPs 规定的“进口”扩大至“进口、出口和转运货物”；对于申请是否被批准，TRIPs 只是要求在“合理期限内”，其第 4 条则要求不超过 30 个工作日，并且对于紧急申请要求不超过 3 个工作日；对于通知事项，其第 6 条将通知进口人和申请人的义务扩展到通知“进口人、出口人、收货人、发货人和申请人”，并要求说明中止或扣留的原因。在 TPP 的美国草案中，即表现出超出 TRIPs 的执法标准。例如，在禁令和边境措施上，TRIPs 中禁令和边境措施的适用范围很有限，要求仅为“阻止侵犯知识产权的商品进入市场”颁发禁令，要求海关仅没收有明显证据证明是“假冒或者盗版商品”的进口商品。ACTA 草案从以下方面扩充了 TRIPs 的内容：建议禁令适用范围应扩大至包括“阻止商品进口”；将“专利产品”从边境措施章节中剔除，并且使专利的禁令措施是可选择的，而非强制的。TPP 美国草案重申了 ACTA 草案中最具争议的许多内容，包括禁令条款扩展至包括“出口”；边境措施标准扩展



---

❶ 自由区通常是根据《京都公约》的规定，在一国某部分领土内运入的任何货物就进口税和其他各种税种而言，被视为处于关境之外，从而免于实施惯常的海关监管制度的区域。

至出口和中转；边境措施也同样不包括专利产品，但扩张至包括“混淆的相似商标”。事实上，易于混淆的相似标识并不等同于侵权标识，因此不可能轻易通过视觉上的比对而作出侵权与否的判断。例如，美国法院运用多个因素来判断是否消费者混淆了有问题的标识，视觉上的判断并非单一判断。

美国和欧盟在内部持续性地不断强化知识产权执法力度，一方面有利于解决内部市场的假冒盗版问题，另一方面也为其双边和多边方式奠定了基础。以自由贸易区协定、投资协定和知识产权协定为主的双边方式能满足美国、欧盟以及其他发达国家的策略目标，因为在具体的双边协定中，发达国家可按自己的需要以及对方签署国的市场特征签署略有区别的条款。特别是由于发展中国家在政治、军事、经济、贸易等方面的实力与发达国家之间存在巨大的悬殊，双边协定涉及的国家少，具有易操作、时间短、见效快和约束力强的特点，而多边体制成员多，需平衡各方利益，博弈所需要的时间成本大，获得的利益却不一定多，因此，双边协定采取“各个击破”的策略，可以分化和瓦解发展中国家在多边贸易谈判中为加强自身的讨价还价能力而建立的联盟。面对国际知识产权执法标准进一步提高的必然趋势，我国应积极应对其中有关知识产权执法内容，明晰在国际规则制定中的定位，以在知识产权这一战略高地争夺国际规则制定的主动权。一方面中国加入 WTO 已有十余年，已经成功地从规则的遵守者演进为规则的利用者，应积极利用当前规则，维护 TRIPs 执法规则中的弹性空间；利用 WTO 争端解决机制，避免被动成为应诉者；利用发展中国家在传统文化、遗传资源及公共健康等问题中的话语权，在国际知识产权执法标准提高的过程中，为发展中国家的知识产权谋求利益。另一方面更应努力成为规则制定的主导者，争夺国际规则制定的主动权。这就需要收集面向我国产业的相关数据和资料，了解我国知识产权执法现状与需求，以及国际知识产权执法高标准可能对我国企业产生的冲击，同时思考发展中国家对于知识产权的执法需求。由此，提出一个既能满足我国知识产权保护需求，又符合我国知识产权执法水平的知识产权保护方案，为政府决策提供重要支持。

立足 ACTA、TPP、TTIP 等与我国现行法律规则以及司法实践的比较，可以看出，我国可以在知识产权禁令和损害赔偿方面进一步加大知识产权保护力度，提振知识产权权利人的信心，这符合我国当前发展阶段的战略需要，也符合知识产权国际规则的发展趋势。

2. 自由区贸易协定中知识产权议题的应对策略

FTA 是指两个或两个以上关税领土之间设定自由贸易安排的法律文件。根据此类协定设立的自由贸易区，是指两个以上的主权国家或单独关税区通过签署协定，在 WTO 最惠待遇基础上，相互进一步开放市场，分阶段取消绝大部分货物贸易的关税和非关税壁垒，改善服务和投资的市场准入条件，从而形成的实现贸易和投资自由化的特定区域。

世界范围主要的区域贸易协定有欧洲联盟（EU）、欧洲自由贸易协会（EFTA）、北美自由贸易区协定（NAFTA）、南方共同市场（MERCOSUR）、东南亚国家联盟（东盟）自由贸易区（AFTA）、东部和南部非洲共同市场（COMESA）。欧盟、北美自由贸易区、南方共同市场（MERCOSUR）和东南亚国家联盟这四大自由贸易区在国际贸易中占有的比重日益增加。自由贸易区的主要功能是促进国际贸易交流自由化，减少国际贸易障碍，因此，自由贸易区协定中对知识产权进行规定也是应有之义。TRIPs 的形成与 FTA 直接有关。影响 TRIPs 形成的最为典型的 FTA 是 NAFTA。该协定的第 17 章“知识产权”的多项条款直接写入 1994 年 4 月 15 日通过的 TRIPs，成为正式条款。



在后 TRIPs 时代，知识产权最积极的谈判是在大量双边 FTA 中制定详细而具体的知识产权章节，以推行超 TRIPs 知识产权保护和执法标准。FTA 中的知识产权执法条款使发达国家避开多边贸易体制，而通过与特定国家之间的谈判巩固和强化多边知识产权协定中的主要内容。双边贸易协定中的知识产权执法条款主要是采取以下一种或几种方式：一是扩大 TRIPs 规定的知识产权范围至新的领域，并且要求加入或签署 WIPO 管理的协定中所包括的知识产权执法条款以及《国际植物新品种保护公约》（UPOV）；二是 TRIPs 中有关知识产权执法的灵活性条款，使其成为强制性义务；三是扩大知识产权执法范围，要求更广泛地适用刑事司法体制以对将来的侵权构成威慑力；四是在双边贸易协定有关争端解决的章节中确立非违法之诉和情势之诉；五是在双边贸易协定有关投资的章节中规定“投资”财产应包括知识产权。事实上，双边自由贸易协定中的知识产权条款仅仅代表以美、欧为主的发达国家战略计划的初始阶段，其长期目标是最终将这些类似的更高知识产权标准纳入多边协定中，作为“全球知识产权棘轮效应”的一部分以约束第三方国家。

总结中国 FTA 谈判实践，可以概括为以下特征。第一，中国目前还只是处于争取国际社会认可自身知识产权立法、政策和体制的阶段，尚未有对外输出中国立法观念的行动；第二，从已缔结的 FTA 知识产权条款的规定来看，根据缔约方的不同，内容差异较大且较为模糊；第三，总体上是重在强调对已有条约的遵守，尚欠缺就具体问题设定符合我国知识产权利益具体规则的能力。具体而言，我国当前签署且公布的自由贸易协定与知识产权有关的内容如下。

与我国港澳地区规定的内容为：一是建立合作机制，加强合作；二是在香港和澳门地区设立知识产权协调中心，进行信息交流和沟通；三是对知识产权保护问题进行磋商。

与智利规定的内容为：一是保护特定地理标志（以与 TRIPs 规定一致的方式予以保护）；二是与边境措施有关的特别要求。与新西兰规定的内容为：一是遵守 TRIPs 及双方参加的多边条约义务；二是开展知识产权合作，能力建设和信息交流；三是采取适当措施保护遗传资源、传统知识和民间传说；四是有关磋商的程序规定。与秘鲁规定的内容为：一是重申已经参加的包括 TRIPs 及其修订内容在内的国际条约项下的义务；二是对遗传资源、传统知识和民间文艺的保护给予弹性规定；三是保护双方列入附件的地理标志；四是与边境措施有关的特别要求；五是进行合作和能力建设，信息交换。与哥斯达黎加规定的内容为：一是重申已经参加的包括 TRIPs 在内的国际条约项下的义务；二是采取适当措施保护遗传资源、传统知识和民间文艺，努力建立 TRIPs 与《生物多样性公约》相互支持关系；三是特别提及 WTO 体系下有关公共健康的决议；四是与边境措施有关的特别要求；五是地理标志保护；六是技术创新和技术转让，进行合作和能力建设，交换信息。



由此可知，我国 FTA 中知识产权条款在形式上，从只对个别问题在相关协议项下作规定到设有专门的知识产权保护章节，经历了从简到繁、从若干条款过渡到专章规定的过程，在一定程度上反映了我国未来谈判和缔结 FTA 的趋向。从内容上看，尽管我国在谈判和签订自贸协定的问题上态度积极，但对知识产权问题（无论是保护标准还是执法）仍然相对比较保守和谨慎。在中国已签订的 10 个自由贸易区协定中，绝大部分包含有知识产权条款，但相关的要求均未超出 TRIPs 所要求的水平。这与中国作为发展中国家在知识产权保护方面的利益和立场是密切相关的。总体而言，我国 FTA 中的知识产权规定侧重于建立一种灵活的软性机制——加强合作与信息交流和能力建设。中国缔结的 FTA 只要求缔约方遵守 TRIPs 及已经加入的知识产权国际条约项下的义务，而不要求必须加入新的多边条约，即便特别提及自身的知识产权利益——地理标志、遗传资源和传统知识等，其内容也未超出 TRIPs 的义务范畴。例如，对于遗传资源、传统知识和民间传说，《中国—新西兰协定》的措辞是“各方可根据其国际义务，采取适当的措施”予以保护。为降低诉讼概率、减少对贸易的影响，对于问题或争议也只是强调联络沟通和先行磋商。

据此，自由贸易协定中知识产权议题的应对策略如下：

一是明确 FTA 知识产权谈判的利益诉求，在谈判中坚持 TRIPs 标准。首先，必须明确 FTA 知识产权谈判的利益和诉求。知识产权保护的范围非常广泛，我国在 FTA 谈判中应全方位评估知识产权利益，明确区分进攻利益和防守利益。在进攻利益方面，我国可以考虑在 FTA 知识产权谈判中重点考虑增加有关保护传统知识和民间文学、生物多样性以及技术转让的规定。以发达国家为主导的知识产权国际保护体系，忽视了生物、文化以及知识多样性的保护，我国可以在谈判中将代表我方利益的对传统知识、遗传资源与民间文艺的保护作为让步的前提。在防守利益方面，则应重点注意保留知识产权保护的各种弹性条款和例外规定，合理利用弹性空间。我国在知识产权立法方面已经严格履行了现有国际法义务，但仍然可以在 TRIPs 的例外条款下进行合法的规避，如 TRIPs 第 30 条关于授予专利权的限制与例外、第 31 条强制许可规定以及多哈回合《关于 TRIPs 与公共健康宣言》强调的“弹性”原则，都为我国的知识产权保护提供了弹性空间，可以适当限制发达国家成员的知识产权的权利滥用。

一方面力求以我国现有立法为基准进行知识产权谈判，并留有余地。以我国立法为基准开展双边或区域 FTA 谈判，可以保持 FTA 中的承诺与我国国内立法及在多边体制中承诺的一致性，从而降低修改法律、法规的成本，减少造成法律冲突的风险。但与此同时，我们要注意在 FTA 承诺中给未来对国内立法的调整预留一定的政策空间，防止出现锁死效应。目前我国已经加入的国际条约有《专利合作条约》《日内瓦唱片公约》《世界知识产权组织版权条约》《世界知识产权组织表演与录音制品条约》等，对这些条约的遵守使得我国在知识产权保护领域已经包含了若干超出 TRIPs 的规定。为此，我国在 FTA 谈判中，可以考虑在对等的基础上，要求缔约对方承诺加入相同的公约、条约，以求保持各方权利、义务的对等性。另外，我国也不宜采取对知识产权保护进行全面、详细规定的美国模式，而应在现有模式的基础上，以多边知识产权条约为主导，以知识产权交流合作为主要内容，建立对话、技术援助、人员培训、专家交流和信息交换等多重灵活机制。

另一方面对于自由贸易区协定中的“超 TRIPs”规则予以主动回击，可通过将其引入 WTO 多边机制中进行考察，考核其是否可能与 TRIPs 存在冲突。如前所述，TRIPs 第一条第一款规定：“成员有权提供比本协定更高水平的保护，但要求此类保护不得违背 TRIPs 的条款。”其中，所说的“不得违背”至少应该可以被解释为：WTO 成员所采纳的“超 TRIPs”标准不应与 TRIPs 中的强制性义务相冲突。因此，可以将相关 FTA 中“超 TRIPs”规则与 TRIPs 中的强制性义务条款进行对比，分析是否存在冲突。

二是制定适当的 FTA 知识产权保护战略，为谈判提供依据。这就要求首先了解发达国家的惯用策略，分别分析各国的利益需求，及其可能提出的谈判要求，进行有针对性的专门分析。例如，欧盟特别关注地理标志与外观设计的问题，而美国则在限制实施专利强制许可方面更为关注。发达国家，尤其是其中的美国素来喜欢用“胡萝卜加大棒”政策迫使发展中国家进入包括知识产权保护内容的双边自由贸易谈判。比如，通过降低关税以及非关税壁垒、给予发展中国家以特殊和优惠待遇、增加对发展中国家的直接投资、给予发展中国家技术援助的方式，诱导发展中国家接受包括较高知识产权保护条款的双边或区域 FTA。



一方面充分研究、预先规划符合我国经济发展战略的可行性方案。近年来，发达国家主导的知识产权谈判基本上是被合并在 FTA 谈判之中的，发展中国家接受此类 FTA 就意味着他们在贸易、外资、竞争、知识产权、劳工、环境等多方面也要承担更多的国际义务，因此，参加此类谈判之前，我国需要全面规划全国性的经济社会发展战略，进行包括各行业以及知识产权、环保、外资和劳工等各专题在内的全面设计。

另一方面对提高知识产权保护标准进行经济与非经济方面的具体的成本与收益分析。我国可以考虑建立良好的专业咨询机制，兼顾法律和经济的两个视角专门分析知识产权与贸易的关系及不同规则安排带来的经济影响，以量化的方式衡量，便于我国在相关谈判中有更好的依据。同时，可以将可能达成的 FTA 放到上述全国性经济社会发展战略规划的框架内进行得失评估，综合计算我国在知识产权利益和投资、竞争、劳工、环保以及货物、服务市场准入等方面的得失。

三是加强与其他发展中国家以及一些非政府组织的知识产权合作，增强谈判实力。发达国家采取“分而治之”的策略，将国际知识产权谈判场所转移至双边谈判框架下，南北国家之间谈判实力不均衡的局面更加明显，这是造成晚近发展中国家在双边知识产权谈判中过分让步的最重要原因。在国际经济立法由发达国家把持和操纵的现实情况下，只有参与集体行动才会赢得公平、公正、合理的成果。作为发展中国家的一员，我国应联合其他发展中国家，积极支持同情发展中国家的非政府组织的活动，形成维护发展中国家诉求的联盟，同时也在实践中积累一定的知识产权谈判经验。

首先，应尽快加强区域内的知识产权合作与协调。这就使得同一区域内的发展中国家能够就敏感的知识产权保护问题，尤其是 TRIPs 中的弹性条款问题形成共识甚至是共同的约束性规则。该区域内的发展中国家在单独与发达国家进行 FTA 谈判时，至少可以具有更强的讨价还价的勇气和必要的集体后盾，从而才有可能保住 TRIPs 预留给发展中国家的政策空间，顶住发达国家施加的强大压力。

其次，增强与他国各自优势领域内知识产权国际保护的交流与合作。我国与他国可以结成自然资源与文化遗产保护联盟，在联盟框架下讨论各国国内的相应政策，对相似问题达成一致解决方案，抗衡某些发达国家对仅有一国实施某种方案时的责难，并以此促使发达国家重视发展中国家保护国内独特知识产权资源的决心。同时，还要增进对各国知识产权政策的了解，增强各国知识产权领域的共识，为双方间的知识产权贸易创造机会，促进发展中国家的共同发展。



再次，给非政府组织有效参与创造有利条件，在尽快协助其建立区域性网络的同时，注意确保 FTA 知识产权谈判的透明度。这样，不但发展中国家的区域性知识产权合作与协调进程可以得到非政府组织的推动，而且非政府组织还可以充分参与到同一区域的发展中国家与发达国家之间的知识产权谈判进程中，从而进一步增强发展中国家的谈判实力。

## 九、复边知识产权协议的应对策略

复边知识产权协议是以美国为首的发达国家所采取的垂直论坛转移手段。尽管 ACTA 从形式上不再继续，但是其实质仍然存在，即转化为 TPP 以及 TIPP 等协定的形式表现出来。以美国所倡导的 TPP 为例，其有如下重大变化。

第一，著作权方面的变化。首先，著作权保护期延长。《伯尔尼公约》第 7 条给予版权保护的期限为作者终生及其死后 50 年；对于摄影作品及作为艺术品加以保护的实用美术作品，保护期限不应少于自该作品完成时算起25年。该做法已成为国际惯例，为包括中国在内的许多国家所遵循。早在1996年，美国就在WIPO的“互联网协议”中提出了一项“数字议程（Digital Agenda）”，其中一项重要内容就是延长《伯尔尼公约》第9（1）条规定的版权保护期，但该议程未被采纳。深受1998年《索尼伯纳版权期限延长法案》（*Sonny Bono Copyright Term Extension Act*）的影响，美国版权法规定著作权的保护期限是直到作者死后70年，假如作品是集体创作或是1978年1月1日以前发表的，那么其版权保持75年至95年。与《伯尔尼公约》相比较，TPP的规定多了20年，但却反映了美国版权法和“数字议程”的内容。然而，不同的是美国版权法是将死后70年作为上限，而在TPP美国草案中却被作为下限。其次，计算机缓存复制权被规定。再次，禁止平行进口。由于缺乏国际穷竭机制，权利人将市场进行分割并分别定价。许多国家由此受损，尤其是当消费者市场不充分而无法吸引产品以低价进入该国市场时。美国版权法并未明确规定版权人是否有权禁止他人从第三国平行进口其作品到美国的行为，因此美国的消费者可通过平行进口获得价格比国内便宜的商品。根据该条，某权利在第一次销售后即穷竭，国家可允许从他国“平行进口”受保护的产品。这一规定明显与国际知识产权条约相冲突。根据WCT第六条第二款的主要多边规则，当版权和其他知识产权“穷竭”时，缔约国有权制定相关的国内法；TRIPs第六条也作出了类似的规定。

第二，在专利权方面的变化。首先，保护范围扩大（前文已经进行论述，此处不复赘述）。其次，强制专利期延长制度。专利保护期延长制度主要存在于医药和医疗器械领域。医药专利往往在新药开发的早期就被授予，远远早于药品被批准上市的时间，上市后独占市场的时间可能少于通常规定的20年，从而影响制造商的成本收回和利润获取。为了补偿专利行政审查期限，美国、日本、欧盟等国家和地区纷纷建立了专利保护期延长制度。在美国与秘鲁的FTA中也规定了该制度，并规定保护期延长并非强制的。然而，在美国草案中却规定专利保护期延长是强制性的，未给予自由选择是否制定的弹性，表现出对医药专利的强保护态度。

第三，在商标和地理标志方面，美国草案极大地扩张了商标注册范围，不再局限于可视性要求，仅由声音或者气味组成的标识也可申请注册商标；地理标志享有与商标同等的保护程度，并允许原产地外的产品或服务注册并使用原产地的地理标志；商标通用名称的使用不应阻碍商标权的实现。在驰名商标的保护方面得到扩大。缔约方不得以一个驰名商标未在境内注册、未列入驰名商标名单或是缺少对该商标的认知度而拒绝对其采取救济措施；驰名商标的判定不得要求该商标在注册领域外被公众认知的声誉。驰名商标的保护范围从《巴黎公约》第二条之二的规定扩大到不相同或不近似的商品或服务。

第四，在知识产权执法问题。首先，禁令和边境措施（前文已经进行论述，此处不复赘述）。其次，损害赔偿。美国草案的规定要求高于“实际赔偿”水平进行赔偿，包括要求法定赔偿（pre-established damages）“应高得足以阻却将来侵权”，表现出了鲜明的惩罚性色彩，明显属于“超TRIPs”的规定。该规定甚至比同样是旨在阻却将来侵权的惩罚性赔偿更加严苛。第十二条第四款不仅不要求损害人证明任何损害的发生，也未对行为人的主观过错作任何要求，由此可理解为无论故意还是过失可以适用该规定。惩罚性赔偿的适用前提是实际损害存在，并且最关键的要件是行为人须有“故意”。例如 TIRPs 第四十五条第一款只适用于“明知或有合理理由知道侵权存在”的情形；美国专利法为“故意”（willful）侵权提供三倍赔偿；甚至 ACTA 第九条第一款的赔偿规定也同样仅适用于“明知或应知的侵权人”。此外，美国草案要求法定赔偿“应高达足以阻却将来侵权的程度”。而美国专利法的法定赔偿并未作如此要求，且美国草案的该规定不具有任何弹性，所有的缔约国都必须遵守。TRIPs 第四十四条第二款规定成员国可以（但不被要求）建立利润剥夺或法定赔偿制度。ACTA 第九条第三款也不对法定赔偿作强制要求，允许缔约国可在法定赔偿、假定赔偿额、附加赔偿额之间进行选择。



第五，关于刑事处罚。中国仅将侵权产品达到一定数量的情形适用刑事处罚。美国则认为中国的这一数量门槛过高，排除了一些具有商业目的但未达到该数量的行为。在中美 WTO 的争端中，专家组在解释第六十一条时拒绝采纳美国的观点，认为国家有权将刑事处罚的适用局限于“有关给定市场的给定产品的典型或通常的商业行为”的侵权行为，“商业规模”明显“旨在将特定的前提行为与其他的盈利性但未达到典型的市场基准的行为区分开”。TPP 美国草案中继续坚持其观点，要求缔约国将所有的“具有经济性目的的”故意侵犯版权的行为犯罪化，而不考虑其规模如何。从表面上看，只有满足一定条件的假冒商标或盗版行为才应受刑事处罚，而事实上几乎所有盗版行为都会被视为犯罪。美国草案的要求同样高于其国内法的内容。美国司法部在解释美国版权法第五百零六条（a）款时指出："国会制定该条的目的在于'将仅仅为私人使用目的而故意侵犯版权的个人'排除出刑事责任范围。"然而，这一特征在 TPP 美国草案中并未得到体现。在法院判决中，"重大"这一数量定义被界定为 180 天内生产至少价值 1000 美元的物品，而这点在美国草案中也未得到反映。

从以 TPP 为代表的复边贸易协定中有关知识产权的内容可知，我国采取的态度应当如前文所述，对于符合我国知识产权保护现状以及企业需求的内容可以考虑采纳，但是对于远高于我国以及当前国际保护标准的内容，如果其也不符合我国企业的需要，应当予以拒绝。从应对措施看，我国应当联合发展中国家，并且利用当前 WTO 争端解决机制等现有国际知识产权法律立法及纠纷解决机制，对复边贸易协定中的内容予以积极的反对，而非消极的抗议，避免美国等国利用其优势的政治经济地位，通过各个击破的手段，将上述严苛的知识产权保护标准施加给发展中国家。

就具体内容的谈判而言，可以考虑接受禁令的适用与例外、损害赔偿数额计算的相关规则，抵制边境措施、刑事犯罪构成要件的相关条款内容，适时考虑以观察国身份参与 ACTA、TPP、TTIP 等的谈判。立足 ACTA、TPP、TTIP 等与我国现行法律规则以及司法实践的比较，可以看出，我国可以在知识产权禁令和损害赔偿方面进一步加大知识产权保护力度，提振知识产权权利人信心，这符合我国当前发展阶段的战略需要，也符合知识产权国际规则的发展趋势。在双边、多边自由贸易区谈判等场合建议抵制边境措施、刑事犯罪构成要件的相关条款内容。立足 ACTA、TPP、TTIP 等与我国现行法律规则以及司法实践的比较，边境措施、刑事犯罪构成要件的相关条款内容与我国现行规则及实践差距较大，建议在谈判中作为抵制内容。同时，如果需要将边境措施作为谈判筹码，建议尽快研究建立我国进口贸易的知识产权境内保护制度，落实我国《对外贸易法》第二十九条及相关条文的规定，借鉴美国 337 调查的制度设计经验，制定与对外贸易有关的知识产权保护规则。



## 十、WIPO 框架下知识产权国际规则的应对策略

WIPO 体制内，由于巴西和阿根廷在 2004 年 10 月的 WIPO 大会上提议建立《WIPO 发展议程》（以下简称《发展议程》），2007 年 10 月 WIPO 成员国通过了《发展议程》有关提案临时委员会（PCDA）提出的四十五条建议。其中，第四十五条建议指出，根据 TRIPs 第七条的规定，从更广泛的社会利益以及与发展有关的问题入手，处理知识产权执法问题，以便

"知识产权的保护和执法应有助于促进技术创新和技术的转让与推广，使技术知识的生产者和使用者共同受益，有利于社会和经济福利，并有助于权利和义务的平衡"。2009年11月，WIPO执法咨询委员会（ACE）考虑在WIPO《发展议程》四十五条建议的基础上审查权利人在执法中的贡献和损失。这些都显示了WIPO"亲发展"的趋势，面对此种趋势，发达国家逐步丧失了在WIPO内讨论提高知识产权执法标准的兴趣，从而转向前述的复边贸易协定以及自由贸易协定，谋求更高的知识产权保护标准。不过，由于WIPO本身的知识产权立法机构的特点，以及《发展议程》所具备的极强的伸缩性、广泛性等特点，WIPO在国际知识产权立法领域仍然是最为重要的机构。《视听表演北京条约》的签订就是一例。不过WIPO在民间文学艺术上保护的失败却值得我国在提出国际知识产权议题时给予注意。对于涉及传统文化表现形式的WIPO/GRTKF/IC/7/3文件的内容分析，可知其有如下不足：首先，自身定位为特殊知识产权保护模式，但条文中存在诸多超越违背知识产权法的规定。WIPO/GRTKF/IC/7/3明确承袭1982年示范条款的立法模式，自身定位为特殊知识产权法，但其却作出了诸多超越甚至违背知识产权法的规定。例如，政策目标中的十四项规定、核心原则中总指导原则的七项规定等都不属于知识产权法的规定，甚至不具有私法规定的属性。此外，B.1中保护客体中包含物质表现形式的规定也违背了知识产权法只保护非物质表现形式的基本立场。其次，沿用二分法式概念导致客体的模糊。WIPO/GRTKF/IC/7/3沿用1982年示范条款民间文学艺术表现形式的概念和客体的规定，并增设传统文化表现形式概念，同时声明把二者作为可以互换的同义语，这样就导致由于无法界定传统文化的内容与形式的界限，客体的边界模糊不清，公有领域的界限也无从划定，权利与自由之间的平衡机制无法建立。再次，对客体的界定既不符合知识产权法的规定，也不符合客观实际及其自身定义的范围。WIPO/GRTKF/IC/7/3附件一草案摘要B.1第四项客体的规定全盘接受1982年示范条款保护的客体的规定，涵盖了物质性的民间文学艺术表现形式，违反了知识产权法客体非物质性的基本原理，颠覆了知识产权法的法理根基。而其定义所列举的客体范围超越了其在定义中界定的范围。尽管其定义中界定的客体范围是传统文化遗产和传统艺术，然而其后的相关规定中却出现了传统标志名称符号及秘密等内容，这几类无形财产是分别由著作权法、商标法、反不正当竞争法进行调整。WIPO/GRTKF/IC/7/3忽略了这些类别的差异未做区分性的规定，显然是不合适的。最后，对权益的规定也偏离了私法的轨道。在权益规定方面，该文件 B.4 权利管理的规定本末倒置，均着重规定主管单位的职责公权力的规范和公权力的责任，而对社群的权利、权能范围等核心问题避而不谈，其实质上是国家公权力对利益的管理，而不是对私权行使的保障。从传统文化形式表现上国际公约的失败以及《视听表演北京条约》的成功，我国在提出知识产权国际议题时，应当注意议题的内容应明确议案的精神以及目标。如果提出一项赋权的议题，那么应当贴合“知识产权为私权”的这一主题，在条文的精神、条文的内容上，以私权为尺度，对权利的主体、客体予以明确的界定，从而便于议案为各国所接受。

可见，由于发达国家和发展中国家对于知识产权制度的需求不同，预计未来一段时间内 WIPO 在国际专利制度协调等方面仍不会取得实质性进展。根据 WIPO 总干事弗朗西斯·高锐的专访“制定国际知识产权法律”可以看出，WIPO 也认识到这一点，并将更多地关注法律和规则制定之外的国际合作，主要是工作共享和信息化项目。“工作共享”虽然被认为是“蹩脚的协调”❶，但由于其对发达国家和发展中国家都能带来收益，仍将是未来一段时期内国际合作的主题。同时，专利政策、体量和需求类似的专利局间的局部合作仍将是国际合作的主要平台，WIPO 对于这些合作也保持了一种开放和支持的态度，寄希望通过局部合作产生的成果来推动 WIPO 框架下的相关业务发展。因此，未来一段时间可以在 WIPO 框架中积极开展工作共享和信息化项目，加强中美欧日韩五局合作（IP5）等，适时推出对发展中国家和欠发达国家的知识产权工作援助。



## 十一、WTO 框架下知识产权国际规则的应对策略

发展中国家在将国际知识产权规则讨论转移到人权、公共健康、生物多样性等国际体制的同时，并没有忘记在 WTO 框架下知识产权国际规则的应对。在 WTO 多哈部长会议召开前，发展中国家提出了为协调 WTO 知识产权制度与其他体制知识产权规范的关系而修订 TRIPs 的建议。这些建议被 2001 年 11 月在卡塔尔首都多哈举行的 WTO 第 4 次部长会议所采纳，会议通过的多哈部长宣言将如下几个议题纳入其中，TRIPs 与公共健康的关系、TRIPs 与生物多样性公约、传统知识和民间文学保护的关系、地理标志的保护等列入 WTO 多哈回合谈判和审议范围。

❶ 引自 WIPO 副总干事普利在 2013 年 11 月举行的“在发展中国家创新和平衡知识产权”会议中的发言。

TRIPs与公共健康的关系也是WTO多哈回合谈判迄今唯一取得实质性成果的议题。从2001年11月《关于TRIPs与公共健康问题多哈宣言》到2003年8月《关于实施多哈宣言第6段的决议》，再到2005年12月《关于修正TRIPs的决定》，WTO通过澄清和修改TRIPs相关条款，为缓解发展中国家，特别是最不发达国家的公共健康危机提供了法律便利。

不过在其他议题上，却没有如此顺利的进展，TRIPs与遗传资源及传统知识保护的关系一直是TRIPs理事会讨论的焦点议题。围绕着是否需要修改TRIPs，增加有关遗传资源及传统知识的来源披露要求这一核心问题，美欧的立场存在很大分歧：欧盟同意对专利申请人公开遗传资源及其相关传统知识来源的问题加以审视并主张建立有国际约束力的机制，但美国、日本、韩国、加拿大、澳大利亚、新西兰等国则反对在TRIPs框架内建立遗传资源和传统知识保护的国际规则，主张在国家的层面上以合同法的途径解决遗传资源和传统知识保护的问题。此外，发展中国家虽然普遍要求在TRIPs中增加有关遗传资源及传统知识来源披露要求，但围绕着生命形式的专利保护问题，发展中国家之间也有不同意见，非洲国家集团要求全面禁止对任何生命形式（包括动物、植物和微生物）的专利保护，其他国家则持不赞同态度。正因为这样，TRIPs理事会对遗传资源和传统知识保护的审议，至今也没有取得任何具有实质意义的成果。



在地理标志保护的问题上，美欧之间的矛盾早在关贸总协定乌拉圭回合关于TRIPs谈判中就已表现出来。核心分歧有：第一，地理标志多边体系涵盖的产品范围。欧盟、瑞士、巴西、中国、印度、土耳其、非加太国家集团都支持应涵盖所有的地理标志产品，而以美国为首的联合提案方仍坚持该体系只能包括葡萄酒和烈酒的地理标志。这一点是最核心的分歧，在这一问题上，如果地理标志多边体系的法律效力满足了欧盟和瑞士的要求，欧盟和瑞士为了保住谈判成果，很可能会同意多边体系的覆盖产品范围仅限于葡萄酒和烈酒，但中国、印度、非加太国家集团等发展中成员因酒类地理标志较少，会坚持要求多边体系与地理标志扩大议题挂钩，要求多边注册体系涵盖所有的地理标志产品。第二，注册的地理标志的法律效力。欧盟和瑞士认为应作为满足TRIPs第22.1条地理标志定义而且在来源国获得保护的初步证据，且在没有证据时，不得质疑该地理标志已经沦为“通用名称”了。同时，在此多边体系中注册的地理标志应对所有WTO成员都产生法律效力。事实上，上述法律效力与欧盟和瑞士在谈判初期的提案中要求的法律效力相比已经有了弱化。美国等防守阵营的成员则仍然主张该体系应该仅仅是一个数据库，鼓励各成员在自愿的基础上参与并进行检索。这一分歧也是根本性的，涉及推动方和防守阵营的重大利益，预计在其他多哈谈判议题解决前很难有突破。第三，发展中成员的特殊和差别待遇问题。巴西、印度和我国等发展中成员要求获得 10 年的过渡期，最不发达成员要求获得20 年的过渡期，过渡期中不用承担该多边体系的任何义务。同时，发展中成员和最不发达成员要求豁免把其地理标志在多边体系中进行注册的费用，且要求 WTO 秘书处在地理标志翻译成 WTO 官方语言时提供帮助，而美国等联合提案方则不同意在该体系的法律效力等核心问题解决之前就给予发展中成员和最不发达成员明确的特殊和差别待遇。

与地理标志以及遗传资源的协定相比，TRIPs 得以澄清和修改公共健康议题，原因是多方面的，但从国际关系的角度看，主要有以下两点：第一，发展中国家和最不发达国家总结和吸取了关贸总协定乌拉圭回合知识产权问题谈判的教训，紧密团结，立场一致，并且利用其他政府间和非政府间组织对公共健康危机的高度关切，积极地开展外交努力，形成强大的国际舆论，迫使发达国家改变其在知识产权保护问题上的强硬政策，从而表现了“南南联合自强”的力量与作用。第二，通过磋商与对话，找到了南北对抗利益的中间交汇点，即对药品专利实行“差别保护”，从而最大限度地满足了发达国家与发展中国家的不同利益要求。“差别保护”与“一体保护”不同，它将专利区分为一般商业用途的专利和与健康安全有关的药品专利两类，仅对后者给予免除 TRIPs 第三十一条（f）款规定义务的特殊待遇。采用这种模式协调专利权与健康权的冲突，既可以满足发展中国家解决国内公共健康危机的需要，又可以实现发达国家维持 TRIPs 对知识产权高水平保护的目的，而且可以避免将 TRIPs 专利制度推倒重来的不利后果，促使谈判尽快取得成效。因此，在南北对抗中，只要找出兼顾各方利益的协调模式，就可以在一定程度上达成南北合作，实现南北共赢，而且考虑到“构造国际机制的困难，尽可能地调整现有机制，而不是推倒重来，才是真正的理性行为”。

因此，在 WTO 框架下，推行符合我国利益的知识产权议题，所应当秉持的态度仍然是给予我国利益，联合发展中国家，对抗美、欧等发达国家的高标准知识产权保护议题，并且推行符合发展中国家对知识产权的惠益共享机制的议题。同时，鉴于当前知识产权保护强度的提高成为欧美发达国家所欲实现的目标，我国可以考虑在适当时候提出一个较为中肯的知识产权保护强度的提案，从而在 WTO 的机制运作中占得先机。建议在

WTO 中继续推动生物多样性等相关谈判，并提出权利限制与例外的相关议题。发达国家与发展中国家在 WTO 框架下具有相对平衡的力量，建议我国团结以新兴市场国家为代表的发展中国家，继续推动生物多样性等相关谈判，积极研究提出关于知识产权权利限制与例外的相关议题。同时，利用 WTO 与 WIPO 在互联网知识产权保护国际规则主导权方面的激烈博弈，专门提出互联网知识产权权利限制与例外的相关议题。

WIPO 和 WTO 是管理国际知识产权制度的主要组织，但是两者并不具备在多边层面对知识产权规范的一种共同垄断（或者双头垄断），相当众多的其他多边组织扮演着一种管理者的角色，这种状况引发了所有这些法律体系如何彼此保持“一致性”的诸多议题。[1] 因此，我国可以在其他国际场合主动提出发挥知识产权在促进发展方面重要作用的议题。一是在世界卫生组织框架下推动知识产权与公共健康权保护的讨论，积极推动发挥专利制度在促进药品研发与应用方面的重要作用。二是在《生物多样性公约》缔约方大会、联合国粮农组织框架下推动知识产权与生物多样性、粮食安全等议题的讨论，积极推动遗传资源运用过程中的惠益分享。三是在联合国贸易和发展会议框架下推动知识产权与发展的讨论，推动知识产权制度发挥技术援助的作用；在世界银行框架下推动使用银行资金购买药品专利促进公共健康、运用知识产权促进气候变化技术转移等议题。在联合国开发计划署、联合国环境规划署、联合国教科文组织框架下提出运用知识产权促进发展、保护文化多样性等议题。四是推动 WIPO、WTO 与世界卫生组织（World Health Organization，简称 WHO）、《生物多样性公约》缔约方大会、联合国粮农组织（Food and Agriculture Organization of the United Nations，简称 FAO）等的合作。



[1] 弗雷德里克·M. 阿伯特，托马斯·科蒂尔，弗朗西斯·高锐. 世界经济一体化进程中的国际知识产权法［M］. 王清，译. 北京：商务印书馆，2014：47.

# 第九章

# 知识产权基本法学术建议稿及说明

## 一、关于制定知识产权基本法的必要性和可行性论证报告

党的十八大以来，以习近平同志为核心的党中央高度重视知识产权工作，把知识产权制度作为激励创新的基本保障。党的十九大报告着眼新时代宏伟发展目标，对知识产权工作作出明确部署，要求倡导创新文化，强化知识产权创造、保护、运用。党中央、国务院发布的《关于深化体制机制改革　加快实施创新驱动发展战略的若干意见》《国家创新驱动发展战略纲要》等一系列文件对推进知识产权治理体系和治理能力现代化、加快建设知识产权强国提出了明确要求。2008 年国务院印发的《国家知识产权战略纲要》提出，研究制定知识产权基础性法律的必要性和可行性。可以说，研究制定知识产权基础性法律，是实现知识产权治理体系和治理能力现代化的制度保障。为了全面提升新时代国家知识产权治理能力，促进新时代国家知识产权治理体系现代化，迫切需要研究制定知识产权基本法。



### 1. 知识产权基本法立法的总体背景

习近平总书记明确指出，加强知识产权保护，这是完善产权保护制度最重要的内容，也是提高中国经济竞争力最大的激励。国务院先后印发《关于新形势下加快知识产权强国建设的若干意见》《“十三五”国家知识产权保护和运用规划》等一系列政策文件，对深入实施国家知识产权战略、深化知识产权领域改革、推动建设知识产权强国作出全面部署。知识产权基本法将成为中国特色知识产权制度建设的关键内容，发挥着对整体知识产权法律法规制度和公共政策体系的引领作用。

首先，加快制定知识产权基本法，是深化知识产权领域改革、加快推进知识产权治理体系和治理能力现代化的制度需求。深化知识产权领域改革，需要深入思考知识产权领域政府和市场的关系，充分发挥市场配置知

识产权资源的决定性作用，更好地发挥政府在知识产权领域的作用，这一基本定位需要通过法律制度的方式加以固化和落实，加快推进知识产权治理体系和治理能力的现代化。建构现代化的国家知识产权治理体系，应当通过制定知识产权基本法，将政府职能定位于经济调节、市场监管、社会治理、公共服务等方面，从知识产权经济调节、市场监管、社会治理、公共服务等方面部署相关制度，使得政府应更多关注市场失灵环节，充分发挥其引导、动员和激励的优势，理顺政府与市场、政府与社会的关系，明确市场在创新资源配置中的决定性作用并促进法治化地发挥政府的作用。尤其是，知识产权领域的经济调节，是未来知识产权工作的中心和重心，主要考虑经济非均衡下市场失灵的纠正以及创新外部性的补偿，主要采用规划、标准与政策等宏观调控手段和结构性调控措施为主的微调手段，建立知识产权宏观调控体系，整体调控知识产权与创新能力的关系、不同类型知识产权之间的关系、知识产权与产业结构的关系、知识产权与贸易结构的关系、知识产权与企业竞争力的关系等。深化知识产权领域改革，需要充分发挥市场配置知识产权资源的决定性作用，更好地发挥政府在知识产权领域的作用，通过法律制度建设从经济调节、市场监管、社会治理、公共服务等方面建构现代化的国家知识产权治理体系。



其次，加快制定知识产权基本法，是中国特色知识产权制度建设的迫切需要。党的十九大报告指出，全面依法治国是国家治理的一场深刻革命，必须坚持厉行法治，推进科学立法、严格执法、公正司法、全民守法，完善以宪法为核心的中国特色社会主义法律体系，建设中国特色社会主义法治体系。中国特色知识产权制度是中国特色社会主义法律体系的重要组成部分，是中国特色社会主义法治体系的基本构成要素，是国家知识产权治理能力和治理体系现代化的制度基础，是知识产权强国建设的制度支撑。知识产权强国建设由理论体系、发展道路、支撑制度三位一体构成。知识产权强国建设理论体系是指导知识产权强国建设的基本理论，是中国特色社会主义理论在知识产权领域的具体落实；知识产权强国建设的发展道路是立足我国国情谋划的知识产权强国建设的时间表、路线图，是中国特色主义道路在知识产权领域的现实反映；知识产权强国建设的支撑制度是知识产权强国建设的制度体系，是中国特色社会主义法律制度的组成部分，三者构成了引导我国知识产权事业发展的基本框架。[1] 其中，知

[1] 张鹏. 知识产权强国建设基本问题初探［J］. 科技与法律，2016（1）：4-16.

识产权强国建设理论体系为道路拓展和制度创新提供理论支撑，知识产权强国建设道路为理论形成发展和制度创新完善提供实践基础，中国特色知识产权制度为道路拓展和理论创新提供制度保障，三者统一于知识产权事业科学发展的伟大实践中。在加快建设知识产权强国的征程中，我们要坚持以理论创新为先导，以制度完善为保障，深化对知识产权强国建设道路的探索，推动知识产权事业不断前进。在这一过程中，中国特色知识产权制度建设为知识产权强国建设提供制度支撑，具有非常突出的重要意义。同时，知识产权基本法将成为中国特色知识产权制度建设的关键内容，发挥着对整体知识产权法律法规制度和公共政策体系的引领作用。

再次，加快制定知识产权基本法，是推动形成全面开放新格局，积极参与和主导国际规则制定的现实考虑。目前处于后 TRIPs 时代，知识产权国际规则的变革正在进入活跃期和多元化推进阶段，知识产权国际合作日益深化，知识产权国际竞争日益激烈，知识产权全球治理体系呈现新结构。知识产权国际规则变革的趋势是多边层面知识产权国际规则进展缓慢，双边、复边层面知识产权国际规则成为焦点；提高知识产权保护力度势不可挡，发挥知识产权制度促进发展作用尚需加强。在这一背景下，迫切需要通过研究制定知识产权基本法，促进以建立知识产权全球治理新结构为方向，打击以知识产权为核心的知识霸权、促进知识产权发展的多样性，积极抵制垂直论坛转移、总结推广知识产权发展的“中国模式”、提出知识产权国际战略，推动形成全面开放新格局。



### 2. 知识产权基本法立法的指导思想

知识产权基本法是知识产权领域的综合性、基础性法律，对保障知识产权各方主体权益、促进创新创造、维护市场秩序具有非常重要的作用，知识产权基本法的立法对贯彻落实新发展理念、促进创新驱动发展、实现高质量发展、更好地满足人民群众对美好生活的需求、深化供给侧结构性改革、建设创新型国家和知识产权强国、完善社会主义市场经济法律体系、参与全球知识产权治理体系建设等方面均具有重大意义。知识产权基本法的指导思想是全面贯彻党的十八大和十九大精神，牢固树立和贯彻落实创新、协调、绿色、开放、共享发展理念，按照深入实施创新驱动发展战略的目标和要求，坚持保护权利、促进发展、开放互惠，充分发挥立法的引领和推动作用，加强法律制度顶层设计，夯实社会治理法律基础，解决知识产权制度发挥激励创新基本保障作用中的突出问题和矛盾，建立市场配置创新资源的产权机制，形成有效激励创新的制度环境，推动实现经济提质增效转型升级。

首先，知识产权基本法需要以“保护权利”为主线。从国际知识产权规则的演进和我国知识产权发展的需求看，严格知识产权保护已经成为主流趋势。一方面从国际知识产权规则演进的角度，由发达国家极力推动达成的 TRIPs 以知识产权最低保护标准的方式，规范各国知识产权立法，统一各国知识产权保护的规则，把国际知识产权保护水平提高到前所未有的高度，它要求 WTO 各成员国都必须将其原则和标准体现在各自的知识产权法律和法规之中。在新的时代背景下，知识产权国际规则变革的趋势包括知识产权保护不断强化、知识产权保护客体扩大、知识产权国际化趋势明显加强、国际规则变革呈多元化等。ACTA、TPP、TTIP 等在禁令的适用与例外、损害赔偿数额计算、边境措施、刑事犯罪构成要件等方面，均提出了高于包括我国在内的主要新兴市场国家现行法律规定和法律实践的执法标准。另一方面从我国知识产权发展的需求看，严格知识产权保护已经成为客观需要。

其次，知识产权基本法需要以“促进发展”为关键。如何运用知识产权制度促进经济科技发展，使得创新成果真正惠及社会公众，是世界各国进行知识产权制度设计时的重要考量。深入实施创新驱动发展战略，需要充分发挥知识产权制度作为市场经济条件下激励创新根本制度的作用，同时中国特色知识产权制度必须按照体现国家利益的要求，与国家发展阶段相适应，与国家经济、技术和社会发展战略密切配合，与国家经贸、科技、文化等各方面紧密衔接，支撑国家发展目标的实现。同时，知识产权基本法需要积极实现知识产权制度在激励创新创造、促进创新发展、维护竞争秩序方面的功能，将创新动力、创新活力、市场环境作为知识产权制度设计的价值取向、出发点，充分发挥立法的引领作用和推动作用，加强顶层设计夯实制度基础，激发全社会创新发展的新动力、新动能。

再次，知识产权基本法需要以“开放互惠”为视野。在国际知识产权规则加快变革的历史背景下，知识产权基本法不仅是严格保护知识产权的实现法、有效激励创新发展的促进法，还需要是提高知识产权国际竞争力、引导知识产权国际规则发展的范式立法例，是发展中国家知识产权制度的示范法。

### 3. 知识产权基本法立法需要处理的关系

在上述立法背景下，知识产权基本法立法需要处理如下关系：

一是市场与政府的关系。市场和政府的关系，是在知识产权基本法定位方面面临的首要关系。世界知识产权制度史表明，知识产权制度伴随着市场经济而产生发展。知识产权是创新产权化的产物，其以创新资源的市场化配置作为背景，是市场经济的产物。我国知识产权制度在改革开放的背景下诞生，在市场经济的环境中发展。可以说，三十年前，打开国门、扩大国际贸易、搞活商品经济以及改革科技管理体制，都促使我们借鉴国际先进经验，建立起符合我国国情的知识产权制度，是市场经济将现代知识产权制度和理念引进了中国，是市场经济促进我国知识产权制度和理念的逐步完善。因此，处理好市场和政府和关系，是知识产权基本法首要考虑的内容。完善中国特色社会主义市场经济体制，充分发挥市场配置资源的决定性作用和市场主体的创造性，是中国特色法律制度建设的重要依托。对知识产权制度而言，必须通过立法引领和推动改革，加快推进市场化改革，革除知识产权制度发展中的非市场化干扰因素，秉承“私权—私法—司法”的基本逻辑，坚持以私权领域为依归、以权利制度为体系、以权利中心为本位,❶ 完善科学有力的知识产权宏观调控和务实高效的知识产权市场治理。政府在知识产权制度体系中的作用主要是引导知识产权市场健康发展和规范知识产权市场运行秩序，需要力避不必要的监管和干预，加快实现知识产权治理体系和治理能力现代化。



二是严格知识产权保护与高效知识产权运用的关系。知识产权保护与知识产权运用的关系，是在知识产权基本法调整对象和逻辑主线方面面临的主要关系。建议知识产权基本法以“归属清晰、权责明确、保护严格、流转顺畅”的知识产权保护法律框架为主线，进行制度设计，建构制度体系，将知识产权基本法设计成为严格保护知识产权的实现法和有效激励创新发展的促进法，为未来知识产权法典制定奠定基础。通常而言，知识产权具有民事权利、无形资产、竞争工具三层含义，主要是因为知识产权具有技术价值、法律价值和市场价值。其中，知识产权的技术价值是基础，因为专利技术方案所具有的技术创新性和商标标识所具有的消费者认知感，其具备了相应的技术价值，为其法律价值和市场价值奠定了基础。知识产权的法律价值是知识产权技术价值的体现，是知识产权市场价值的保障。最高人民法院强调“要以市场价值为导向，加大对知识产权侵权行为的惩治力度，提升侵权人的违法成本”，体现了坚持案件损害赔偿与知识

❶ 吴汉东. 知识产权精要：制度创新与知识产权［M］. 北京：法律出版社，2017：5.

产权的市场价值、创新贡献度相匹配的理念，深化了司法裁判对于知识产权定价的引领作用，突出了法律价值与技术价值、市场价值的辩证统一。知识产权的技术价值在法律价值的保障下最终表现为知识产权的市场价值，亦即知识产权作为无形资产和竞争工具的价值。显然，以降低知识产权交易成本、提高知识产权交易安全为导向的知识产权运用促进法律制度，与降低知识产权维权成本、提高知识产权保护力度为导向的知识产权严格保护法律制度，是建构在知识产权市场价值和法律价值方面的两项法律制度，需要相互支撑、相互促进。

三是法律规范与公共政策的关系。法律规范与公共政策的关系是在知识产权基本法调整手段方面面临的重要关系。由于知识产权是私权，知识产权法是私法，必须充分尊重和有效保障民事主体主张和保护知识产权的意思自治。因此，在知识产权基本法的立法中，需要充分借鉴和全面吸收在现实中发挥了积极作用的知识产权规则的有益部分，将发展实践中成熟有效的政策措施、有关规则上升为知识产权法律制度，用法律制度的方式确定下来，为知识产权综合实力的提升提供切实可靠的法律保障。

四是知识产权基本法与其他法律的关系。知识产权基本法与其他法律的关系是在知识产权基本法价值定位方面面临的重要关系。在我国民法典加快研究制定的过程中，学术界普遍认为，经历了体系化、现代化改造的知识产权入典，将成为范式民法典的历史坐标。民法总则第一百二十三条对知识产权保护客体作出了规定，迈出了知识产权入典的关键一步。仅仅用民法总则第一百二十三条一个条文进行知识产权规则集中性规定，可能性非常大。同时，我国知识产权成典需要以知识产权体系化作为基础，以中国特色知识产权理论作为支撑，目前仍存在差距。在知识产权入典和知识产权成典之间，应尽快研究制定知识产权基本法。知识产权基本法是民法典知识产权规定的落实，是知识产权法典的探索，是知识产权入典和知识产权成典之间的历史衔接。

五是国内立法与国际规范的关系。国内立法与国际规范的关系是在知识产权基本法调整维度方面面临的重要关系。随着全球知识产权治理体系和治理能力的新发展，迫切需要我国更多地参与到知识产权国际规则的制定实施方面。知识产权基本法需要从国际、国内两个维度部署相关制度，在国内维度上部署严格知识产权保护、促进知识产权运用的制度，在国际维度上推动形成普惠包容、平衡有效、严格保护、促进发展的知识产权国际规则。

4. 知识产权基本法立法的基本原则

知识产权基本法的基本原则也就是未来知识产权法典的基本原则，是指贯穿于知识产权法律制度，对各项知识产权法律制度和各知识产权单行法律法规起到统领作用的基本准则。知识产权基本法的基本原则代表了整个社会在知识产权领域的价值共识与价值追求，立法者制定各项知识产权法律制度及具体知识产权法律规范，裁判者运用知识产权法律制度和具体知识产权法律规范进行具体知识产权案件的裁判，都必须遵守知识产权法的基本原则。同时，从法律解释方法的角度看，在知识产权法律制度和具体知识产权法律规范出现法律漏洞的时候，知识产权法的基本原则可以作为漏洞填补的法律依据。立足上述立法背景存在的现实需求，以知识产权基本法的指导思想为指导，知识产权基本法应当秉持如下原则：

一是激励创新原则。激励创新是知识产权制度的基本精神和价值依托。知识产权基本法的立法必须把促进创新发展放在首位，鼓励发展新业态、新模式、新技术，有效激发创新动力、积极形成创新合力、全面促进创新活力，将创新发展作为知识产权基本法的总体目标和落脚点。

二是私权神圣原则。私权神圣原则是知识产权基本法应当予以明确的根本性原则。“权利的存在和得到保护的程度，只有诉诸民法和刑法的一般规则才能得到保障”❶，知识产权法同样如此，在入典和成典之间的知识产权基本法同样需要以私权为中心轴展开体系，全面弘扬私法自治。

三是诚实信用原则。诚实信用原则的基本内涵是知识产权的创造、保护、运用、管理、服务应当遵循诚实信用原则，秉持诚实，恪守承诺。知识产权的取得和行使，应当遵守法律，尊重社会公德，不得损害国家利益、社会公共利益和他人合法权益。就诚实信用原则的主体而言，传统民法认为其主体系民事主体，亦即诚实信用原则的含义涵盖以下两个方面：一方面是意思表示必须真实，行为人应当承担因表意不真实给相对人造成的损害；另一方面是意思表示必须讲信用，生效的意思表示必须履行，行为人应承担因不履行生效表意给相对人造成的损害，因此诚实信用原则仅适用于意定性民事关系。❷ 同时，针对行政法律关系的行政法律制度则将“信赖保护”作为基本原则，亦即政府对自己作出的行为或承诺应当守信



❶ 彼得·斯坦，约翰·香德. 西方社会的法律价值［M］. 王献平，译. 北京：中国人民公安大学出版社，1989：41.

❷ 李锡鹤. 民法原理论稿［M］. 2版. 北京：法律出版社，2012：109-110.

用，不得随意变更，不得反复无常。❶ 德国学者认为，信赖保护原则部分源自在法治国家原则中得到确认的法律安定性，部分源自诚实信用原则。❷就知识产权基本法而言，其本质属性亦属于私法，同时兼有部分行政法律制度，因此可以将扩展的诚实信用原则作为基本原则，涵盖传统民法的诚实信用原则和行政法与之相关的信赖保护原则。这亦符合诚实信用原则要求“一切权利的行使与义务的履行均应遵守这一准则”❸ 的现代发展。同时，禁止权利滥用在学理中被认为是诚实信用原则的具体化，❹ 亦即诚实信用原则当然涵盖“虽然具有合法权利之外观，但其权利的不当行使或者非法行使不受法律保护”❺ 的内容。

四是严格保护原则。严格保护原则主要是指国家依法严格保护知识产权，权利人的人身权利、财产权利以及其他合法权益受法律严格保护，任何组织或者个人不得侵犯。同时，国家依法平等保护国内外权利人的知识产权。就严格保护原则的外延而言，该原则除了通常具有的同等保护、平等保护、有效保护的基本内涵之外，还有权利法定、地域保护两个方面的含义。首先，权利法定要求，知识产权的种类和内容由法律法规予以规定；国家建立知识产权动态立法机制，根据发展需要及时调整法律法规；根据知识产权法律法规保护的，不影响其享有反不正当竞争法的补充保护。其次，地域保护要求根据中国法律法规和参加的国际条约的规定产生的知识产权在中国境内有效，依据其他国家和地区法律产生的知识产权要获得中国法律保护的，依照有关国际条约、双边协议或按互惠原则办理，知识产权的归属、内容、限制、行使与保护的程序由本法和相关法律规定，相关国际条约或本法或相关法律有不同规定的除外。



五是高效运用原则。该原则要求倡导各类主体的创新、创业、创意活动，鼓励开展原始性、颠覆性、突破性创新，激励在此基础上获得各类知识产权，积极促进知识产权运用，提升知识产权运用效益。该原则有两点基本含义：一方面是市场主导，知识产权基本法应当规定知识产

---

❶ 姜明安. 行政法与行政诉讼法 [M]. 6版. 北京：北京大学出版社，高等教育出版社，2015：72-73.

❷ 哈特穆特·毛雷尔. 行政法总论 [M]. 高家伟，译. 北京：法律出版社，2000：277-278.

❸ 王泽鉴. 民法学说与判例研究（重排合订本）[M]. 北京：北京大学出版社，2015：225-228.

❹ 王泽鉴. 诚实信用与权利滥用——我国台湾地区“最高法院”九一年台上字第七五四号判决评析 [J]. 北方法学，2013（6）. 施启扬. 民法总则（修订第8版）[M]. 北京：中国法制出版社，2010：363.

❺ 彭诚信. 论禁止权利滥用原则的法律适用 [J]. 中国法学，2018（3）：249-268.

权经济调节、市场监管、公共服务相关法律制度，充分发挥市场配置创新资源的决定性作用，更好地发挥政府作用；另一方面是社会共治，政府、企业和社会组织等三大类治理主体彼此协同，良性促进，无缝隙地满足社会对知识产权公共服务的需求，国家综合运用政府、市场和社会三种治理机制的功能优势，发挥三种治理权威的协同优势❶。其中，知识产权基本法需要促进政府充分发挥知识产权经济调节、市场监管、公共服务的作用，推动政府管理职能向运用知识产权制度和政策手段加强经济调节方向转变，向完善知识产权领域市场监管体系和完善知识产权领域公共服务方向转变，构建完善的国家知识产权治理体系，提高国家知识产权治理能力❷。

5. 知识产权基本法立法的若干重大问题

知识产权基本法立法过程中需要考虑如下重大问题：

一是科学界定知识产权基本法的本质属性。就我国知识产权基本法的基本秉性而言，知识产权基本法是民法典知识产权规定的落实，同时知识产权基本法是知识产权法典的探索，是知识产权入典和知识产权成典之间的历史衔接，并非纯粹的公法制度，应当是以私法为主体、以私权为逻辑的制度架构。应当说，“私权—私法—司法”的内在逻辑是对知识产权规则本质特征的揭示。尽管专利权和版权合理性的论证在很大程度上要归功于自然法理论，但是它们并没有完全沿着自然权利的轨迹发展，而是由制定法进行了多方面的修正，最终由自然权利转化为法定权利。❸ 即使在深受自然权利理论影响的美国和法国，专利权从一开始就被看作是实在法可以任意设计的、任意限制的并且可以废弃的权利。❹ 版权同样如此，由特权转化为法定权利，对普通法意义上的版权能不能作为一种自然权利享有永久性的保护产生很大争论，最终结果是普通法意义上的永久版权被安娜



❶ 徐嫣，宋世明. 协同治理理论在中国的具体适用研究［J］. 天津社会科学，2016（2）：19-24.

❷ 国家知识产权局“知识产权强国课题研究”总体组，张鹏，刘洋，张志成，等. 抢抓机遇，加快知识产权强国建设——《知识产权强国建设——战略环境、目标路径与任务举措》报告摘编［R/OL］（2016-02-09）［2018-10-30］. http://www.sipo.gov.cn/ztzl/zscqqgjs/yjcg_qgjs/1064869.htm.

❸ 李扬. 重塑整体性知识产权法：以民法为核心［J］. 科技与法律，2006（3）：28-38.

❹ PETER DRAHOS. A Philosophy of Intellectual Property［M］. Aldershot：Dartmouth Publishing Company，1996：32.

女王法规定的法定权利取代。[1] 因此，知识产权规则体现了公平正义的新自然主义法哲学观念与经济效益的新实证主义法哲学观念的博弈与统一，这一法哲学观念并未脱离或者说无法脱离“私权—私法—司法”的内在逻辑。

二是科学运用知识产权基本法的立法技术。通过法典化编纂形成知识产权基本法的方式，是实现知识产权公共政策法律化的根本路径。知识产权政策法律化，需要用概念、规则、原则的维度构建知识产权基本法法律文本中的法律条文，从公共政策导向和社会需求导向两个维度的提炼知识产权基本法法律文本中的法律原则。尤其是，用“基本条件—行为模式—后果引导”的规范结构构建知识产权基本法法律文本中的法律规范，通过明晰适用的基本条件，并提出授权模式、禁止模式、义务模式等行为模式，从而形成法律权利义务、法律行为和法律责任三者有机构成的法律制度本体要素。[2] 同时，随着知识产权公共政策的深入实施，知识产权公共政策直接关系各方利益主体的切身利益，而且各方利益主体的利益呈现多个方向多个维度的交织与冲突，因此知识产权公共政策法律化尤其需要强调面向社会需求。

三是科学形成知识产权基本法的制度体系。知识产权基本法规定知识产权归属和权能制度，实现知识产权的权利归属清晰和权能科学。对知识产权的所有权、使用权、处置权、收益权等权能进行配置，通过知识产权权能的配置和归属的设计，充分调动创新创造者的积极性，有效激励创新。知识产权基本法规定知识产权保护制度，强化知识产权的严格保护。知识产权基本法规定知识产权流转制度，降低知识产权流转的交易成本，提高知识产权流转的交易安全。另外，适应国际知识产权制度的发展趋势，在知识产权基本法中部署知识产权对外交流合作的关键制度。



我们要从深入贯彻落实创新协调绿色开放共享发展理念、推动高质量发展、建设社会主义现代化强国的高度认识知识产权基本法立法；要从全面深化知识产权领域改革、深入推进国家知识产权战略实施、加快建设知识产权强国的角度思考知识产权基本法立法；要从完善中国特色知识产权制度体系、加快实现知识产权治理体系和治理能力现代化的深度阐释知识产权基本法立法，加快推进构建知识产权基础性法律制度，为知识产权强

---

[1] RONAN D. On the Origin of the Right to Copy［M］. Part 7. Hart Publishing，2004.

[2] 刘平. 立法原理、程序与技术［M］. 上海：学林出版社，上海人民出版社，2017：284.

国建设提供强有力的制度支撑。

## 二、知识产权基本法学术建议稿及条文说明

### 第一章　总则

**【章节说明】**根据本书第二章“价值论：知识产权治理体系和治理能力现代化”中的论证，深化知识产权领域改革，需要深入思考知识产权领域政府和市场的关系，充分发挥市场配置知识产权资源的决定性作用，更好发挥政府在知识产权领域的作用。知识产权治理是一项系统工程，是多主体参与的治理过程，需要有科学合理的国家知识产权治理体系作为基础。这就要求深化政府职能由知识产权管理向知识产权治理转变，提升政府治理能力，创新政府治理手段。政府应更多关注市场失灵环节，充分发挥其引导、动员和激励的优势，理顺政府与市场、政府与社会的关系。建构现代化的国家知识产权治理体系，应当定位于经济调节、市场监管、社会治理、公共服务等方面。根据本书第四章“思路论：知识产权基本法的内生制度逻辑”中的论证，知识产权基本法是民法典的特别法，是未来知识产权法典的总则或者通则，引领未来知识产权法典的总体定位、价值取向与骨干制度。就知识产权基本法的总体思路而言，包括“一个目标、两个维度、三个支柱、四个特征、五个原则”。在上述总体思路的指引下，拟在总则部分表述知识产权基本法的立法目的、基本内涵与基本原则。

**第一条【立法目的】**　为严格保护权利人合法权益，高效运用创新成果，维护公平竞争和有效竞争的市场环境，深入推进国家知识产权战略实施，有力促进知识产权强国建设，实现知识产权治理体系和治理能力现代化，根据宪法，制定本法。

**【条文说明】**首先，在上述知识产权基本法第一条的规定中，应当将“深入推进国家知识产权战略实施，有力促进知识产权强国建设，实现知识产权治理体系和治理能力现代化”作为落脚点。知识产权基本法的一个目标是，中国特色知识产权制度的基本法律，知识产权强国建设的制度支撑。中国特色知识产权制度是中国特色社会主义法律体系的重要组成部分，是中国特色社会主义法治体系的基本构成要素，是国家知识产权治理能力和治理体系现代化的制度基础，是知识产权强国建设的制度支撑。知识产权强国建设由理论体系、发展道路、支撑制度三位一体构成，知识产

权强国建设理论体系是指导知识产权强国建设的基本理论，是中国特色社会主义理论在知识产权领域的具体落实；知识产权强国建设的发展道路是立足我国国情谋划的知识产权强国建设的时间表、路线图，是中国特色主义道路在知识产权领域的现实反映；知识产权强国建设的支撑制度是知识产权强国建设的制度体系，是中国特色社会主义法律制度的组成部分，三者构成了引导我国知识产权事业发展的基本框架。其中，知识产权强国建设理论体系为道路拓展和制度创新提供理论支撑，知识产权强国建设道路为理论形成发展和制度创新完善提供实践基础，中国特色知识产权制度为道路拓展和理论创新提供制度保障，三者统一于知识产权事业科学发展的伟大实践中。在加快建设知识产权强国的征程中，我们要坚持以理论创新为先导，以制度完善为保障，深化对知识产权强国建设道路的探索，推动知识产权事业不断前进。在这一过程中，中国特色知识产权制度建设为知识产权强国建设提供制度支撑，具有非常突出的重要意义。因此，知识产权基本法应当成为中国特色知识产权制度的基本法律，知识产权强国建设的制度支撑。因此，在上述知识产权基本法第一条的规定中，应当将“深入推进国家知识产权战略实施，有力支撑知识产权强国建设，实现知识产权治理体系和治理能力现代化”作为落脚点。同时，将“深入推进国家知识产权战略实施，有力促进知识产权强国建设”作为知识产权基本法的落脚点的重要内容，体现了知识产权基本法旨在于推动知识产权公共政策法律化的总体导向（参见本书第五章“方法论：知识产权公共政策法律化的立法技术”中的相关论证）。

其次，在上述知识产权基本法第一条的规定中，应当将“严格保护权利人合法权益，高效运用创新成果，维护公平竞争和有效竞争的市场环境”作为出发点。知识产权基本法的两个维度是，在国内维度上严格知识产权保护、促进知识产权运用，在国际维度上推动形成普惠包容、平衡有效、严格保护、促进发展的知识产权国际规则。中国特色知识产权制度的内涵是，兼具“创新之法”和“发展之法”的属性，是激励创新的基本法、高端发展的促进法、维护秩序的保护法，是知识产权强国建设的制度基础，是中国特色社会主义法律制度和中国特色社会主义法治体系的组成部分。中国特色知识产权制度的外延是，知识产权法律制度、与知识产权相关的法律制度、知识产权公共政策以及知识产权国际规则。因此，知识产权基本法需要从国际、国内两个维度部署相关制度，在国内维度上部署严格知识产权保护、促进知识产权运用的制度，在国际维度上推动形成普惠包容、平衡有效、严格保护、促进发展的知识产权国际规则。因此，在上述知识产权基本法第一条的规定中，应当将“严格保护权利人合法权益，高效运用创新成果，维护公平竞争和有效竞争的市场环境”作为出发点。

再次，在上述知识产权基本法第一条的规定中，应当明确“根据宪法，制定本法”。对于知识产权基本法法律制度的依据，包括“根据宪法，制定本法”“根据民法典制定本法”以及不明确具体依据等选择。写入“根据宪法，制定本法”，有三重含义：一是明确制定知识产权基本法的立法权是《中华人民共和国宪法》赋予的，在立法权限上符合宪法的规定。我国宪法第二十条明确规定：“国家发展自然科学和社会科学事业，普及科学和技术知识，奖励科学研究成果和技术发明创造。”我国宪法第四十七条明确规定：“中华人民共和国公民有进行科学研究、文学艺术创作和其他文化活动的自由。国家对于从事教育、科学、技术、文学、艺术和其他文化事业的公民的有益于人民的创造性工作，给以鼓励和帮助。”二是制定知识产权基本法，其内容符合宪法的原则和精神，不与宪法的规定相抵触。三是将宪法的相关规定具体化为知识产权法律规范，使之更便于实施。[1] 因此，我国宪法对鼓励发明创造、奖励科学研究成果和技术发明创造等作出了明确规定，鉴于知识产权基本法作为“知识产权治理体系和治理能力现代化的基本依托”，是充分发挥市场配置创新资源决定性作用的制度保障。从而，知识产权基本法是中国特色知识产权制度的基本法律，其依据是宪法第二十条、第四十七条等对“鼓励发明创造、奖励科学研究成果和技术发明创造”作出的规定。



**第二条【保护客体】** 本法所称的知识产权，是权利人依法就下列客体享有的专有的权利：

（一）作品；

（二）发明、实用新型等技术方案；

（三）外观设计；

（四）商标等商业标识；

（五）地理标志；

（六）商业秘密；

（七）集成电路布图设计；

---

[1] 张新宝. 中华人民共和国民法总则释义［M］. 北京：中国人民大学出版社，2017：3-4.

（八）植物新品种；

（九）法律规定的其他客体。

**【条文说明】**根据本书第一章“定位论：入典和成典之间的知识产权基本法”中的论证，在知识产权入典和知识产权成典之间，应尽快研究制定知识产权基本法。知识产权基本法是知识产权入典和知识产权成典之间的历史衔接。就知识产权基本法的基本秉性而言，从知识产权入典的角度看，知识产权基本法是民法典知识产权规定的落实，是“法典解构”下的特别民事法律制度的概括；从知识产权成典的角度看，知识产权基本法是知识产权法典的探索，知识产权基本法是知识产权入典和知识产权成典之间的历史衔接。在上述法律制度位阶中，知识产权法典的重要制度价值在于，衔接民法总则第一百二十三条，将民法典价值取向、权利观念、基本属性在知识产权法律制度中加以落实，并对知识产权单行法起到引领统领作用。知识产权基本法需要对民法典作出衔接，进行链接式入典的安排。从而，有必要立足民法总则第一百二十三条的规定在知识产权基本法中加以重述和落实。民法总则第一百二十三条规定：“民事主体依法享有知识产权。知识产权是权利人依法就下列客体享有的专有的权利：（一）作品；（二）发明、实用新型、外观设计；（三）商标；（四）地理标志；（五）商业秘密；（六）集成电路布图设计；（七）植物新品种；（八）法律规定的其他客体。”本条文就是对民法总则第一百二十三条的重述和落实。



从知识产权基本法的自身定位看，知识产权基本法是未来知识产权法典的总则或者通则，需要对知识产权给出明确定义。通常而言，关于知识产权的定义方法，主要有“列举主义”和“概括主义”两种，“列举主义”的方法，主要通过系统地列举所保护的权项，即划定权利体系范围来明确知识产权的概念；“概况主义”的方法，主要通过对保护对象的概括的抽象的描述，简要说明这一权利的“属加种差”来给出知识产权的定义。[1] 就理想主义的知识产权概念表达而言，采用概括主义描述保护对象的抽象共性是最优的选择。事实上，在相关法律文本中亦力图采用概括主义的描述方式，或者采用概括主义与列举主义并用的描述方式。例如，民法总则第一百一十八条第二款给出了“债权”的定义，亦即“债权是因合同、侵权行为、无因管理、不当得利以及法律的其他规定，权利人请求特定义务人为或者不为一定行为的权利”。再如，民法总则第一百一十四条

[1] 吴汉东. 知识产权基本问题研究（总论）[M]. 2 版. 北京：中国人民大学出版社，2009：4-5.

第二款给出了“物权”的定义，亦即“物权是权利人依法对特定的物享有直接支配和排他的权利，包括所有权、用益物权和担保物权”。民法总则第一百一十四条对“物权”进行定义的方式，就是概括主义与列举主义并用的描述方式。就目前的立法例而言，由于知识产权本质属性描述的难度和外延统一涵盖的困难，尚未出现采用概括主义描述的范式立法例，常见立法例仍然采用列举主义的模式。例如，TRIPs 第一部分第一条规定，本协议所保护的知识产权是指本协议第二部分第一节至第七节中所列举的著作权与邻接权、商标权、地理标记权、外观设计权、专利权、集成电路布图设计权、商业秘密权。《成立世界知识产权组织（WIPO）公约》第二条第八款规定，下列权利构成知识产权：著作权与邻接权、专利权或（和）发明权、发现权、外观设计权、商标权及其他标记权、反不正当竞争权以及其他由于智力活动产生的权利。《法国知识产权法典》则涵盖著作权与邻接权、商标权、地理标记权、外观设计权、专利权、集成电路布图设计权以及未披露信息相关权益等。与 TRIPs、《成立世界知识产权组织（WIPO）公约》以及《法国知识产权法典》相比较，借鉴相关立法经验，有如下问题需要我国研究起草知识产权基本法时重点考虑：一是是否将科学发现权、发明权纳入知识产权基本法所规定的知识产权的外延范围，以及由此问题引发的知识产权法律制度与科技法律制度的关系问题；二是外观设计是否作为独立的知识产权保护客体，还是与发明、实用新型一并纳入专利保护客体；三是地理标志是否作为单独的知识产权保护客体，或者说地理标志是否仅仅作为证明商标用商标法加以保护；四是反不正当竞争法与知识产权法的关系，是否需要将反不正当竞争（权）作为知识产权的内容之一。下面逐一分析探讨。



首先，是否将科学发现权、发明权纳入知识产权基本法所规定的知识产权的外延范围，以及由此问题引发的知识产权法律制度与科技法律制度的关系问题。在我国创新政策的演进中，通过计划手段配置创新资源推动了“两弹一星”等重大科技成果，通过实施差异化战略和非对称措施在部分领域实现“弯道超车”，具有非常重要的历史意义。随着开放式创新和协同式创新等创新样态的发展，[1] 必须调整相应的体制机制，实行计划手

---

[1] 例如，波音 787 型飞机从发明、定型、转化、融资几乎都是通过其全球开放式创新网络来实现，其制造和研发涉及了美国、日本、法国、英国、意大利、瑞典、加拿大、韩国、澳大利亚等 40 多个国家和地区的 110 家供应商和研发机构，开放式创新为波音公司节省了可观的研发费用，且缩短了进入各国市场的时间。

段和市场手段的“双轮驱动”，使创新真正成为发展的主动力。[1] 因此，我国在激励创新、促进创新发展的制度安排方面，既有专利法等为代表的知识产权法律制度，也有科技进步法、促进科技成果转化法和《国家科学技术奖励条例》等科技法律制度。尤其是正在征求意见的《国家科学技术奖励条例（修订送审稿）》第十条提出，国家自然科学奖授予在基础研究和应用基础研究中阐明自然现象、特征和规律，作出重大科学发现的个人。可见，科技发现、笼统意义上的科技成果或者科技发明并非采用产权化的方式加以运行，而是采用科技奖励等计划手段加以激励。从而，科学伦理与技术理性的统合，通过科技进步的制度化及其合法性基础，将科技进步与社会发展联系起来，以面对科技不断进步所带来的一系列社会问题。[2]

其次，外观设计是否作为独立的知识产权保护客体，还是与发明、实用新型一并纳入专利保护客体。将外观设计与发明、实用新型合并于一部法律，滥觞于作为现代专利法雏形的《暂行工艺品奖励章程》，形成于1944 年民国政府专利法。1984 年立法者选择将外观设计制度纳入专利法源自立法便利选择。从国际角度看，存在以日欧为代表的单独立法模式，以英法为代表的专利版权双重保护模式和以美国为代表的纳入专利制度保护模式。美国模式具有历史偶然性，并且在船舶外观设计、时尚外观设计等方面存在单独立法的积极探索，单独立法代表了主流趋势。基于产品的功能性和设计的非功能性，外观设计制度与专利制度不会内生出共性的法律规则。我国外观设计法律实践在授权确权、侵权判定中出现的诸多问题，根源在于非内生共性规则的简单参照。由于外观设计制度保护客体的特殊性，使得外观设计制度与专利制度并不具有内在整体性。作为外观设计制度保护客体，产品的外观设计具有产品和设计两要素，从而兼具产品的功能性和设计的非功能性。亦即，承载外观设计的产品客观上应当具有实用功能，[3] 同时外观设计制度保护的并非具体的“功能”，而是与该功能相结



[1] 张鹏. 知识产权强国建设基本问题初探［J］. 科技与法律，2016（1）：1-14.

[2] 易继明. 技术理性、社会发展与自由——科技法学导论［M］. 北京：北京大学出版社，2005：15.

[3] 未与实用功能相结合的设计通常不属于外观设计制度保护客体，这是外观设计与实用艺术品等著作权保护客体存在的根本性差别。参见徐晓雁，张鹏. 外观设计专利权的扩张与限缩——以外观设计专利权与其他知识产权的边界为视角［J］. 科技与法律，2014（4）：598-613.

合的“设计”;[1] 二者相互协调构成了外观设计保护客体的特点。[2] 正是由于这一点，外观设计制度与以技术方案为客体的专利制度存在根本性差异。作为专利制度组成部分的发明专利制度和实用新型专利制度，保护的客体均为技术方案。“技术方案”取决于三个维度：技术问题、技术手段、技术效果，[3] 其核心在于“技术性”。与以技术性为核心的技术方案相比，外观设计兼具产品的功能性和设计的非功能性，与技术方案存在本质区别，同时这一点也是外观设计与实用艺术品等作品、商标等商业标识的根本区别。[4] 可以考虑在此次修订专利法时将共性条款规定于总则后，将外观设计相关规定独立成编，未来尽快研究形成独立的“外观设计法”，立足外观设计根本属性建构客体主体、授权确权、侵权救济等规则，实现外观设计单独立法、内在协调、立体保护、创新发展。[5] 基于此，建议将外观设计作为独立的知识产权保护客体，而非与发明、实用新型纳入专利权客体范围的范畴。

再次，地理标志是否作为单独的知识产权保护客体，或者说地理标志是否仅仅作为证明商标或者集体商标用《商标法》加以保护。从法律原理的角度看，地理标志本身，即使未被注册为商标，也未被登记为地理标志产品，也是权利的一种客体。[6] 从国际条约的角度看，1883 年《保护工业产权巴黎公约》第一条第二款将“地理标志”作为受保护的知识产权类型之一，同时认为“地理标志”（geographical indications）包含原产地名称（appellations of origin）和来源地标志（indications of source）两类。TRIPs 将“地理标志”作为受保护的知识产权类型之一，同时第二十二条将其定义为“标示某商品来源自某地区的标志，所标示的商品的特定质量、信誉或者其他特征由其产地来源所决定”。从我国法律规定的角度看，商标法



---

[1] 正是因为这一点，对于高度功能性的设计，或者说由功能限定的设计，并不能受到外观设计制度的保护。参见 Uma Suthersanen. Design Law: European Union and United States of America. 2nd edn [M]. Sweet & Maxwell, 2010: 6-001.

[2] 芮松艳. 外观设计法律制度体系化研究 [M]. 北京：知识产权出版社，2017：78-80.

[3] 为了解决技术问题，采取了利用自然规律的技术手段，达到了符合自然规律的技术效果。

[4] 有学者指出，外观设计问题涉及专利权、版权法、商标法和反不正当竞争法，作为一种发明，它可以受到专利法的保护；作为某种美学思想的表述，它可以受到版权法的保护；当它在市场上获得显著性或第二含义后，又可以作为商标得到商标法的保护，或作为商品外观得到反不正当竞争法的保护。参见李明德. 外观设计的法律保护 [J]. 郑州大学学报（哲学社会科学版），2000 (5)：48. 另外，参见王天平. 工业品外观设计的法律保护模式 [J]. 科技与法律，2002 (3)：7.

[5] 张鹏. 外观设计单独立法论 [J]. 知识产权，2018 (6)：45-54.

[6] 冯术杰. 论地理标志的法律性质、功能与侵权认定 [J]. 知识产权，2017 (8)：3-10.

第十六条第一款规定，商标中有商品的地理标志，而该商品并非来源于该标志所标示的地区，误导公众的，不予注册并禁止使用；但是，已经善意取得注册的继续有效。商标法第十六条第二款规定，前款所称地理标志，是指标示某商品来源于某地区，该商品的特定质量、信誉或者其他特征，主要由该地区的自然因素或者人文因素所决定的标志。可见，商标法第十六条第一款赋予了地理标志阻却商标注册的效力，第二款给出了地理标志的定义亦即明确了地理标志的认定条件。可见，商标法第十六条给出了“未注册的地理标志”的保护规则。亦即商标法对于未注册地理标志的保护就属于认可，即对于已经客观存在的社会关系事实作出法律上的认可，商标法第十六条的两个条款一起构成商标法上对未注册的地理标志的保护规范。除此之外，我国商标法没有单独的针对地理标志证明商标和集体商标的侵权保护规定。从而，运用证明商标和集体商标保护地理标志难以形成完整的制度体系。综上所述，建议将地理标志作为单独的知识产权保护客体，而非仅仅作为证明商标或者集体商标用商标法加以保护。

最后，反不正当竞争法与知识产权法的关系，是否需要将反不正当竞争（权）作为知识产权的内容之一。我国知识产权法学传统观点认为，“反不正当竞争”远远不限于知识产权领域，但是，“反不正当竞争”确实是在知识产权单行法之外，对版权、专利、商标等附加的不可缺少的保护，也可以是一种“兜底”保护，这在很多国家、多数知识产权学者中已经形成共识，例如美国 1995 年的《反不正当竞争法重述》就较为深刻地分析了这种附加保护的必要性及重要性。[1] 也就是说，单行的知识产权法与反不正当竞争法之间并不存在一个谁挤占了谁的位置的“关系”问题，而是反不正当竞争法（或者反不正当竞争法的一部分）对单行的知识产权法如何给与补充的问题，并据此提出，如果把专利法、商标法、版权法这类的知识产权单行法比作冰山，那么反不正当竞争法就如同冰山下使其赖以漂浮的海洋。[2] 但是时至今日，学术界认为，依据反不正当竞争法和依据知识产权专门法对侵权行为提起诉讼是各自独立和平行的两个请求，并非是谁对谁的补充，不存在谁优先适用，知识产权专门法（如著作权法）不能保护的对象，不排除依然可以按反不正当竞争法获得保护，但是，只能按照不正当竞争的侵权构成要件进行审查，与知识产权专门法是



[1] 朱谢群. 郑成思知识产权文集 · 基本理论卷［M］. 北京：知识产权出版社，2017：309.

[2] 黄晖. 郑成思知识产权文集 · 商标和反不正当竞争卷［M］. 北京：知识产权出版社，2017：450-451.

否保护该成果无关。❶ 从而，不宜将“反不正当竞争法的附加保护”作为知识产权保护客体或者保护内容的组成部分。

**第三条【基本原则 1：激励创新原则】** 知识产权的授予、运用与保护，以激励创新作为基本导向。

**【条文说明】**根据本书第六章“总则论：知识产权基本法的立法目的和原则”部分的论证，知识产权基本法的基本原则包括激励创新原则、私权神圣原则、诚实信用原则、严格保护原则、高效运用原则。其中，知识产权法的基本原则，是指贯穿于知识产权法律制度，对各项知识产权法律制度和各知识产权单行法律法规起到统领作用的基本准则。知识产权法的基本原则，代表了整个社会在知识产权领域的价值共识与价值追求，立法者制定各项知识产权法律制度及具体知识产权法律规范，裁判者运用知识产权法律制度和具体知识产权法律规范进行具体知识产权案件的裁判，都必须遵守知识产权法的基本原则。同时，从法律解释方法的角度看，在知识产权法律制度和具体知识产权法律规范出现法律漏洞的时候，知识产权法的基本原则可以作为漏洞填补的法律依据。从而，知识产权法典的基本原则，是知识产权基本法乃至未来知识产权法典必不可少的内容。“在大陆法系民法里，作为柔化立法的刚性、补充成文法局限性的工具，基本原则乃是一项必不可少的设计。”❷ 在知识产权法律制度领域同样如此，需要将“基本原则”确定为正式法律渊源，赋予裁判者依据基本原则处理相关案件的权力，对裁判者适用具体法律制度给出指引，克服成文法的缺陷，弥补制定法的漏洞。

明晰知识产权基本法基本原则的总体定位。知识产权基本法的基本原则并不仅仅体现知识产权法的某一制度和规范的内容，而是对知识产权法所调整的社会关系的本质特征作出全面的抽象，对所有知识产权具体法律制度的高度概括和凝练，需要在知识产权基本法的具体制度中得到贯彻和落实。总体而言，知识产权基本法的基本原则是“高度抽象的、最一般的行为规范和价值判断标准”❸。还有，应当采用科学的立法技术表达知识产



❶ 学术界对金庸诉江南案的讨论。例如张伟君. 从“金庸诉江南”案看反不正竞争法与知识产权法的关系［J］. 知识产权，2018（10）：14-23 页。同时，参见学术界对像《反不正当竞争法》第二条这样的一般条款逃逸所产生的“法官造法”问题的讨论，例如崔国斌. 知识产权法官造法批判［J］. 中国法学，2006（1）：144-164.

❷ 姚辉. 民法的精神［M］. 北京：法律出版社，1999：33.

❸ 王利明. 民法总则研究［M］. 北京：中国人民大学出版社，2003：12-13.

权基本法的基本原则。“基本原则出现于立法，是人类思维能力进步和立法技术高度发展的结晶。”❶ 从总体定位看，知识产权基本法的基本原则是未来知识产权法典的基本原则的基础，是对知识产权法调整对象和调整手段的本质规律的集中反映，是知识产权法价值观念和价值取向上的高度抽象的表达。“在立法技术上，基本原则成为法律体系中的必备设置。”❷ 就知识产权基本法的基本原则的立法技术，应当确保基本原则的抽象性与概括性，强调基本原则表述上的逻辑性与清晰性。

其中，“激励创新原则”是知识产权制度的基本精神和价值依托。亦即知识产权基本法必须把促进创新发展放在首位，鼓励发展新业态、新模式、新技术，有效激发创新动力、积极形成创新合力、全面促进创新活力，将创新发展作为知识产权基本法的总体目标和落脚点。关于商标法等商业标识性法律制度是否需要遵循“激励创新原则”的问题。通常而言，知识产权是民事主体依法对智力劳动成果和工商业标识享有的专有性权利，知识产权通常可以分为智力成果权和商业标识权，智力成果权包括著作权、专利权、集成电路布图设计专有权、植物新品种权等，商业标识权包括商标权、地理标志权等。因此，需要讨论的是，用于保护商标权、地理标志权等商业标识相关合法权益的商标法等商业标识性法律制度，是否将激励创新作为基本原则。随着知识经济深入发展，商标对产业结构化的支撑作用日益凸显，对经济转型提质增效的促进作用有所显现。日本、韩国等国家更是将促进产业发展作为商标法的立法宗旨，如《日本商标法》第一条规定，“本法的宗旨是通过保护商标，维护商标使用人在业务上的信誉、促进产业发展并保护消费者利益”❸。近年来，美国连续发布《知识产权和美国经济：聚焦产业》报告，欧盟连续发布《知识产权密集型产业对欧盟经济和就业的贡献》报告，具体测算商标密集型产业对国民生产总值、就业人数等的贡献程度。由此可见，用于保护商标权、地理标志权等商业标识相关合法权益的商标法等商业标识性法律制度，旨在于通过在市场层面将创新链与产业链相结合，推动产业链对接创新链形成价值链。亦即商业性标识法律制度也是国家创新生态系统的重要组成部分。



❶ 徐国栋. 民法基本原则解释：增删本［M］. 北京：中国政法大学出版社，2004：377.

❷ 姚辉. 民法的精神［M］. 北京：法律出版社，1999：34.

❸ 十二国商标法［M］. 十二国商标法翻译组，译. 清华大学出版社，2013：12.

**第四条【基本原则2：私权神圣原则】** 知识产权是私权。

民事主体的知识产权受法律保护，任何组织或者个人不得侵犯。

**【条文说明】**根据本书第六章“总则论：知识产权基本法的立法目的和原则”部分的论证，知识产权基本法的基本原则包括，激励创新原则、私权神圣原则、诚实信用原则、严格保护原则、高效运用原则。其中，第二项是私权神圣原则。对于我国而言，私权神圣原则更是知识产权基本法应当予以明确的根本性原则。“权利的存在和得到保护的程度，只有诉诸民法和刑法的一般规则才能得到保障”❶，知识产权法同样如此，在入典和成典之间的知识产权基本法同样需要以私权为中心轴展开体系，全面弘扬私法自治。回首我国第一部知识产权法律法规1910年《大清著作权律》以降的百余年制度发展史，尤其是总结我国改革开放以来1982年商标法、1984年专利法和1990年著作权法以降的三十余年的制度运行史，可以得知，我国知识产权制度百年史，是一个从“逼我所用”到“为我所用”的法律变迁史，也是一个从被动移植到主动创制的政策发展史。在改革开放的历史背景下，我国基本建立了一套与国际通行规则接轨，以著作权法、专利法、商标法等法律为主导，以《专利法实施细则》《计算机软件保护条例》《植物新品种保护条例》《集成电路布图设计保护条例》《信息网络传播权保护条例》等行政法规为主体，以司法解释和政府规章为补充的中国特色知识产权制度构成体系，形成了司法保护主导、行政保护支撑、仲裁调解补充的中国特色知识产权制度执行体系，形成了严格保护、促进运用、平衡高效的中国特色知识产权制度价值体系。可以说，改革开放是中国特色知识产权制度发展的不竭动力，权利保护是中国特色知识产权制度发展的本质特征，推动创新是中国特色知识产权制度发展的根本要求，与时俱进是中国特色知识产权制度发展的高贵品格。这一发展过程，也是逐步发现、逐渐尊重和逐级强化知识产权的私权属性的过程，是日益尊重私权神圣原则的历程。因此，走到21世纪，非常有必要将已经形成内在共识的“私权神圣原则”加以固化提炼，作为未来我国知识产权制度演进和知识产权法典化过程的重要基础。

具体而言，知识产权基本法的“私权神圣原则”，进一步涵盖了自愿原则的内容。亦即，私权神圣必然要求意思自治。所谓“意思自治”，是指民事主体依据自己的理性判断与自身意愿，从事民事活动，管理自身事



❶ 彼得·斯坦，约翰·香德．西方社会的法律价值［M］．王献平，译．北京：中国人民公安大学出版社，1989：41．

务。意思自治，是私法的重要支柱，也是私法区别于公法的重要特征，在我国立法上通常将“意思自治”表述为“自愿原则”。❶ 如前所述，“私权—私法—司法”的内在逻辑是对知识产权规则本质特征的揭示，因此，作为私法，知识产权法律制度当然应当秉承“意思自治”，将“自愿”作为私权神圣原则的重要组成部分。

同时，有学者将“公共利益原则”作为知识产权法律制度的基本原则之一，笔者认为，追求创新创造者与社会公众之间的利益平衡，是知识产权制度的目标，但不是知识产权制度的手段。在这一背景下，基于公共利益的需要对知识产权产生的一些限制，例如专利强制许可制度、著作权合理使用制度等，构成私权神圣原则的例外。亦即知识产权制度的基本秉性在于追求私权神圣，基于公共利益需要对私权保护给予的限制仅仅是局部的特例，不构成一般性的原则。

**第五条【基本原则 3：诚实信用原则】**　知识产权的创造、保护、运用、管理、服务应当遵循诚实信用原则，秉持诚实，恪守承诺。

知识产权的取得和行使，应当遵守法律，尊重社会公德，不得侵犯他人合法的在先权利，不得损害国家利益、社会公共利益和他人合法权益。

**【条文说明】**根据本书第六章“总则论：知识产权基本法的立法目的和原则”部分的论证，知识产权基本法的基本原则包括激励创新原则、私权神圣原则、诚实信用原则、严格保护原则、高效运用原则。其中，第三项是诚实信用原则。诚实信用原则的基本内涵是，知识产权的创造、保护、运用、管理、服务应当遵循诚实信用原则，秉持诚实，恪守承诺。知识产权的取得和行使，应当遵守法律，尊重社会公德，不得侵犯他人合法的在先权利，不得损害国家利益、社会公共利益和他人合法权益。就诚实信用原则的主体而言，传统民法认为其主体系民事主体。

诚实信用原则涵盖两方面含义：一方面是意思表示必须真实，行为人应当承担因表意不真实给相对人造成的损害；另一方面是意思表示必须讲信用，生效的意思表示必须履行，行为人应承担因不履行生效表意给相对人造成的损害。❷ 诚实信用原则，不特于债之关系上有其适用，即一切民事权利的行使和民事义务的履行均应遵守这一原则。❸《瑞士民法典》将诚

❶ 张新宝. 中华人民共和国民法总则释义［M］. 北京：中国人民大学出版社，2017：9-10.

❷ 李锡鹤. 民法原理论稿［M］. 2 版. 北京：法律出版社，2012：109-110.

❸ 王泽鉴. 民法学说与判例研究（重排合订本）［M］. 北京：北京大学出版社，2015：225-226.

实信用原则规定在法例部分。《瑞士民法典》第二条规定："无论何人，行使权利，履行义务，均应依诚信为之。"《日本民法典》亦强调私权的社会性，将"诚实信用原则"作为总则编第一条，将其作为民法的基本原则之一。《日本民法典》第一条规定："私权必须适合社会福祉。权利的行使和义务的履行必须遵守信义，以诚实为之。权利不得滥用。"虽然《德国民法典》第二百四十二条规定的"诚实信用原则"被置于债法部分，但是无论是判例还是学说均认为，《德国民法典》第二百四十二条规定的"诚实信用原则"是一项法律基本原则，非仅得适用于民法，在公法及诉讼法方面均应受其规律。❶ 因此，诚实信用原则通常被认为是民事法律制度中的"帝王规则（Kunig Lehrnorm）"。由于知识产权法律制度秉持"私权—私法—司法"的基本逻辑，当然已经当将诚实信用原则作为知识产权基本法的基本原则。

同时，就知识产权基本法而言，其本质属性亦属于私法，同时兼具有部分行政法律制度，因此可以将扩展的诚实信用原则作为基本原则，涵盖传统民法的诚实信用原则和行政法与之相关的信赖保护原则。这亦符合诚实信用原则要求"一切权利的行使与义务的履行均应遵守这一准则"❷ 的现代发展。针对行政法律关系的行政法律制度则将"信赖保护"作为基本原则，亦即政府对自己作出的行为或承诺应当守信用，不得随意变更，不得反复无常。❸ 德国学者认为，信赖保护原则部分源自在法治国家原则中得到确认的法律安定性，部分源自诚实信用原则。❹ 因此，不仅民事主体在开展知识产权的创造、运用等活动时需要遵守诚实信用原则，行政主体在开展知识产权管理、服务等活动时，亦应当遵守诚实信用原则，保障行政相对人的信赖利益。

诚实信用原则已经为我国现行知识产权法律法规和相关法律法规所确认，在司法实践中也积累了实务经验。针对包括知识产权诉讼在内的民事诉讼，我国《民事诉讼法》第十三条第一款规定："民事诉讼应当遵循诚实信用原则。"在商标法领域，《商标法》第七条规定："申请注册和使用商标，应当遵循诚实信用原则。"虽然此条款不是提起商标异议、请求宣告注册商标无效或者撤销注册商标的具体依据，但是此条款是适用各项具



❶ 王泽鉴. 民法学说与判例研究（重排合订本）[M]. 北京：北京大学出版社，2015：225-226.

❷ 王泽鉴. 民法学说与判例研究（重排合订本）[M]. 北京：北京大学出版社，2015：225-228.

❸ 姜明安. 行政法与行政诉讼法（第六版）[M]. 北京：北京大学出版社，高等教育出版社，2015：72-73.

❹ 哈特穆特·毛雷尔. 行政法总论 [M]. 高家伟，译. 北京：法律出版社，2000：277-278.

体制度处理商标事宜的指导性原则。[1] 此条款是2013年《商标法》修改是考虑到针对实践中商标的申请注册和使用环节出现的一些违背诚实信用原则的现象专门增加的条款，同时通过对相关条款的修改完善，对诚实信用原则予以细化。[2] 在知识产权司法实践中，诚实信用原则亦获得广泛认可和适用。例如在最高人民法院指导案例82号王碎永诉深圳歌力思服饰股份有限公司、杭州银泰世纪百货有限公司侵害商标权纠纷案[3]中，最高人民法院生效裁判认为，诚实信用原则是一切市场活动参与者所应遵循的基本准则。一方面，它鼓励和支持人们通过诚实劳动积累社会财富和创造社会价值，并保护在此基础上形成的财产性权益，以及基于合法、正当的目的支配该财产性权益的自由和权利；另一方面，它又要求人们在市场活动中讲究信用、诚实不欺，在不损害他人合法利益、社会公共利益和市场秩序的前提下追求自己的利益。

同时，禁止权利滥用在学理中被认为是诚实信用原则的具体化[4]，亦即诚实信用原则当然涵盖了“虽然具有合法权利之外观，但其权利的不当行使或者非法行使不受法律保护”[5] 的内容。禁止权利滥用原则，是指一切民事权利的行使不得超过其正当界限，否则构成权利滥用，应当承担侵权责任。有学者认为，从体系解释看，禁止权利滥用原则与诚实信用原则密切关联，二者互为补充，并行不悖，共同发挥规范市场经济秩序的作用。但是，通常认为，禁止权利滥用是诚实信用原则发展出来的具体规则或者进一步的原则。20世纪以来，两大法系的法官基于诚实信用原则发展出情势变更、缔约过失责任、禁止权利滥用、权利失效等一系列规则。[6] 我国民法总则同样采用了这一观点。我国民法总则在“基本规定”部分的第七条规定了“诚实信用原则”，亦即民事主体从事民事活动，应当遵循诚信原则，秉持诚实，恪守承诺。民法总则在“民事权利”部分的第一百三十二条规定：“民事主体不得滥用民事权利损害国家利益、社会公共利



---

[1] 袁曙宏. 商标法与商标法实施条例修改条文释义（2014年最新修订）［M］. 北京：中国法制出版社，2014：9-12.

[2] 郎胜. 中华人民共和国商标法释义［M］. 北京：法律出版社，2013：17-18.

[3] 杭州市中级人民法院（2012）浙杭知初字第362号民事判决书、浙江省高级人民法院（2013）浙知终字第222号民事判决书和最高人民法院（2014）民提字第24号判决书。

[4] 王泽鉴. 诚实信用与权利滥用——我国台湾地区“最高法院”九一年台上字第七五四号判决评析［J］. 北方法学，2013（6）. 施启扬. 民法总则（修订第8版）［M］. 北京：中国法制出版社，2010：363.

[5] 彭诚信. 论禁止权利滥用原则的法律适用［J］. 中国法学，2018（3）：249-268.

[6] 王利明. 中华人民共和国民法总则详解［M］. 北京：中国法制出版社，2017：37.

益或者他人合法权益。”可见，民法总则亦采用上述观点，将禁止权利滥用作为“诚实信用原则”的具体落实。对于知识产权制度而言，由于权利客体的非物质性使得知识产权保护面临一定的挑战，因此有必要强调严格知识产权保护，将“严格保护原则”作为知识产权制度的基本原则之一。在这一背景下，在“诚实信用原则”发展出来的规则中，禁止权利滥用迫切需要得到进一步的强调。因此，有必要在诚实信用原则的条文中进一步对禁止权利滥用作出规定。亦即，“知识产权的取得和行使，应当遵守法律，尊重社会公德，不得侵犯他人合法的在先权利，不得损害国家利益、社会公共利益和他人合法权益。”

在知识产权司法实践中，亦禁止权利滥用作为“诚实信用原则”的具体落实。在上述最高人民法院指导案例82号王碎永诉深圳歌力思服饰股份有限公司、杭州银泰世纪百货有限公司侵害商标权纠纷案中，最高人民法院裁判指出：“民事诉讼活动同样应当遵循诚实信用原则。一方面，它保障当事人有权在法律规定的范围内行使和处分自己的民事权利和诉讼权利；另一方面，它又要求当事人在不损害他人和社会公共利益的前提下，善意、审慎地行使自己的权利。任何违背法律目的和精神，以损害他人正当权益为目的，恶意取得并行使权利、扰乱市场正当竞争秩序的行为均属于权利滥用，其相关权利主张不应得到法律的保护和支持。……王碎永取得和行使‘歌力思’商标权的行为难谓正当。‘歌力思’商标由中文文字‘歌力思’构成，与歌力思公司在先使用的企业字号及在先注册的‘歌力思’商标的文字构成完全相同。‘歌力思’本身为无固有含义的臆造词，具有较强的固有显著性，依常理判断，在完全没有接触或知悉的情况下，因巧合而出现雷同注册的可能性较低。作为地域接近、经营范围关联程度较高的商品经营者，王碎永对‘歌力思’字号及商标完全不了解的可能性较低。在上述情形之下，王碎永仍在手提包、钱包等商品上申请注册‘歌力思’商标，其行为难谓正当。王碎永以非善意取得的商标权对歌力思公司的正当使用行为提起的侵权之诉，构成权利滥用。”可见，该指导案例亦将规制权利滥用作为诚实信用原则的具体落实。



**第六条【基本原则 4：严格保护原则】** 依法严格保护知识产权，平等保护国内外权利人的知识产权。

知识产权的种类和内容，由法律法规予以规定。国家建立知识产权动态立法机制，根据发展需要及时调整法律法规。新型创新成果的知识产权保护办法由国务院另行规定。

根据中国法律法规和参加的国际条约的规定产生的知识产权在中国境内有效。依据其他国家和地区法律产生的知识产权要获得中国法律保护的，依照有关国际条约、双边协议或按互惠原则办理。

**【条文说明】**根据本书第六章“总则论：知识产权基本法的立法目的与原则”部分的论证，知识产权基本法的基本原则包括激励创新原则、私权神圣原则、诚实信用原则、严格保护原则、高效运用原则。其中，第四项是严格保护原则。“严格保护原则”主要是指，国家依法严格保护知识产权，权利人的人身权利、财产权利以及其他合法权益受法律严格保护，任何组织或者个人不得侵犯。同时，国家依法平等保护国内外权利人的知识产权。就“严格保护原则”的地位而言，“严格保护原则”应当是知识产权法最为重要的原则之一，知识产权法的首要归属是权利法，“权利的存在和得到保护的程度，只有诉诸民法和刑法的一般规则才能得到保障”。❶

就“严格保护原则”的渊源而言，体现了本书第五章所述的“知识产权公共政策法律化”。就“严格保护原则”的内涵而言，包含三层含义：第一，知识产权法主要保护知识产权这一民事权利和相关民事权益；第二，知识产权涵盖的任何权利和合法权益都受到法律保护；第三，在知识产权和相关民事权益受到侵害时，通过追究民事责任的方式对权利人予以救济。就“严格保护原则”的外延而言，该原则除了通常具有的同等保护、平等保护、有效保护的基本内涵之外（建议条文中的第一款，“依法严格保护知识产权，平等保护国内外权利人的知识产权”），还涵盖权利法定、地域保护两个方面的含义。

首先，权利法定要求，知识产权的种类和内容，由法律法规予以规定；国家建立知识产权动态立法机制，根据发展需要及时调整法律法规；根据知识产权法律法规保护的，不影响其享有反不正当竞争法的补充保护。亦即建议条文中的第二款，“知识产权的种类和内容，由法律法规予以规定。国家建立知识产权动态立法机制，根据发展需要及时调整法律法规。新型创新成果的知识产权保护办法由国务院另行规定。”

其次，地域保护要求根据中国法律法规和参加的国际条约的规定产生

❶ 彼得·斯坦，约翰·香德. 西方社会的法律价值［M］. 王献平，译. 北京：中国人民公安大学出版社，1989：41.

的知识产权在中国境内有效，依据其他国家和地区法律产生的知识产权要获得中国法律保护的，依照有关国际条约、双边协议或按互惠原则办理，知识产权的归属、内容、限制、行使与保护的程序由本法和相关法律规定，相关国际条约或本法或相关法律有不同规定的除外。亦即建议条文中的第三款。

**第七条【基本原则5：高效运用原则】** 国家积极支持民事主体的创新创业，鼓励开展各种类型的创新，激励创新成果获得各类知识产权，积极促进知识产权运用，提升知识产权运用效益。

**【条文说明】**根据本书第六章“总则论：知识产权基本法的立法目的与原则”部分的论证，知识产权基本法的基本原则包括激励创新原则、私权神圣原则、诚实信用原则、严格保护原则、高效运用原则。其中，第五项是高效运用原则。“高效运用原则”，要求倡导各类主体的创新、创业、创意活动，鼓励开展原始性创新、颠覆性创新、突破性创新、开放式创新等各种类型的创新，激励在此基础上获得各类知识产权，积极促进知识产权运用，提升知识产权运用效益。

“高效运用原则”有两点基本含义：一方面是市场主导，知识产权基本法应当规定知识产权经济调节、市场监管、公共服务相关法律制度，充分发挥市场配置创新资源的决定性作用，更好地发挥政府作用；另一方面是社会共治，政府、企业和社会组织等三大类治理主体彼此协同，良性促进，无缝隙地满足社会对知识产权公共服务的需求，国家综合运用政府、市场和社会三种治理机制的功能优势，发挥三种治理权威的协同优势。[1]这其中，知识产权基本法需要促进政府充分发挥知识产权经济调节、市场监管、公共服务的作用，推动政府管理职能向运用知识产权制度和政策手段加强经济调节方向转变，向完善知识产权领域市场监管体系和完善知识产权领域公共服务方向转变，构建完善的国家知识产权治理体系，提高国家知识产权治理能力。[2]



---

❶ 徐嫣，宋世明. 协同治理理论在中国的具体适用研究［J］. 天津社会科学，2016（2）：19-24.

❷ 国家知识产权局“知识产权强国课题研究”总体组，张鹏，刘洋，张志成，等. 抢抓机遇，加快知识产权强国建设——《知识产权强国建设——战略环境、目标路径与任务举措》报告摘编.［R/OL］.（2016-02-09）［2018-10-30］. http://www.sipo.gov.cn/ztzl/zscqqgjs/yjcg_qgjs/1064869.htm.

“高效运用原则”的逻辑前提在于，由于知识产权具有客体的非物质性，相对于有形财产权而言，其交易成本更高，交易安全更加难以保障，迫切需要从法律制度层面加以规范。知识产权所具有的权利客体非物质性，使得在知识产权转让、许可、质押等知识产权运用形式中需要更多的信息支持。从而，“高效运用原则”的基本逻辑在于，通过更好地运用知识产权信息，降低知识产权流转的交易成本，提高知识产权流转的交易安全。例如，通过完善重大经济活动知识产权分析评议制度，提高知识产权流转的交易安全。知识产权分析评议制度可以从四个维度理解，从目的的角度看，知识产权评议的目的是为了政府决策和企业参与市场竞争提供咨询参考，避免经济科技活动因知识产权导致重大损失；从内涵的角度看，以知识产权竞争情报分析为基础，结合产业发展、市场竞争、政治环境等因素进行综合研究和研判，对经济科技活动的实施可行性、潜在风险、活动价值等进行一揽子评估、核查与论证，并提出合理化对策建议；从外延的角度看，知识产权评议一般分为面向政府的服务和面向企业的服务，在我国还有直接服务于政府决策与项目管理的特殊内涵；从应用的角度看，知识产权分析评议可直接嵌入科技创新活动、技术贸易活动、技术产业化活动、投融资活动和战略与政策管理中。❶ 建议知识产权基本法部署实施重大经济活动知识产权评议制度，针对重大产业规划、政府重大投资活动实施知识产权评议，发布重点领域评议报告。引导企业自主开展知识产权评议工作，规避知识产权风险。再例如，通过完善知识产权协同运用制度，降低知识产权交易成本。向全社会及时免费公开知识产权申请、授权、执法、司法判决等信息。国家鼓励各地区、各有关行业建设符合自身需要的知识产权信息库，支持全社会在研发规划、管理、评估等整个过程中对相关信息的应用。培育和发展市场化知识产权信息服务，引导社会资金投资知识产权信息化建设。还有，完善企业主导、多方参与的专利协同运用体系，提升企业知识产权运用能力，形成资源集聚、流转活跃的专利交易市场体系。国家建立专利导航产业发展工作机制，开展专利布局，在关键技术领域形成专利组合，构建支撑产业发展和提升企业竞争力的专利储备。国家推动专利联盟建设，加强专利协同运用，建立具有产业特色的全国专利运营与产业化服务平台。



❶ 孟海燕. 知识产权分析评议基本问题研究［J］. 中国科学院院刊，2013（4）.

**第八条【知识产权基本法与国际条约的关系】** 中华人民共和国缔结或者参加的国际条约与本法及各知识产权单行法有不同规定的，适用该国际条约的规定，但中华人民共和国声明保留的条款除外。

知识产权的归属、内容、限制、行使与保护的程序由本法和知识产权法律法规规定，相关国际条约有不同规定的除外。

**【条文说明】** 正如本书第八章“国际论：知识产权国际规则演进与基本法回应”相关内容所述，随着知识经济的迅猛发展，经济全球化步伐加快，知识产权对经济社会发展的重要作用日益凸显，知识产权已经成为国际竞争的一个焦点，知识产权国际规则也在发生巨大的变革，知识产权全球治理机制[1]不断变化。在这一过程中，首先需要探讨知识产权基本法与国际条约的关系。

进一步结合《涉外民事关系法律适用法》的规定，《涉外民事关系法律适用法》第四十八条规定：“知识产权的归属和内容，适用被请求保护地法律。”《涉外民事关系法律适用法》第四十九条规定：“当事人可以协议选择知识产权转让和许可使用适用的法律。当事人没有选择的，适用本法对合同的有关规定。”《涉外民事关系法律适用法》第五十条规定：“知识产权的侵权责任，适用被请求保护地法律，当事人也可以在侵权行为发生后协议选择适用法院地法律。”



本条文旨在于明确国际条约优先和知识产权法律法规优先两大制度。第一方面是国际条约优先，就是中华人民共和国缔结或者参加的国际条约与本法及各知识产权单行法有不同规定的，适用该国际条约的规定，但中华人民共和国声明保留的条款除外。第二方面是知识产权法律法规优先，亦即特别法优先，知识产权的归属、内容、限制、行使与保护的程序由本法和知识产权法律法规规定，相关国际条约有不同规定的除外。

## 第二章　建立归属清晰、权责明确、保护严格、流转顺畅的现代知识产权制度

**【章节说明】** 正如本书第四章“思路论：知识产权基本法的内生制度逻辑”中的描述，知识产权基本法的总体思路是“一个目标、两个维度、三个支柱、四个特征、五个原则”。基于上述逻辑，知识产权基本法第二

---

[1] 特勒兹．知识产权实施全球治理动态：发展中国家面临新挑战［M］//李轩，柯莱亚．知识产权实施：国际视角．北京：知识产权出版社，2012：3-8.

章“建立归属清晰、权责明确、保护严格、流转顺畅的现代知识产权产权制度”充分体现了知识产权基本法的上述四个特征。同时，“第二章　建立归属清晰、权责明确、保护严格、流转顺畅的现代知识产权产权制度”包含知识产权保护、知识产权运用两节，亦即“建立平衡高效、双轮驱动、多元保护、灵活可及的知识产权保护制度”和“建立市场主导、政府引导、利益分享、服务配套的知识产权运用促进制度”两个部分。“第二章　建立归属清晰、权责明确、保护严格、流转顺畅的现代知识产权产权制度”与“第三章　建立科学决策、协作运行、社会共治、服务普惠的现代知识产权治理体系”共同构建了知识产权基本法的三大支柱。上述内容与“第四章　推动形成普惠包容、平衡有效、严格保护、促进发展的知识产权国际规则”共同呈现了知识产权基本法的两大维度。上述知识产权基本法第二、三、四章的分则部分，与知识产权基本法第一章总则部分规定的激励创新原则、私权神圣原则、诚实信用原则、严格保护原则、高效运用原则五个基本原则，共同实现知识产权基本法的一个目标：建设中国特色知识产权制度的基本法律，为知识产权强国建设提供强有力的制度支撑。

### 第一节　建立平衡高效、双轮驱动、多元保护、灵活可及的知识产权保护制度



**【章节说明】**就第二章第一节知识产权保护制度而言，结合中国特色知识产权制度发展历程，应当将“平衡高效、双轮驱动、多元保护、灵活可及”作为制度内核。一是“平衡高效”，正如本书第六章“总则论：知识产权基本法立法目的与原则”中的“知识产权基本法立法需要处理的关系”中所论述的“严格知识产权保护与高效知识产权运用的关系”，需要注重知识产权保护与知识产权运用的平衡，发挥知识产权制度保护创新创造和维护社会公众利益的平衡作用，促进知识产权制度高效地发挥激励创新、促进发展、维护市场秩序的功能作用。二是“双轮驱动”，就是充分发挥知识产权司法保护的主导作用，充分发挥知识产权行政保护的快捷性、便利性优势，促进知识产权司法保护和行政保护的良性互动，共同驱动知识产权保护体系高效运转。三是“多元保护”，就是充分发挥知识产权仲裁、知识产权调解、行业自律等方式对知识产权司法保护和行政保护的补充作用，实现多渠道、多方式、多角度的立体式知识产权保护。四是“灵活可及”，强调建立符合知识产权诉讼特点的特别程序制度，通过证据

保全、行为保全等灵活方式促进知识产权诉讼灵活开展，同时由于重新组建的知识产权局纳入市场监督管理体系，发挥市场监督管理执法队伍覆盖面广、体系性强、延伸性好的优势，促进知识产权保护可及性的提高。在“平衡高效、双轮驱动、多元保护、灵活可及”这四个方面，“平衡有效”是中国特色知识产权保护制度的目标和导向，“双轮驱动”是中国特色知识产权保护制度的特点和重点，“多元保护”是中国特色知识产权保护制度的外延和体系，“灵活可及”是中国特色知识产权保护制度的优势和效果，四个方面相互支持、有效配合，构成了中国特色知识产权保护制度的核心。

**第九条【知识产权保护格局】** 充分发挥知识产权司法保护主导作用，充分发挥知识产权行政保护快捷性、便利性优势，完善司法保护和行政保护两条途径优势互补、有机衔接的知识产权保护模式，形成包括司法审判、刑事司法、行政执法、快速维权、仲裁调解、行业自律、社会监督等的多元纠纷解决机制，严格知识产权保护。

**【条文说明】**建立平衡高效、双轮驱动、多元保护、灵活可及的知识产权保护制度的首要任务是形成知识产权保护格局。严格知识产权保护，发挥知识产权司法保护主导作用，发挥知识产权行政保护快捷性、便利性优势，完善司法保护和行政保护两条途径优势互补、有机衔接的知识产权保护模式，形成包括司法审判、刑事司法、行政执法、快速维权、仲裁调解、行业自律、社会监督等的多元纠纷解决机制。一方面，充分发挥知识产权司法保护主导作用。国家建立知识产权统一上诉法院，建立区域布局均衡发展的知识产权法院体系，完善知识产权专门审判机构合理布局，实行知识产权民事、行政和刑事审判合一。制定符合知识产权审判特点的特别程序规则，就知识产权审判机构、管辖、证据、保全等作出规定，积极推行知识产权案例指导制度和技术事实查明机制。另一方面，加强知识产权综合执法，构建高效便捷、综合可及的知识产权保护体系，依法加强涉及知识产权的市场监督管理。完善执法协作、侵权判定咨询与纠纷快速调解机制，查处有重大影响的知识产权侵权假冒行为，全面公开知识产权行政执法信息，实现全流程材料全面公开，强化执法队伍建设。建设知识产权快速维权机制，构建知识产权快速授权、快速确权、快速维权的工作机制。同时，加强确权程序与侵权纠纷处理程序的衔接，积极改进民行交叉案件的审判机制，加强行政与司法的高效衔接，避免循环诉讼，加快纠纷的实质性解决。

**第十条【发挥知识产权司法保护主导作用】** 建立区域布局均衡发展的知识产权法院体系，完善知识产权专门审判机构合理布局，实行知识产权民事、行政和刑事审判合一，积极发挥知识产权司法保护的主导作用。

制定符合知识产权审判特点的特别程序规则，就知识产权审判机构、管辖、证据、保全等作出规定，积极推行知识产权案例指导制度和技术事实查明机制。

**【条文说明】** 充分发挥知识产权司法保护主导作用，有赖于国家建立知识产权统一上诉法院，建立区域布局均衡发展的知识产权法院体系，完善知识产权专门审判机构合理布局，实行知识产权民事、行政和刑事审判合一。同时，由于知识产权客体非物质性，导致传统的民事诉讼法、行政诉讼法和刑事诉讼法相关制度安排无法适应知识产权保护的客观需要，因此迫切需要尽快制定符合知识产权审判特点的特别程序规则，就知识产权审判机构、管辖、证据、保全等作出规定，积极推行知识产权案例指导制度和技术事实查明机制。



**第十一条【发挥知识产权行政保护作用】** 国家加强知识产权综合执法，构建高效便捷、综合可及的知识产权保护体系，依法加强涉及知识产权的市场监督管理。

完善执法协作、侵权判定咨询与纠纷快速调解机制，查处有重大影响的知识产权侵权假冒行为，全面公开知识产权行政执法信息，实现全流程材料全面公开，强化执法队伍建设。建设知识产权快速维权机制，构建知识产权快速授权、快速确权、快速维权的工作机制。

**【条文说明】** 加强知识产权综合执法，构建高效便捷、综合可及的知识产权保护体系，依法加强涉及知识产权的市场监督管理。完善执法协作、侵权判定咨询与纠纷快速调解机制，查处有重大影响的知识产权侵权假冒行为，全面公开知识产权行政执法信息，实现全流程材料全面公开，强化执法队伍建设。建设知识产权快速维权机制，构建知识产权快速授权、快速确权、快速维权的工作机制。

**第十二条【加强知识产权海关行政保护】** 进口货物侵犯知识产权，并危害对外贸易秩序的，国务院对外贸易主管部门可以采取在一定期限内禁止侵权人生产、销售的有关货物进口等措施。

对进口产品侵犯中国知识产权的行为和进口贸易中其他不公平竞争行为开展调查。加强跨境贸易电子商务服务的知识产权监管，建立搜集假冒产品来源地相关信息的工作机制。

**【条文说明】**正如本书第八章“国际论：知识产权国际规则演进与基本法回应”中的论述，在双边、多边自由贸易区谈判等场合建议抵制边境措施、刑事犯罪构成要件的相关条款内容。结合 ACTA、TPP、TTIP 等与我国现行法律规则以及司法实践的比较，边境措施、刑事犯罪构成要件的相关条款内容与我国现行规则及实践差距较大，建议在谈判中作为抵制内容。同时，如果需要将边境措施作为谈判筹码，那么建议尽快研究建立我国进口贸易的知识产权境内保护制度，落实《中华人民共和国对外贸易法》第二十九条的规定，借鉴美国 337 调查的制度设计经验，制定与对外贸易有关的知识产权保护规则。

**第十三条【加强确权程序与侵权纠纷处理程序的衔接】** 完善知识产权民事侵权诉讼程序与无效程序协调机制，建立完善民事侵权诉讼程序和无效程序联合审理，优化行政处理决定司法确认制度，积极改进民行交叉案件的审判机制，加强行政与司法的高效衔接，避免循环诉讼，加快纠纷的实质性解决。



**【条文说明】**加强确权程序与侵权纠纷处理程序的衔接，积极改进民行交叉案件的审判机制，加强行政与司法的高效衔接，避免循环诉讼，加快纠纷的实质性解决。

**第十四条【知识产权侵权责任构成】** 行为人侵害他人知识产权的，应当停止侵害，法律另有规定的除外；行为人不能有过错的，应当赔偿损失。

二人以上共同实施知识产权侵权行为，造成他人损害的，应当承担连带责任。教唆、帮助他人实施知识产权侵权行为的，应当与行为人承担连带责任，权利人有权请求部分或者全部连带责任人承担责任。

**【条文说明】**正如刑事法学由犯罪论和刑法论共同构成一样，知识产权侵权救济制度由责任构成制度（侵权论）和责任承担制度（赔偿论）构成。[1] 首先，从责任构成制度的角度看，明确知识产权侵权的过错责任原

---

[1] 张鹏. 专利侵权损害赔偿制度——基本原理与法律适用［M］. 北京：知识产权出版社，2017：1.

则。亦即，行为人侵害他人知识产权的，应当停止侵害，法律另有规定的除外；行为人不能有过错的，应当赔偿损失。其次，从责任承担制度的角度看，明确停止侵害、赔偿损失、赔礼道歉等民事责任以及行政责任、刑事责任。

**第十五条【知识产权侵权责任方式】** 侵犯他人知识产权的，应当承担停止侵害、赔偿损失、赔礼道歉等民事责任。除承担民事责任外，违反行政管理规定的，依法承担行政责任；构成犯罪的，依法追究刑事责任。

侵害知识产权的赔偿数额，可以照权利人因被侵权所致的实际损失、侵权人因侵权所获得的利益或者参照该知识产权许可使用费的倍数合理确定。对恶意侵害知识产权且情节严重的，可以在按照上述方法确定数额的一倍以上三倍以下确定赔偿数额。权利人因被侵权所受到的实际损失、侵权人因侵权所获得的利益、知识产权许可使用费难以确定的，人民法院可以根据知识产权的类型、侵权行为的性质和情节等因素在法律规定的幅度内合理确定赔偿数额。具体赔偿幅度，由法律另行规定。

人民法院为确定赔偿数额，在权利人已经尽力举证，应当责令侵权人提供与侵权行为相关的账簿、资料；侵权人不提供或者提供虚假的账簿、资料的，人民法院可以参考权利人的主张和提供的证据判定赔偿数额。



**【条文说明】**针对知识产权侵权损害赔偿制度，从实体法和程序法两个方面加以完善。从实体法的角度看，侵害知识产权的赔偿数额，可以参照权利人因被侵权所致的实际损失、侵权人因侵权所获得的利益或者参照该知识产权许可使用费的倍数合理确定。对恶意侵害知识产权且情节严重的，可以在按照上述方法确定数额的一倍以上三倍以下确定赔偿数额。权利人因被侵权所受到的实际损失、侵权人因侵权所获得的利益、知识产权许可使用费难以确定的，人民法院可以根据知识产权的类型、侵权行为的性质和情节等因素在法律规定的幅度内合理确定赔偿数额。具体赔偿幅度，由法律另行规定。从程序法的角度看，人民法院为确定赔偿数额，在权利人已经尽力举证，应当责令侵权人提供与侵权行为相关的账簿、资料；侵权人不提供或者提供虚假的账簿、资料的，人民法院可以参考权利人的主张和提供的证据判定赔偿数额。

**第十六条【知识产权权利冲突与重叠保护】** 不同知识产权法律分别对同一知识产权客体提供保护的，权利人不得就同一侵权行为获得多次救济。根据知识产权法律进入公有领域的智力成果，权利人不得再以其他知识产权法律法规为依据，阻止他人对该智力成果的自由使用。

权利人享有的知识产权不得与他人在先取得的合法权益相冲突。行使知识产权构成侵犯他人在先取得的合法权利的，应承担侵权责任。

**【条文说明】**不同类型知识产权产生竞合与冲突的原因在于知识产权的客体非物质性，以及不同知识产权在权利产生、保护期限和保护方式方面存在的不同。从而出现针对同一创新享有多项知识产权、可以分别以各项知识产权提起民事诉讼的情况，侵权行为人也将对于同一创新构成多个侵权，承担多个侵权责任。这显然有违侵权责任法的立法主旨。另外，由于不同知识产权保护期限不同，会出现某一类型知识产权到期之后，同一项创新还可以由其他类型知识产权继续保护的情况，这将违背权利到期将进入公有领域的本意，无法达到让社会共享创新成果，进一步促进设计创新的目的。因此，有必要进一步完善针对不同主体享有的知识产权存在的权利冲突问题和针对相同主体享有的知识产权存在的权利重叠问题。为解决这一问题，首先，不同知识产权法律分别对同一知识产权客体提供保护的，权利人不得就同一侵权行为获得多次救济；其次，根据知识产权法律进入公有领域的智力成果，权利人不得再以其他知识产权法律法规为依据，阻止他人对该智力成果的自由使用；还有，权利人享有的知识产权不得与他人在先取得的合法权益相冲突；行使知识产权构成侵犯他人在先取得的合法权利的，应承担侵权责任。

**第十七条【加强网络环境下知识产权保护】**　加强网络环境下的知识产权执法，督促网络服务提供者承担相应的注意义务，网络服务提供者知道或者应当知道网络用户利用其提供的网络服务侵犯知识产权，未及时采取删除、屏蔽、断开侵权产品链接等必要措施予以制止的，应当与该网络用户承担连带责任。

加强技术保护措施的知识产权监管，故意规避反复制技术措施，情节严重的承担刑事责任。规避反接入技术措施依据著作权法、反不正当竞争法承担法律责任。

运用大数据、云计算、物联网等信息技术，加强在线创意、研发成果的知识产权保护，提升预警防范能力。加强对视听节目、文学、游戏网站和网络交易平台的知识产权监管。

**【条文说明】**新技术发展对知识产权制度产生新的挑战，新修订的

《中华人民共和国电子商务法》（以下简称《电子商务法》）亦针对网络环境下的避风港规则与红旗标准进行了调整。《电子商务法》第四十一条规定，电子商务平台经营者应当建立知识产权保护规则，与知识产权权利人加强合作，依法保护知识产权。《电子商务法》第四十二条规定，知识产权权利人认为其知识产权受到侵害的，有权通知电子商务平台经营者采取删除、屏蔽、断开链接、终止交易和服务等必要措施。通知应当包括构成侵权的初步证据。电子商务平台经营者接到通知后，应当及时采取必要措施，并将该通知转送平台内经营者；未及时采取必要措施的，对损害的扩大部分与平台内经营者承担连带责任。因通知错误造成平台内经营者损害的，依法承担民事责任。恶意发出错误通知，造成平台内经营者损失的，加倍承担赔偿责任。《电子商务法》第四十三条规定，平台内经营者接到转送的通知后，可以向电子商务平台经营者提交不存在侵权行为的声明。声明应当包括不存在侵权行为的初步证据。电子商务平台经营者接到声明后，应当将该声明转送发出通知的知识产权权利人，并告知其可以向有关主管部门投诉或者向人民法院起诉。电子商务平台经营者在转送声明到达知识产权权利人后15日内，未收到权利人已经投诉或者起诉通知的，应当及时终止所采取的措施。建议结合《电子商务法》的立法经验，进一步规定，加强网络环境下的知识产权执法，督促网络服务提供者承担相应的注意义务，网络服务提供者知道或者应当知道网络用户利用其提供的网络服务侵犯知识产权，未及时采取删除、屏蔽、断开侵权产品链接等必要措施予以制止的，应当与该网络用户承担连带责任。同时，加强技术保护措施的知识产权监管，按故意规避反复制技术措施，情节严重的承担刑事责任。规避反接入技术措施依据著作权法、反不正当竞争法承担法律责任。运用大数据、云计算、物联网等信息技术，加强在线创意、研发成果的知识产权保护，提升预警防范能力。加强对视听节目、文学、游戏网站和网络交易平台的知识产权监管。



**第十八条【与知识产权相关的权利权益】** 国家建立健全遗传资源、传统知识、民间文艺、地理标志等方面的法律法规，构建符合我国国情的公平惠益分享制度。

规范纳入标准的知识产权行使条件与合法限制，促进公平竞争，维护公共利益。

**【条文说明】**遗传资源、传统知识、民间文艺、地理标志是我国传统优势知识产权，建议建立健全相关法律法规，构建符合我国国情的公平惠益分享制度。以标准必要专利、“必需设施”所涉及的技术秘密等知识产权为代表的纳入标准的知识产权，因为构成标准的必要组成部分或者必需设施，其实施涉及权利人与公众利益的平衡，建议通过法律法规进一步规范。

## 第二节　建立市场主导、政府引导、利益分享、服务配套的知识产权运用促进制度

**【章节说明】**第二章“建立归属清晰、权责明确、保护严格、流转顺畅的现代知识产权产权制度”包含知识产权保护、知识产权运用两节，亦即“建立平衡高效、双轮驱动、多元保护、灵活可及的知识产权保护制度”和“建立市场主导、政府引导、利益分享、服务配套的知识产权运用促进制度”两个部分。其中，知识产权运用促进制度的基本考虑如下。

首先，知识产权运用促进制度的逻辑主线是保障交易安全、降低交易成本。就第二章第二节知识产权运用促进制度而言，其核心是促进知识产权运用，提高知识产权运用实效。由于知识产权具有客体的非物质性，相对于有形财产权而言，其交易成本更高、交易安全更加难以保障，迫切需要从法律制度层面加以规范。知识产权所具有的权利客体非物质性，使得在知识产权转让、许可、质押等知识产权运用形式中需要更多的信息支持。从法律的角度看，知识产权运用制度的本质属性是知识产权这一权利和有关权能的流转制度，其主要目标是降低知识产权流转的交易成本，提高知识产权流转的交易安全。从而，“高效运用原则”的基本逻辑在于，通过更好地运用知识产权信息，降低知识产权流转的交易成本，提高知识产权流转的交易安全。例如，通过完善知识产权协同运用制度，降低知识产权交易成本。例如，通过完善重大经济活动知识产权分析评议制度，提高知识产权流转的交易安全。综上所述，第二章第二节知识产权运用促进制度的逻辑主线在于，以保障交易安全、降低交易成本为两大基本出发点，向社会公开知识产权交易和知识产权产品交易所需要的信息，促进知识产权信息的高效分析和运用，建构知识产权运用促进制度，通过知识产权经济调节解决不完全信息问题。

其次，知识产权运用促进制度的基本内核是市场主导、政府引导、利益分享、服务配套。一是“市场主导、政府引导”。正如本书第六章“总则论：知识产权基本法立法目的与原则”中就“知识产权基本法立法需要

处理的关系”中的论述，市场和政府的关系，是在知识产权基本法定位方面面临的首要关系。世界知识产权制度史表明，知识产权制度伴随着市场经济而产生发展。知识产权是创新产权化的产物，其以创新资源的市场化配置作为背景，是市场经济的产物。在“市场和政府的关系”方面，知识产权基本法应当秉持“市场主导、政府引导”的原则，充分发挥市场配置创新资源的决定性作用，同时发挥政府引导、动员和激励的优势，更好地发挥政府在知识产权经济调节、市场监管、社会治理、公共服务等方面的作用。政府应更多关注市场失灵环节，理顺政府与市场、政府与社会的关系。建构现代化的国家知识产权治理体系，应当定位于经济调节、市场监管、社会治理、公共服务等方面。其中，知识产权领域的经济调节，是未来知识产权工作的中心和重心，主要考虑经济非均衡下市场失灵的纠正以及创新外部性的补偿，采用的手段主要是规划、标准与政策等宏观调控手段和结构性调控措施为主的微调手段，建立知识产权宏观调控体系，整体调控知识产权与创新能力的关系、不同类型知识产权之间的关系、知识产权与产业结构的关系、知识产权与贸易结构的关系、知识产权与企业竞争力的关系等；知识产权领域的市场监管，主要是加强知识产权保护体系建设，统筹知识产权司法保护、行政保护和社会保护，对知识产权侵权行为给予足够的惩戒力度，使得知识产权侵权收益低于知识产权侵权投入，采取的手段主要是降低调查取证成本和降低非经济成本；知识产权领域的社会治理，主要是充分发挥社会力量作用，实现政府治理与社会自我调节、组织自治良性互动，采取的手段主要是提高社会组织自治能力和建立政府与社会之间的信息互通机制；知识产权领域的公共服务，是未来知识产权工作重点加强的部分，也是知识产权系统相关工作的重要业务增长点，主要是加强基于知识产权信息分析的公共服务和服务业培育，采取的手段主要是服务能力的提升和信息资源的互联互通、共享共用。二是“利益分享、服务配套”。知识产权运用涉及多种类型的主体，需要考虑知识产权运用效益方面的利益分享，同时政府应当提供与之配套的公共服务，促进各方能够在知识产权运用中获得相应的可期待利益。就知识产权运用促进制度中“市场主导、政府引导”与“利益分享、服务配套”的关系而言，“市场主导、政府引导”是方式、路径，“利益分享、服务配套”是效果、导向，二者相辅相成、相互促进。



**第十九条【知识产权信息利用】** 国家有关部门应当向全社会及时免

费公开知识产权申请、授权、执法、司法判决等信息。国家鼓励各地区、各有关行业建设符合自身需要的知识产权信息库，支持全社会在研发规划、管理、评估等整个过程中对相关信息的应用。培育和发展市场化知识产权信息服务，引导社会资金投资知识产权信息化建设。

**【条文说明】**正如本书第六章“总则论：知识产权基本法立法目的与原则”和第七章“分则论：知识产权基本法的主要制度与内容”的论述，“高效运用原则”的基本逻辑在于，通过更好地运用知识产权信息，降低知识产权流转的交易成本，提高知识产权流转的交易安全。第二章第二节知识产权运用促进制度的逻辑主线在于，以降低交易成本、保障交易安全为两大基本出发点。从降低交易成本的角度看，通过知识产权信息公开的方式，向社会公开知识产权交易和知识产权产品交易所需要的信息，促进知识产权信息的高效分析和运用，通过知识产权经济调节解决不完全信息问题。本条文致力于促进知识产权信息利用。

**第二十条【财政资助项目知识产权运用】** 国家设立政府资助项目推动和促进知识产权的创造、保护和运用。完善国家设立的研究开发机构和高等院校的职务发明归属和奖酬制度，建立健全知识产权成果转化机制。



对于财政资助项目产生的知识产权，所有权与使用权、许可权分离，实现国家、项目承担单位和发明人三方分享利益，促进知识产权运用。具体办法由国务院有关主管部门规定。

明确国家财政资助的科技计划中形成的产业关键技术、共性技术、平台技术的知识产权向社会公众开放的条件，促进国家财政资助形成的科技成果共享使用。

**【条文说明】**如前所述，本部分的内在逻辑在于，通过更好地运用知识产权信息，降低知识产权流转的交易成本，提高知识产权流转的交易安全。第二章第二节知识产权运用促进制度的逻辑主线在于，以降低交易成本、保障交易安全为两大基本出发点。从降低交易成本的角度看，通过知识产权信息公开的方式，向社会公开知识产权交易和知识产权产品交易所需要的信息，促进知识产权信息的高效分析和运用，通过知识产权经济调节解决不完全信息问题。本条文通过有效公开和运用知识产权信息的方式，促进财政资助项目知识产权运用。

**第二十一条【知识产权协同运用】** 国家完善企业主导、多方参与的专利协同运用体系，提升企业知识产权运用能力，形成资源集聚、流转活跃的专利交易市场体系。

国家建立专利导航产业发展工作机制，开展专利布局，在关键技术领域形成专利组合，构建支撑产业发展和提升企业竞争力的专利储备。国家推动专利联盟建设，加强专利协同运用，建立具有产业特色的全国专利运营与产业化服务平台。

**【条文说明】**如前所述，本部分的内在逻辑在于，通过更好地运用知识产权信息，降低知识产权流转的交易成本，提高知识产权流转的交易安全。完善知识产权协同运用制度，是降低知识产权流转的交易成本的重要举措。向全社会及时免费公开知识产权申请、授权、执法、司法判决等信息。国家鼓励各地区、各有关行业建设符合自身需要的知识产权信息库，支持全社会在研发规划、管理、评估等整个过程中对相关信息的应用。培育和发展市场化知识产权信息服务，引导社会资金投资知识产权信息化建设。还有，完善企业主导、多方参与的专利协同运用体系，提升企业知识产权运用能力，形成资源集聚、流转活跃的专利交易市场体系。国家建立专利导航产业发展工作机制，开展专利布局，在关键技术领域形成专利组合，构建支撑产业发展和提升企业竞争力的专利储备。国家推动专利联盟建设，加强专利协同运用，建立具有产业特色的全国专利运营与产业化服务平台。亦即通过完善知识产权协同运用制度，降低知识产权交易成本。



**第二十二条【重大经济活动知识产权分析评议】** 国家实施重大经济活动知识产权评议制度，针对重大产业规划、政府重大投资活动实施知识产权评议，发布重点领域评议报告。引导企业自主开展知识产权评议工作，规避知识产权风险。

**【条文说明】**如前所述，本部分的内在逻辑在于，通过更好地运用知识产权信息，降低知识产权流转的交易成本，提高知识产权流转的交易安全。完善重大经济活动知识产权分析评议制度，是提高知识产权流转的交易安全的重要举措。知识产权分析评议制度可以从四个维度理解，从目的的角度看，知识产权评议的目的是为了政府决策和企业参与市场竞争提供咨询参考，避免经济科技活动因知识产权导致重大损失；从内涵的角度看，以知识产权竞争情报分析为基础，结合产业发展、市场竞争、政治环境等因素进行综合研究和研判，对经济科技活动的实施可行性、潜在风险、活动价值等进行一揽子评估、核查与论证，并提出合理化对策建议；

从外延的角度看，知识产权评议一般分为面向政府的服务和面向企业的服务，在我国还有直接服务于政府决策与项目管理的特殊内涵；从应用的角度看，知识产权分析评议可直接嵌入科技创新活动、技术贸易活动、技术产业化活动、投融资活动和战略与政策管理中。[1] 建议知识产权基本法部署实施重大经济活动知识产权评议制度，针对重大产业规划、政府重大投资活动实施知识产权评议，发布重点领域评议报告。引导企业自主开展知识产权评议工作，规避知识产权风险。

**第二十三条【促进高校院所知识产权转移转化】** 完善高校和科研院所知识产权管理规范，鼓励高校和科研院所建立知识产权转移转化机构，加强高校和科研院所项目的知识产权全过程管理，完善项目完成后的知识产权目标评估制度。

**【条文说明】** 如前所述，本部分的内在逻辑在于，通过更好地运用知识产权信息，降低知识产权流转的交易成本，提高知识产权流转的交易安全。其中，促进高校院所转移转化和促进技术军民融合是两个重要方面。建议完善高校和科研院所知识产权管理规范，鼓励高校和科研院所建立知识产权转移转化机构，加强高校和科研院所项目的知识产权全过程管理，完善项目完成后的知识产权目标评估制度。



**第二十四条【促进技术军民融合】** 完善国防知识产权政策法规体系建设，明确国防项目委托研发主体、研发成果的知识产权归属，提高国防知识产权的民用效益。

**【条文说明】** 如前所述，本部分的内在逻辑在于，通过更好地运用知识产权信息，降低知识产权流转的交易成本，提高知识产权流转的交易安全。其中，促进高校院所转移转化和促进技术军民融合是两个重要方面。建议完善国防知识产权政策法规体系建设，明确国防项目委托研发主体、研发成果的知识产权归属，提高国防知识产权的民用效益。

## 第三章　建立科学决策、协作运行、社会共治、服务普惠的现代知识产权治理体系

**【章节说明】** 正如本书第二章“价值论：知识产权治理体系和治理能

[1] 孟海燕．知识产权分析评议基本问题研究［J］．中国科学院院刊，2013（4）．

力现代化”部分的论证，知识产权基本法知识产权治理是一项系统工程，是多主体参与的治理过程，需要有科学合理的国家知识产权治理体系作为基础。迫切需要制定知识产权基本法，从知识产权经济调节、市场监管、社会治理、公共服务等方面部署相关制度，明确市场在创新资源配置中的决定性作用并促进法治化地发挥政府的作用。国家治理体系和治理能力现代化有五个基本要素：制度化、民主化、法治化、效率、协调，国家治理体系和治理能力现代化的基本依托就是现代的国家法治体系。❶ 法治建设是中国未来深化改革至关重要的核心内容，是全方位综合联动改革中其他领域改革的关键枢纽，是国家治理体系和治理能力现代化的重要基石。在“法规治理、激励机制、社会规范”三大基本制度安排中，“法规治理”是最为核心和最为基本的制度安排。❷ 知识产权治理是一项系统工程，是多主体参与的治理过程，需要有科学合理的制度规则作为国家知识产权治理体系和治理能力现代化的基础。由于界定知识产权领域政府与市场的关系、政府与社会治理的边界关键是政府知识产权领域的管理职能与权力边界的明晰，而政府知识产权领域的管理职能与权力边界的明晰关键靠法治。在法治结构体系中，立法“分配正义”，行政“运送正义”，司法“矫正正义”。❸ 这其中，对于知识产权法治结构体系建设以及在此基础上建构的国家知识产权治理体系建设，迫切需要通过立法的方式实现分配正义，健全市场竞争的法治要素，提升促进创新的法治措施，凝聚促进发展的法治方式。据此，建设国家知识产权治理体系，实现国家知识产权治理能力现代化的根本路径在于，研究制定知识产权基本法，用知识产权基本法的方式实现分配正义，建构知识产权法治结构体系。

因此，需要通过知识产权基本法推动建立“科学决策、协作运行、社会共治、服务普惠”的现代知识产权治理体系，这其中包括“弥补失灵、供需平衡、科学有效、系统全面”的知识产权宏观调控体系，“多元参与、多方共治、惠益共享、服务高效”的知识产权社会治理体系和社会服务体系，以及“平衡高效、双轮驱动、多元保护、灵活可及”的知识产权保护体系。其基本内涵包括，“科学决策”，就是提高知识产权制度和知识产权公共政策的科学性，有效推动知识产权公共政策法律化。“协作运行”，就



❶ 俞可平. 论国家治理现代化［M］. 北京：社会科学文献出版社，2015：76.

❷ 人民论坛. 大国治理：国家治理体系和治理能力现代化［M］. 北京：中国经济出版社，2014：43.

❸ 余和平. 关于司法体制改革的思考［J］. 民主法制建设，2003（12）：9-11.

是建立有效的知识产权工作机制，优化知识产权管理结构，促进各项知识产权法律制度和公共政策内在协同、总体关联。“社会共治”，就是政府、企业和社会组织等三大类治理主体彼此协同，良性促进，无缝隙地满足社会对知识产权公共服务的需求，国家综合运用政府、市场和社会三种治理机制的功能优势，发挥三种治理权威的协同优势。[1]“服务普惠”，就是政府为各类主体提供各类知识产权公共服务，各类主体可以平等地、便捷地、高效地获得知识产权公共服务。在这一现代知识产权治理体系中，“科学决策”是基础，“协作运行”是关键，“社会共治”是保障，“服务普惠”是效果，四者相互支撑。

**第二十五条【国务院知识产权战略委员会】** 国务院设立知识产权战略委员会，负责组织、协调、指导知识产权战略实施和知识产权强国建设工作，履行下列职责：

（一）研究拟定重大知识产权战略政策；

（二）组织调查、评估知识产权战略实施状况，发布评估报告；

（三）对各地知识产权战略实施情况进行指导、督促、检查；

（四）国务院规定的其他职责。



国务院知识产权战略委员会的组成和工作规则由国务院规定。

**【条文说明】** 正如本书第三章“比较论：知识产权公共政策法律化的比较借鉴”中所描述的，韩国知识产权基本法第二章第六条规定设立直接隶属于总统的国家知识产权委员会，负责审议和调整政府关于知识产权的主要政策和计划，并对其实施状况进行评价。上述国家知识产权委员会负责审议和调整的知识产权政策计划包括制定发布国家知识产权战略实施基本计划和国家知识产权战略施行计划，对国家知识产权战略实施基本计划和国家知识产权战略施行计划的实施状况进行评价，关于知识产权相关预算分配运用事项，制定实施旨在促进知识产权的创造、保护及应用以及奠定其基础的推行政策事项。另外，国家知识产权委员会委员长认定为促进知识财产的创造、保护和应用以及奠定其基础需要制定实施的政策，或者中央行政机构负责人提出请求的特别事项。同时，针对根据韩国知识产权基本法需要制定的政策或者计划，韩国知识产权委员会应提前与该政策或者计划的主管机构进行协商。韩国知识产权基本法第二章第七条规定了国

[1] 徐嫣，宋世明. 协同治理理论在中国的具体适用研究［J］. 天津社会科学，2016（2）：19-24.

家知识产权委员会的基本结构与运作规律，国家知识产权委员会由40名以内的委员组成，包括两名委员长。委员长是由国务总理和总统从下述第（2）中类型的委员中指名的委员来担任。以下人员可以担任国家知识产权委员会的委员：（1）从相关中央行政机构负责人和从事政务职的公务员中按照总统令指定的人；（2）从有关知识财产的学识和经验丰富的人中，按照总统令委任的人。其中，第二种类型的委员任期为两年，只限连任一次。委员长代表委员会，国务总理即委员长负责召集会议，并主持会议，但国务总理因不得已的原因无法执行职务，则遵照第2项，由总统指名的委员长来代理执行其职务。为有效执行委员会业务，可以在委员会内设立专业委员会。此外，委员会和专业委员会结构及运营所需的事项应当遵从总统的命令。

日本知识产权基本法分则“知识产权战略本部”部分围绕机构设置、职能配置、资料获取进行规定。首先，日本知识产权基本法第二十四条、第二十六条、第二十七条、第二十八条、第二十九条、第三十一条、第三十二条规定了知识产权战略本部的机构设置。日本知识产权基本法第二十四条规定，为了集中、有计划地推进知识产权创造、保护及应用的措施，在内阁之下设置知识产权战略本部。日本知识产权基本法第二十六条、第二十七条、第二十八条规定，日本知识产权战略本部的组织机构由知识产权战略本部长、副本部长、战略本部成员构成，知识产权战略本部长是知识产权战略本部的负责人，由作为日本政府首脑的首相（内阁总理大臣）担任，主要负责总揽知识产权战略本部事务并监督指导知识产权战略本部的工作人员工作情况；知识产权战略副本部长是知识产权战略本部的负责人，由国务大臣担任，主要负责协助知识产权战略本部长开展工作；知识产权战略本部成员由本部长、副本部长之外的所有国务大臣以及由日本首相任命的、对知识产权的创造、保护及应用具有卓越见解者构成。日本知识产权基本法第三十一条、第三十二条规定，知识产权战略本部日常事务由内阁官房负责处理，由内阁官房副长官助理具体承担。同时，日本知识产权基本法第三十三条规定，日本知识产权基本法没有规定的并且与知识产权战略本部有关的其他必要事项，由行政法规加以规定。其次，日本知识产权基本法第二十五条规定了知识产权战略本部的职能配置，即知识产权战略本部负责制订推进计划并推动推进计划的实施，对与知识产权的创造、保护和应用有关的重点措施进行研究审议。还有，日本知识产权基本法第三十条专门对资料获取作出规定，即知识产权战略本部必要时可以要求相关行政机关、社会团体等提供相关资料、发表相关意见或者提供必要帮助。另外，美国也专门设立了直属于总统的知识产权协调机制。

因此，国务院有必要设立知识产权战略委员会，负责组织、协调、指导知识产权战略实施和知识产权强国建设工作，履行下列职责：（一）研究拟订重大知识产权战略政策；（二）组织调查、评估知识产权战略实施状况，发布评估报告；（三）对各地知识产权战略实施情况进行指导、督促、检查；（四）国务院规定的其他职责。国务院知识产权战略委员会的组成和工作规则由国务院规定。

**第二十六条【知识产权管理协作运行机制】** 国务院和地方各级人民政府应当加强科技、财政、投资、税收、人才、产业、金融、政府采购、军民融合等政策协同，为知识产权的创造、保护、运用营造良好环境。地方知识产权行政部门结合地方实际情况制定实施方案和配套政策，并推动落实。

**【条文说明】**知识产权公共政策体系的理论框架应当从主体、要素与环节三维度建构。知识产权公共政策体系的理论框架需要从知识产权基本属性出发进行研究。首先，鉴于知识产权属于财产权，因此只有在财产流转过程中才能实现其经济价值。知识产权公共政策体系需要有效促进知识产权的流转顺畅。因此，需要深入分析知识产权流转环节，并将其作为构建知识产权公共政策体系的核心维度。其次，知识产权的价值实现有赖于基础要素支撑，因此，需要深入分析知识产权支撑要素，并将其作为构建知识产权公共政策体系的第二维度。最后，知识产权涉及多个主体，需要深入分析知识产权参与主体，并将其作为构建知识产权公共政策体系的第三维度。

从知识产权活动的环节角度看，知识产权活动应当贯穿于科技创新、创新成果产权化、知识产权产业化、知识产权产业贸易化等环节。知识产权公共政策体系应当有利于促进创新成果产权化、知识产权产业化、知识产权产业贸易化。从知识产权活动的要素角度看，其包括人才、经费、基础设施、信息、文化、环境，其中环境包括知识产权保护环境。从知识产权活动的主体角度看，包括政府、企业、高校院所、服务机构和运营机构。

从知识产权活动的环节与要素匹配关系看，知识产权运用能力的提升体现在运用人才、经费、基础设施、信息、文化、环境等要素中，促进科技创新能力、创新成果产权化能力、知识产权产业化能力、知识产权产业贸易化能力提升方面。以知识产权运用为核心，通过人才、经费、环境等要素的配置，推动实现创新产权化、知识产权产业化、知识产权产业贸易化，作为知识产权运用链条基础的是知识产权保护环境的持续改善。从知识产权活动的主体与要素匹配关系看，主要是通过环境、文化、信息、基础设施、经费、人才等要素的配置，提升包括知识产权实力和知识产权潜力在内的主体知识产权能力，知识产权实力通过知识产权产出和知识产权绩效表征，知识产权潜力通过知识产权投入表征。政府、企业、高等院校和科研院所、服务机构和运营机构等在提升知识产权能力的过程中，应有不同的功能定位和分工。从知识产权活动的主体与环节匹配关系看，主要体现在主体的知识产权投入能力、知识产权管理能力、知识产权文化环境建设能力和条件支撑能力在创新产权化、知识产权产业化、知识产权产业贸易化环节中的应用。

知识产权公共政策体系应当包括知识产权本体政策、知识产权关联政策和知识产权支持政策。知识产权本体政策主要是知识产权类型本身的政策，包括专利、商标、版权、商业秘密、植物新品种、地理标志、集成电路布图设计等。其包括专利法、商标法、著作权法等知识产权法律法规，刑法、民事诉讼法、刑事诉讼法、行政诉讼法等相关法律法规，国家知识产权战略纲要以及年度推进计划、国民经济和社会发展五年规划中的相关部分、知识产权工作五年规划以及促进知识产权创造、运用、保护和管理的相关政策文件。知识产权关联政策主要是创新成果知识产权化的促进政策、知识产权产业化的促进政策和知识产权产业贸易化的促进政策，包括科技进步法、促进科技成果转化法、合同法等相关法律法规，科技发展规划、科技管理政策、产业发展规划、产业指导目录、贸易发展规划、贸易指导目录、知识产权企业促进政策、知识产权反垄断政策等。知识产权支持政策主要是金融政策、财政政策、税收政策、人才体系建设政策等，包括促进知识产权与金融结合的政策、知识产权资产管理政策、知识产权行业和企业相关税收政策、知识产权人才规划等。

本条文从知识产权关联政策和知识产权支持政策的角度加以部署，规定国务院和地方各级人民政府应当加强科技、财政、投资、税收、人才、产业、金融、政府采购、军民融合等政策协同，为知识产权的创造、保护、运用营造良好环境。地方知识产权行政部门结合地方实际情况制定实施方案和配套政策，并推动落实。

**第二十七条【知识产权发展规划】** 国务院和地方各级人民政府在建

立创新驱动发展评价制度时应将知识产权产品纳入国民经济核算体系。

国务院和地方各级人民政府应当将反映知识产权质量效益的指标纳入国民经济和社会发展规划，并按照国民经济和社会发展规划的要求，组织编制知识产权发展规划。

**【条文说明】**如前所述，知识产权公共政策体系应当包括知识产权本体政策、知识产权关联政策和知识产权支持政策。知识产权本体政策主要是知识产权类型本身的政策，包括专利、商标、版权、商业秘密、植物新品种、地理标志、集成电路布图设计等。其包括专利法、商标法、著作权法等知识产权法律法规，刑法、民事诉讼法、刑事诉讼法、行政诉讼法等相关法律法规，国家知识产权战略纲要以及年度推进计划、国民经济和社会发展五年规划中的相关部分、知识产权工作五年规划以及促进知识产权创造、运用、保护和管理的相关政策文件。因此，本条文提出，国务院和地方各级人民政府在建立创新驱动发展评价制度时应将知识产权产品纳入国民经济核算体系。国务院和地方各级人民政府应当将反映知识产权质量效益的指标纳入国民经济和社会发展规划，并按照国民经济和社会发展规划的要求，组织编制知识产权发展规划。



**第二十八条【知识产权统计调查】** 建立知识产权统计调查制度，定期发布知识产权统计调查报告，对知识产权对产业和经济的影响进行评价。国家统计国民经济与国际贸易有关经济数据，对货物进出口、技术进出口、国际服务贸易知识产权侵权以及对国内产业竞争力的影响进行调查，及时向社会提供知识产权发展趋势和产业及市场前景预测。知识产权管理部门应调查和分析国际协议对国内知识财产制度、政策等产生的影响，并制定相应对策。

**【条文说明】**正如本书第二章“价值论：知识产权治理体系和治理能力现代化”部分的论述，需要通过知识产权基本法推动建立“科学决策、协作运行、社会共治、服务普惠”的现代知识产权治理体系，这其中包括“弥补失灵、供需平衡、科学有效、系统全面”的知识产权宏观调控体系，实现知识产权领域的经济调节功能。知识产权领域的经济调节，是未来知识产权工作的中心和重心，主要考虑经济非均衡下市场失灵的纠正以及创新外部性的补偿，采用的手段主要是规划、标准与政策等宏观调控手段和结构性调控措施为主的微调手段，建立知识产权宏观调控体系，整体调控知识产权与创新能力的关系、不同类型知识产权之间的关系、知识产权与产业结构的关系、知识产权与贸易结构的关系、知识产权与企业竞争力的关系等。

然而，上述“弥补失灵、供需平衡、科学有效、系统全面”的知识产权宏观调控体系的基础是知识产权调查统计制度，亦即建立知识产权统计调查制度，定期发布知识产权统计调查报告，对知识产权对产业和经济的影响进行评价。国家统计国民经济与国际贸易有关经济数据，对货物进出口、技术进出口、国际服务贸易知识产权侵权以及对国内产业竞争力的影响进行调查，及时向社会提供知识产权发展趋势和产业及市场前景预测。知识产权管理部门应调查和分析与国际协议对国内知识财产制度、政策等产生的影响，并制定相应对策。

**第二十九条【知识产权行政审批】** 知识产权审批登记机关应当高效率、高标准审批知识产权申请，提高效率，提升质量。对申请注册的商标，商标局应当自收到商标注册申请文件之日起四个月内审查完毕，符合相关法律法规规定的，予以初步审定公告。对申请授权的专利，专利局应当自公布专利申请文件之日起十四个月内审查完毕，符合相关法律法规规定的，予以授权公告。

**【条文说明】**知识产权行政审批是知识产权公共服务的重要组成部分，需要将提高知识产权行政审批效率、提升知识产权行政审批质量，提高知识产权行政审批服务水平作为主要目标。因此，建议规定，知识产权审批登记机关应当高效率、高标准审批知识产权申请，提高效率，提升质量。对申请注册的商标，商标局应当自收到商标注册申请文件之日起四个月内审查完毕，符合相关法律法规规定的，予以初步审定公告。对申请授权的专利，专利局应当自公布专利申请文件之日起十四个月内审查完毕，符合相关法律法规规定的，予以授权公告。



**第三十条【知识产权信用体系建设】** 建立与知识产权保护有关的信用标准，形成知识产权保护信用信息档案，将恶意侵权行为、恶意申请注册行为纳入社会信用评价体系，提高知识产权保护社会信用水平。

对于抢注他人未注册商标、提交非正常专利申请的申请人，对于明知抢注他人商标、提交不正常专利申请而予以代理的代理机构及其代理人，应当记入国家信用信息系统，并根据情节给予暂停执业、吊销执业证等处罚。

**【条文说明】**正如本书第六章“总则论：知识产权基本法立法目的与原则”中的论述，知识产权基本法的五个基本原则是激励创新原则、私权神圣原则、诚实信用原则、严格保护原则、高效运用原则。其中，“诚实信用原则”的基本内涵是，知识产权的创造、保护、运用、管理、服务应当遵循诚实信用原则，秉持诚实，恪守承诺。知识产权的取得和行使，应当遵守法律，尊重社会公德，不得损害国家利益、社会公共利益和他人合法权益。诚实信用原则的具体落实制度之一就是知识产权信用体系建设。一方面，建立与知识产权保护有关的信用标准，形成知识产权保护信用信息档案，将恶意侵权行为、恶意申请注册行为纳入社会信用评价体系，提高知识产权保护社会信用水平。另一方面，对于抢注他人未注册商标、提交非正常专利申请的申请人，对于明知抢注他人商标、提交不正常专利申请而予以代理的代理机构及其代理人，应当记入国家信用信息系统，并根据情节给予暂停执业、吊销执业证等处罚。

**第三十一条【知识产权服务业发展】** 国家积极推动知识产权服务业发展，建立统一的知识产权服务业从业准入审批制度，对知识产权服务业从业行为进行监管。国家分类制定服务标准和服务规范，加强知识产权服务机构的服务资质管理和分级分类管理。

**【条文说明】**正如本书第二章“价值论：知识产权治理体系和治理能力现代化”部分的论述，知识产权治理体系和治理能力现代化的重要组成部分包括，全面加强知识产权公共服务，努力建设服务型行政机关。全面加强知识产权公共服务的关键在于，处理好公共服务和社会服务的关系、产业服务和企业服务的关系、知识产权服务的供给与需求关系。在提供知识产权公共服务的同时，加大知识产权服务业培育力度；以为产业发展提供知识产权公共服务为重点，兼顾为企业提供知识产权公共服务，尤其是为中小企业提供知识产权公共服务；全面调查梳理知识产权服务的需求，根据知识产权服务的需求优化知识产权服务的供给，实现知识产权服务的供需平衡。一是完善知识产权信息公共服务体系，为社会提供公共服务。搭建知识产权基础信息公共服务平台，实现现有各类知识产权基础信息平台的互联互通，实现知识产权基础信息的共享共用，促进知识产权信息传播。建设中外知识产权基础信息库，知识产权检索与服务系统等信息平台，探索具有产业特色的全国知识产权运营与产业化服务平台。二是建立知识产权信息产业服务体系，为产业提供公共服务。实施专利导航试点工程，加强重点领域专利预警和知识产权分析评议，探索知识产权运营促进产业创新发展的新模式，加强知识产权协同运用，形成资源集聚、流转活跃的知识产权市场环境。三是建设知识产权非营利化服务体系，提供基础公共服务。加强知识产权维权援助与举报投诉服务平台建设，形成多层次的知识产权维权援助工作体系。做好重大涉外知识产权案件的指导工作，积极帮助我国企业应对海外知识产权纠纷，探索开展知识产权侵权事先协助调查，帮助当事人获取证据等深层次服务。四是加强知识产权营利化服务体系，积极培育和发展知识产权服务业。加强知识产权服务标准化体系建设，组织实施全国知识产权服务业统计调查，推动知识产权服务业集聚区建设和品牌机构培育。因此，有必要对知识产权服务业发展作出制度部署，亦即国家积极推动知识产权服务业发展，建立统一的知识产权服务业从业准入审批制度，对知识产权服务业从业行为进行监管。国家分类制定服务标准和服务规范，加强知识产权服务机构的服务资质管理和分级分类管理。

**第三十二条【知识产权文化建设和人才培养】** 国家倡导知识产权创新文化，加强知识产权宣传教育和人才培养，积极弘扬尊重知识、崇尚创新、诚信守法的文化氛围。

国家完善知识产权职业水平评价制度，制定知识产权专业人员能力素质标准，积极培养知识产权专业人才。

国家支持知识产权相关行业协会/社会组织的发展，充分发挥知识产权服务业协会在行业规范与自律方面的作用。

**【条文说明】**加强知识产权文化建设，促进形成尊重知识、崇尚创新、诚信守法的知识产权文化，是加快建设知识产权强国的重要保障。同样，知识产权人才培养是知识产权事业科学发展的根基。因此，本条文提出，国家倡导知识产权创新文化，加强知识产权宣传教育和人才培养，积极弘扬尊重知识、崇尚创新、诚信守法的文化氛围。国家完善知识产权职业水平评价制度，制定知识产权专业人员能力素质标准，积极培养知识产权专业人才。国家支持知识产权相关行业协会/社会组织的发展，充分发挥知识产权服务业协会在行业规范与自律方面的作用。

**第三十三条【知识产权财政投入】** 中央财政应当在本级预算中设立知识产权科目，安排知识产权发展专项资金。县级以上地方各级人民政府应当根据实际情况，在本级财政预算中安排知识产权发展专项资金。知识产权发展专项资金通过资助、购买服务、奖励等方式，重点用于支持知识产权保护运用工作。

国家设立知识产权发展基金，遵循政策性导向和市场化运作原则，引导和带动社会资金支持知识产权保护运用，促进创新发展。县级以上地方各级人民政府可以设立知识产权发展基金。

知识产权发展专项资金和知识产权发展基金的设立和使用管理办法由国务院规定。

**【条文说明】** 正如本书第二章“价值论：知识产权治理体系和治理能力现代化”部分的论述，需要通过知识产权基本法推动建立“科学决策、协作运行、社会共治、服务普惠”的现代知识产权治理体系，这其中包括“弥补失灵、供需平衡、科学有效、系统全面”的知识产权宏观调控体系，实现知识产权领域的经济调节功能。知识产权公共政策体系应当包括知识产权本体政策、知识产权关联政策和知识产权支持政策。知识产权支持政策主要是金融政策、财政政策、税收政策、人才体系建设政策等，包括促进知识产权与金融结合的政策、知识产权资产管理政策、知识产权行业和企业相关税收政策、知识产权人才规划等。本条文通过从知识产权发展专项资金和知识产权发展基金两个维度部署知识产权财政投入政策。亦即一方面，在财政投入上，中央财政应当在本级预算中设立知识产权科目，安排知识产权发展专项资金。县级以上地方各级人民政府应当根据实际情况，在本级财政预算中安排知识产权发展专项资金。知识产权发展专项资金通过资助、购买服务、奖励等方式，重点用于支持知识产权保护运用工作。另一方面，国家设立知识产权发展基金，遵循政策性导向和市场化运作原则，引导和带动社会资金支持知识产权保护运用，促进创新发展。县级以上地方各级人民政府可以设立知识产权发展基金。



**第三十四条【知识产权税收优惠】** 国家依照有关税收法律、行政法规规定对知识产权保护运用实行税收优惠。

开发新技术、新产品、新工艺发生的研究开发费用，可以在计算应纳税所得额时加计扣除。知识产权转化运用，按照国家规定享受免征增值税的政策。国家通过制定财政、税收等政策，引导、鼓励知识产权分析、交易、评估、管理、咨询等知识产权相关服务业的发展。

**【条文说明】** 通过税收优惠的方式促进高质量的知识产权创造和高水平的知识产权运用，是知识产权公共政策体系中支持政策的重要组成部分。首先，进行原则性的规定。国家依照有关税收法律、行政法规规定对知识产权保护运用实行税收优惠。其次，以研发加计扣除为重点部署所得税优惠政策，以知识产权转化运用为重点部署增值税优惠政策，同时通过制定财政、税收等政策，引导、鼓励知识产权分析、交易、评估、管理、咨询等知识产权相关服务业的发展。

## 第四章　推动形成普惠包容、平衡有效、严格保护、促进发展的知识产权国际规则

**【章节说明】**正如本书第八章“国际论：知识产权国际规则演进与基本法回应”中的论述，随着知识产权全球治理新结构的初步形成，知识产权国际规则的变革在主要内容、参与主体、运作手段、立法趋势等方面出现一些新的特点，在主要内容方面，知识产权执法成为知识产权国际规则变革的新战场；在参与主体方面，发达国家与产业界密切配合，发展中国家尚未形成合力；在运作手段方面，发达国家频繁采用垂直论坛转移作为主要战略手段，在复边、多边和双边机制下同步推进、交互配合，在多种框架论坛下提出内容相近的知识产权议题。知识产权国际规则变革的趋势是，多边层面知识产权国际规则进展缓慢，双边、复边层面知识产权国际规则成为焦点；提高知识产权保护力度势不可挡，发挥知识产权制度促进发展作用尚需加强。我国对知识产权国际规则变革的总体需求是，实现加强保护与促进发展的平衡，为建设知识产权强国提供有力支撑。结合我国知识产权发展状况，我国在知识产权国际规则变革方面的总体立场应当从被动接受、调整性适用和参与阶段向主动性安排、积极影响阶段过渡，为未来进入自主性设计、全局引领阶段打下坚实基础。中国特色知识产权制度国际化发展的战略选择是“一个方向、两个重点、三个关键”。本章围绕中国特色知识产权制度国际化发展中的战略选择（即“一个方向、两个重点、三个关键”）部署相关条文。



**第三十五条【知识产权国际合作】**　国务院知识产权战略委员会应当发挥统筹和协调作用，建立和完善知识产权对外信息沟通交流机制，加强知识产权对外合作交流的沟通协作。建立海外知识产权信息服务平台，设立知识产权参赞，健全企业海外知识产权维权援助体系。

加强与 WIPO、WTO 及相关国际组织的合作交流，推动在加强权利保护的同时加强惠益分享，推动建立知识产权实施的滥用规制与限制例外制度，强调实施的限制和例外能有效阻止损害消费者利益和对市场竞争产生的不利影响，推动发展议题融入知识产权国际规则。

**【条文说明】**正如本书第八章“国际论：知识产权国际规则演进与基本法回应”中的论述，适应我国发展需要，建议中国特色知识产权制度国际化发展的战略选择是“一个方向、两个重点、三个关键”。“一个方向”，就是提倡“包容、互惠、平衡”的知识产权理念，推动建立以“保护权利”和“促进发展”为核心的知识产权全球治理新结构。“两个重点”，就是抵制以知识产权为核心的知识霸权，促进知识产权发展多样性。“三个关键”，就是抵制垂直论坛转移，推广知识产权发展的“中国模式”，提出知识产权国际战略。我国对知识产权国际规则变革的总体策略是，在国内层面搭建产业磋商机制、发展知识产权政策咨询体系、完善涉外知识产权工作体制、加强专门人才培养，在国际层面建立知识产权发展同盟、加强知识产权多双边协定内容和谈判模式的研究。我国对知识产权国际规则变革的具体安排是，在WTO中，继续推动生物多样性等相关谈判并提出权利限制与例外的相关议题；在WIPO框架中，开展工作共享和信息化项目，在多边、双边和复边知识产权谈判中考虑接受禁令的适用与例外、损害赔偿数额计算的相关规则，抵制边境措施、刑事犯罪构成要件的相关条款内容；在WHO框架下推动知识产权与公共健康权保护的讨论，在《生物多样性公约》缔约方大会、FAO框架下推动知识产权与生物多样性、粮食安全等议题的讨论，在联合国贸发会议等框架下推动知识产权与发展的讨论，推动WIPO、WTO与WHO、《生物多样性公约》缔约方大会、FAO等的合作。



**第三十六条【知识产权双边合作】** 国家加强知识产权双边合作，深化同主要国家知识产权、经贸、海关等部门的合作，巩固与传统合作伙伴的友好关系，积极推动区域全面经济伙伴关系和亚太经济合作组织框架下的知识产权合作。建立“一带一路”沿线国家和地区知识产权合作机制和博鳌亚洲论坛知识产权研讨交流机制。加强WIPO、WTO框架下的知识产权合作，推动相关国际组织设立知识产权仲裁和调解分中心。

**【条文说明】**正如本书第八章“国际论：知识产权国际规则演进与基本法回应”中的论述，适应我国发展需要，建议加强知识产权双边合作，深化同主要国家知识产权、经贸、海关等部门的合作，巩固与传统合作伙伴的友好关系，积极推动区域全面经济伙伴关系和亚太经济合作组织框架下的知识产权合作。建立“一带一路”沿线国家和地区知识产权合作机制和博鳌亚洲论坛知识产权研讨交流机制。加强WIPO、WTO框架下的知识产权合作，推动相关国际组织设立知识产权仲裁和调解分中心。

**第三十七条【知识产权对外援助】** 国家应当通过各种有效措施支持和援助发展中国家知识产权能力建设，鼓励向部分最不发达国家优惠许可其发展急需的专利技术。加强面向发展中国家的知识产权学历教育和短期培训。

**【条文说明】** 正如本书第八章“国际论：知识产权国际规则演进与基本法回应”中的论述，适应我国发展需要，建议加强知识产权双边合作并强化知识产权对外援助。国家应当通过各种有效措施支持和援助发展中国家知识产权能力建设，鼓励向部分最不发达国家优惠许可其发展急需的专利技术。加强面向发展中国家的知识产权学历教育和短期培训。

**第三十八条【知识产权管辖】** 依照中华人民共和国法律的授予、登记、有效性、放弃或取消的诉讼，中国法院具有专属国际裁判管辖权。知识产权的授予、登记、有效性、放弃或取消作为先决问题时，不适用前款规定。法院对此作出的判断在后诉中没有法律约束力。

对发生在中华人民共和国领域内的知识产权侵权行为，人民法院拥有管辖权。对发生在中华人民共和国领域外的知识产权侵权行为，只要可预见并实质性地影响到中华人民共和国国家、公民、法人或者其他组织的利益的，即使非中华人民共和国公民、法人或者其他组织所犯，人民法院也拥有管辖权。



**【条文说明】** 建议知识产权基本法可以考虑纳入的相关法律制度包括知识产权长臂管辖制度。长臂管辖制度是美国诉讼法上的一个概念，源起于 1945 年国际鞋业诉华盛顿案（International Shoe Co. v. Washington）。[1] 该案中，美国最高法院明确，非居民被告只要与法院地之间存在最低联系，美国法院即可对其行使对人管辖权，放松了属地原则对美国法院对人管辖权的限制。因而，授权美国法院行使对非居民被告对人管辖权的法案，实际上扩张了美国法院对人管辖权的范围，从效果上看就是伸长了法院的管辖手臂。故而，此种法案被形象的称为长臂法案。[2] 美国最高法院在 2014 年 Daimler Ag v. Bauman 案件中，进一步明确了长臂管辖标准，限制了对非居民法人被告行使一般管辖权的条件，进一步体现联系原则正当性基础的必然要求。[3] 美国学者对于联系原则正当性基础的主流见解是法院调整被

---

❶ International Shoe Co. v. Washington，326 U. S. 310（1945）.

❷ 张丝路. 长臂管辖效果辨正及对我国的启示［J］. 甘肃社会科学，2017（5）.

❸ Daimler Ag v. Bauman，134 S. Ct. 746（2014）.

告行为上的利益。[1] 可见，一个国家对涉外民商事案件管辖权的确定，取决于它所采用的管辖根据，这里的“根据”是指涉外民商事案件法律关系的主体，或者法律关系的客体，或者法律关系的事实同法院地国家存在某种联系。[2] 长臂管辖制度对知识产权纠纷案件尤其是网络知识产权纠纷案件具有重要意义。我国对涉外知识产权纠纷案件管辖严格遵循地域性管辖原则，导致我国法院在管辖权行使问题上缺乏弹性应对能力，在实践中日益显示出弊端。[3] 为了增强我国在国际竞争中的知识产权竞争力，建议适度扩张对涉外知识产权案件的管辖权。建议根据最低联系准则，一方面，明确对发生在我国法域内的知识产权侵权行为，我国法院具有管辖权；另一方面，部署对发生在我国法域外的知识产权侵权行为，可预见地会实质性影响到我国民事主体利益，我国法院即具有一定的管辖权。

## 第五章　附则

**第三十九条**　向知识产权行政部门申请注册登记知识产权和办理其他手续，应当按照规定缴纳费用。具体收费标准另行规定。

**【条文说明】**参酌现行《专利法》第七十五条和《商标法》第七十二条等规定。



**第四十条**　本法自×年×月×日起施行。

**【条文说明】**对知识产权基本法的实施时间作出规定。

---

[1] STANLEY E. COX. The Missing “Why” of General Jurisdiction [M]. Pittsburgh: University of Pittsburgh Law Review, 2014-2015 (76): 199.

[2] 林欣. 论国际私法中管辖权问题的新发展 [J]. 法学研究, 1993 (4).

[3] 刘义军. 完善我国知识产权侵权诉讼域外管辖权的若干思考 [J]. 科技与法律, 2016 (4).

# 参考文献

[1] 曹新明. 知识产权保护战略研究 [M]. 北京：知识产权出版社，2010.

[2] 曹新明，张建华. 知识产权法典化问题研究 [M]. 北京：北京大学出版社，2010.

[3] 崔国斌. 专利法：原理与案例 [M]. 北京：北京大学出版社，2012.

[4] 国家知识产权局规划发展司. "十三五" 国家知识产权规划研究 [M]. 北京：知识产权出版社，2017.

[5] 法国知识产权法典 [M]. 黄晖，朱志刚，译. 北京：商务印书馆，2017.

[6] 俄罗斯联邦民法典（全译本） [M]. 黄道秀，译. 北京：北京大学出版社，2007.

[7] 郎胜. 中华人民共和国商标法释义 [M]. 北京：法律出版社，2013.

[8] 李明德. 美国知识产权法 [M]. 2 版. 北京：法律出版社，2017.

[9] 李锡鹤. 民法原理论稿 [M]. 2 版. 北京：法律出版社，2012.

[10] 厉以宁. 中国经济双重转型之路 [M]. 北京：中国人民大学出版社，2013.

[11] 林毅夫. 新结构经济学：反思经济发展与政策的理论框架 [M]. 北京：北京大学出版社，2012.

[12] 秦宏济. 专利制度概论 [M]. 北京：商务印书馆，1946.

[13] 芮松艳. 外观设计法律制度体系化研究 [M]. 北京：知识产权出版社，2017.

[14] 十二国商标法 [M]. 《十二国商标法》翻译组，译. 北京：清华大学出版社，2013.

[15] 苏永钦. 走入新世纪的私法自治 [M]. 北京：中国政法大学出版社，2002.

[16] 王利明. 民法总则研究 [M]. 北京：中国人民大学出版社，2003.

[17] 王泽鉴. 民法学说与判例研究（重排合订本） [M]. 北京：北京大学出版社，2015：225-228.

[18] 文希凯，陈仲华. 专利法 [M]. 北京：中国科学技术出版社，1993.

[19] 吴汉东. 知识产权基本问题研究 [M]. 北京：中国人民大学出版社，2005.

[20] 吴汉东. 中国知识产权制度评价与立法建议 [M]. 北京：知识产权出版

社，2008.
[21] 吴汉东. 知识产权基础理论研究 [M]. 北京：知识产权出版社，2009.
[22] 吴汉东. 科学发展观与知识产权战略实施 [M]. 北京：北京大学出版社，2012.
[23] 吴汉东. 知识产权总论 [M]. 北京：中国人民大学出版社，2013.
[24] 吴汉东. 知识产权法 [M]. 5 版. 北京：法律出版社，2014.
[25] 吴汉东. 知识产权法学 [M]. 6 版. 北京：北京大学出版社，2014.
[26] 吴汉东. 知识产权中国化应用研究 [M]. 北京：中国人民大学出版社，2014.
[27] 吴汉东. 中国知识产权理论体系研究 [M]. 北京：商务印书馆，2018.
[28] 徐国栋. 民法基本原则解释：增删本 [M]. 北京：中国政法大学出版社，2004.
[29] 徐国栋. 民法哲学 [M]. 北京：中国法制出版社，2009.
[30] 徐银波. 侵权损害赔偿论 [M]. 北京：中国法制出版社，2014.
[31] 杨立新. 侵权责任法 [M]. 北京：法律出版社，2011.
[32] 姚辉. 民法的精神 [M]. 北京：法律出版社，1999.
[33] 尹新天. 中国专利法详解 [M]. 北京：知识产权出版社，2011.
[34] 袁曙宏. 商标法与商标法实施条例修改条文释义（2014 年最新修订）[M]. 北京：中国法制出版社，2014.
[35] 曾世雄. 损害赔偿法原理 [M]. 北京：中国政法大学出版社，2001.
[36] 张广良. 知识产权侵权民事救济 [M]. 北京：法律出版社，2003.
[37] 张广良. 知识产权民事诉讼热点专题研究 [M]. 北京：知识产权出版社，2009.
[38] 张鹏. 专利授权确权制度原理与实务 [M]. 北京：知识产权出版社，2012：487-506.
[39] 张鹏，徐晓雁. 外观设计专利制度原理与实务 [M]. 北京：知识产权出版社，2015.
[40] 张鹏. 专利侵权损害赔偿制度：基本原理与法律适用 [M]. 北京：知识产权出版社，2016.
[41] 张维迎. 博弈论与信息经济学 [M]. 北京：格致出版社、上海三联书店、上海人民出版社，2004.
[42] 张维迎. 信息、信任与法律 [M]. 北京：生活·读书·新知三联书店，2006.
[43] 张新宝. 《中华人民共和国民法总则》释义 [M]. 北京：中国人民大学出版社，2017.
[44] 张志成，张鹏. 中国专利行政案例精读 [M]. 北京：商务印书馆，2016.
[45] 郑成思. 知识产权论 [M]. 北京：法律出版社，2003.
[46] 朱谢群. 郑成思知识产权文集·基本理论卷 [M]. 北京：知识产权出版社，2017：280-281.
[47] 波林斯基. 法和经济学导论 [M]. 郑戈，译. 北京：法律出版社，2009.
[48] 阿瑟·刘易斯. 经济增长理论 [M]. 周师铭，沈丙杰，沈伯根，译. 北京：商

务印书馆，2010.

［49］博登海默. 法理学、法哲学和法律方法［M］. 邓正来，译. 北京：中国政法大学出版社，2004.

［50］诺斯，罗伯特·托马斯. 西方世界的兴起［M］. 厉以平，蔡磊，译. 北京：华夏出版社，2009.

［51］保罗·萨缪尔森，威廉·诺德豪斯. 经济学［M］. 萧琛主，译. 18版. 北京：人民邮电出版社，2008：208-209.

［52］考特，尤伦. 法和经济学［M］. 史晋川，董雪兵，等，译. 上海：格致出版社、上海三联书店、上海人民出版社，2010.

［53］兰德斯，波斯纳. 侵权法的经济结构［M］. 王强，杨媛，译. 北京：北京大学出版社，2005.

［54］雷奥纳德，斯德尔. 知识产权诉讼及管理中经济分析的运用［M］. 诺恒经济咨询，译. 北京：法律出版社，2010.

［55］蒂洛，克拉斯曼. 伦理学与生活［M］. 程立显，刘建，等，译. 9版. 北京：世界图书出版公司、后浪出版公司，2008.

［56］罗尔斯. 正义论［M］. 何怀宏，何包钢，廖申白，译. 北京：中国社会科学出版社，1988.

［57］熊彼特. 经济发展理论［M］. 叶华，译. 北京：中国社会科学出版社，2009.

［58］哈特. 法律的概念［M］. 许家馨，李冠宜，译. 2版. 北京：法律出版社，2011.

［59］梅迪库斯. 德国债法总论［M］. 杜景林，卢谌，译. 北京：法律出版社，2004.

［60］梅迪库斯. 德国民法总论［M］. 邵建东，译. 北京：法律出版社，2013.

［61］拉德布鲁赫. 法哲学［M］. 王朴，译. 北京：法律出版社，2013.

［62］克尼佩尔. 法律与历史：论《德国民法典》的形成与变迁［M］. 朱岩，译. 北京：法律出版社，2005.

［63］黑格尔. 法哲学原理［M］. 范扬，张企泰，译. 北京：商务印书馆，1961.

［64］拉伦茨. 德国民法通论：上、下［M］. 王晓晔，等，译. 北京：法律出版社，2013.

［65］瓦格纳. 损害赔偿法的未来：商业化、惩罚性赔偿、集体性损害［M］. 王程芳，译. 北京：中国政法大学出版社，2012.

［66］阿尔弗雷德·马歇尔. 经济学原理［M］. 宇琦，译. 长沙：湖南文艺出版社，2012：256-261.

［67］亚当·斯密. 国富论［M］. 宇琦，译. 长沙：湖南文艺出版社，2012：35-36.

［68］凯恩. 阿蒂亚论事故、赔偿及法律［M］. 王仰光，朱呈义，陈龙业，等，译. 北京：中国人民大学出版社，2008.

［69］斯坦，香德. 西方社会的法律价值［M］. 王献平，译. 北京：中国人民公安大

学出版社，1989.
[70] 我妻荣. 我妻荣民法讲义 [M]. 于敏，等，译. 北京：中国法制出版社，2008.
[71] 田村善之. 日本知识产权法 [M]. 周超，李雨峰，李希同，译. 4 版. 北京：知识产权出版社，2011.
[72] 青山纮一. 日本专利法概论 [M]. 聂宁乐，译. 北京：知识产权出版社，2014.
[73] 增井和夫，田村善之. 日本专利案例指南 [M]. 李扬，等，译. 4 版. 北京：知识产权出版社，2016.
[74] 曹新明. 知识产权制度伦理性初探 [J]. 江西社会科学，2005 (7).
[75] 曹新明. 知识产权理论法哲学反思 [J]. 法制与社会发展，2004 (6).
[76] 曹新明. 知识产权制度的中国特色与国际化之思辨 [J]. 法制与社会发展，2009 (6).
[77] 崔建远. 知识产权法之于民法典 [J]. 交大法学，2016 (1)：87-96.
[78] 冯术杰. 论地理标志的法律性质、功能与侵权认定 [J]. 知识产权，2017 (8).
[79] 高富平. 民法法典化的历史回顾：民法法典化研究之一 [J]. 华东政法大学学报，1999 (2)：19-25.
[80] 葛亮，张鹏. 反假冒贸易协议的立法动力学分析与应对 [J]. 知识产权，2013 (1)：71-77.
[81] 蒋志培. 论知识产权侵权损害的赔偿 [J]. 电子知识产权，1998 (1).
[82] 李明德. 关于知识产权损害赔偿的几点思考 [J]. 知识产权，2016 (5).
[83] 李扬. 重塑整体性知识产权法：以民法为核心 [J]. 科技与法律，2006 (3)：28-38.
[84] 林广海. 市场价值视域下的知识产权侵权赔偿 [J]. 知识产权，2016 (5).
[85] 林幼吟，彭新强，张筱锴. 知识产权侵权损害赔偿额的证据认定 [J]. 人民司法，2006 (9).
[86] 刘华俊. 知识产权诉讼制度研究 [D]. 上海：复旦大学，2012.
[87] 南京市中级人民法院，知识产权庭. 专利侵权案件赔偿适用的标准 [J]. 人民司法，1997 (7).
[88] 孔祥俊. 知识产权侵权与损害赔偿 [J]. 中国资产评估，2008 (2).
[89] 龙卫球.《侵权责任法》的基础构建与主要发展 [J]. 中国社会科学，2012 (12).
[90] 李琛. 论中国民法典设立知识产权编的必要性 [J]. 苏州大学学报 (法学版)，2015 (4).
[91] 李明德. 美国版权法中的侵权与救济 [M] //郑成思. 知识产权文丛 (第二卷)，北京：中国政法大学出版社.
[92] 梁志文. 专利价值之谜及其理论求解 [J]. 法制与社会发展，2012 (2).
[93] 斯奇巴尼. 法典化及其立法手段 [J]. 丁玫，译. 中国法学，2002 (1).

[94] 宋世明，张鹏，葛赋斌. 中国知识产权体制演进与改革方向研究 [J]. 中国行政管理，2016 (9).
[95] 宋晓明. 知识产权法院的中国探索 [J]. 中国专利与商标，2015 (2).
[96] 王利明. 惩罚性赔偿研究 [J]. 中国社会科学，2000 (4).
[97] 吴汉东. 知识产权立法体例与民法典编纂 [J]. 中国法学，2003 (1)：48-58.
[98] 王利明. 侵权行为概念之研究 [J]. 法学家，2003 (3).
[99] 吴汉东. 关于知识产权私权属性的再认识 [J]. 社会科学，2005 (10).
[100] 吴汉东. 知识产权本质的多维度解读 [J]. 中国法学，2006 (5)：19-26.
[101] 吴汉东. 中国知识产权法制建设的评价与反思 [J]. 中国法学，2009 (1).
[102] 吴汉东. 国际变革大势与中国发展大局中的知识产权制度 [J]. 法学研究，2009 (2).
[103] 吴汉东. 知识产权多元属性及研究范式 [J]. 中国社会科学，2011 (5).
[104] 吴汉东. 试论知识产权的"物上请求权"与侵权赔偿请求权：兼论《知识产权协议》第45条规定的实质精神 [J]. 法商研究，2011 (5)：19-26.
[105] 吴汉东. 知识产权理论的体系化与中国化问题研究 [J]. 法制与社会发展，2014 (6)：11.
[106] 吴汉东. 民法法典化运动中的知识产权法 [J]. 中国法学，2016 (4).
[107] 吴汉东，刘鑫. 改革开放四十年的中国知识产权法 [J]. 山东大学学报（哲学社会科学版），2018 (3)：48-58.
[108] 夏建国. 论法国知识产权法典的立法特点及借鉴 [J]. 河北法学，2002 (6).
[109] 易继明. 美国《创新法案》评析 [J]. 环球法律评论，2014 (4).
[110] 易继明. 历史视域中的私法统一与民法典的未来 [J]. 中国社会科学，2014 (5).
[111] 尹田. 论物权与知识产权的关系 [J]. 法商研究，2002 (5).
[112] 熊琦. 知识产权法与民法的体系定位 [J]. 武汉大学学报（哲学社会科学版），2019 (2)：128-138.
[113] 张鹏. 知识产权公共政策体系的理论框架、构成要素和建设方向研究 [J]. 知识产权，2014 (12)：69-73.
[114] 张鹏. 知识产权强国建设基本问题初探 [J]. 科技与法律，2016 (1)：4-16.
[115] 张鹏. 我国专利审查能力建设的回顾与展望 [J]. 中国发明与专利，2017 (1).
[116] 张鹏. 世界一流专利审查机构的核心内涵与外在表现探析 [J]. 中国发明与专利，2017 (2).
[117] 张鹏. 建设世界一流专利审查机构的模式路径与战略任务初探 [J]. 中国发明与专利，2017 (3)：8-11.
[118] 张鹏. 外观设计单独立法论 [J]. 知识产权，2018 (6).
[119] 张韬略. 英美和东亚三国（地）专利制度历史及其启示 [J]. 科技与法律，2003 (1)：4-19.

[120] 青山纮一. 特许法 [M]. 10 版. 株式会社法学书院, 2010.

[121] 大郑哲也, 茶园成树, 平屿龟太, 等. 知的财产法判例集 [M]. 株式会社有斐阁, 2008.

[122] AUTHUR R. M, MICHAEL H. D. Intellectual Property: Patents, Trademarks, and Copyright [M]. 3rd ed. Law Press, 2004.

[123] B. ZORINA KHAN. The Democratization of Invention, Patents and Copyrights in A-merican Economic Development [M]. Cambridge University Press, 2005.

[124] CHRISTOPHER M, SUSAN K S. Intellectual Property Rights: A Critical History [M]. Lynne Rienner Publishers, 2006.

[125] DONALD S C. Chisum on patents [M]. LexisNexis Matthew Bender, 2005.

[126] DONALD S C., MICHAEL A J. Understanding Intellectual Property Law [M]. Mattew Bender & Co., 1995.

[127] DONALD S C, et al. Cases and materials: Principles of Patent Law [M]. 3rd ed. Foundations Press, 2004.

[128] F. SCOTT KIEFF, PAULINE N, HERBERT F S, et al., Principles of Patent Law [M]. 5th Edition. Thomson Reuters/Foundation Press, 2011.

[129] GUNTHER T. Global Law without a State [M]. Dartmouth Pub Co, 1996.

[130] GORDON V S, RUSSELL L P. Intellectual Property: Valuation, Exploitation, and Infringement Damages [M]. John Wiley & Sons Inc., 2005.

[131] HANS-JÜRGEN AHRENS, MARY-ROSE MCGUIRE. Modern Law on Intellectual Property: A Proposal for German Law Reform [M]. Sellier European Law Publishers GmbH, Munich, 2013.

[132] HIROYA K. The Essentials of Japanese Patent Law: Cases and Materials [M]. Kluwer Law International BV, 2007.

[133] JANICE M M. An Introduction to Patent Law [M]. CITIC Publishing House, 2003.

[134] JANICE M M. Patent Law (Fourth Edition) [M]. Wolters Kluwer, 2012.

[135] JOHN B, PETER D. Global Business Regulation [M]. Cambridge: Cambridge University Press, 2000.

[136] LAWRENCE M S. Patent Infringement Remedies [M]. BNA Books, 2004.

[137] MARK A L. A Rational System of Design Patent Remedies [M]. Stanford Technol-ogy Law Review, 2013.

[138] PAUL G. Copyright, Patent, Trademark and related State Doctrines [M]. 5th ed. Foundation Press, 2002.

[139] PAUL W T. The Moral Judgement: Readings in Contemporary Meta-Ethics Englewood Cliffs [M]. N. J.: Prentice-Hall, 1963.

[140] PETER D. A Philosophy of Intellectual Property [M]. Dartmouth Publishing Com-

pany, 1996.

[141] RICHARD A E. Torts [M]. CITIC Publishing House, 2003.

[142] R. PALAN, J. ABBOTT, P. DEANS. State Strategies in the Global Political Economy [M]. London: Pinter, 1996.

[143] ROBERT P M, JANE C G. Foundations of Intellectual Property [M]. Foundation Press, 2004.

[144] ROBERT P M, PETER S M, MARK A L. Intellectual Property in the New Technological Age [M] 5th ed. Aspen Publishers, 2010.

[145] ROGER D B, THOMAS F C. Intellectual Property, Economic and Legal Dimensions of Rights and Remedies [M]. Cambridge University Press, 2005.

[146] ROGER E S, JOHN R T. Principles of Patent Law [M]. West, 2004.

[147] RONAN D. On the Origin of the Right to Copy [M]. Part 7. Hart Publishing, 2004.

[148] RUSSELL L P. Intellectual Property Infringement Damages: A Litigation Support Handbook [M]. John Wiley & Sons, 2002.

[149] SUSAN K S. Private Power, Public Law: The Globalization of Intellectual Property Rights [M]. Cambridge University Press, 2003.

[150] TERENCE P R. Intellectual Property Law: Damages and Remedies [M]. Law Journal Press, 2000.

[151] CHRISTIAN H. Future European Community Patent System and Its Effects on Non-EEC-Member-States [J]. 18 AIPLA Q. J. 289 (1990).

[152] CUIDO C, A. DOUGLAS M. Property Ruls, Liability Rules, and Inalienability: One View of the Cathedral [J]. 85 Harvard Law Review, 1972.

[153] DENNIS S C. Competitive Injury and Non-Exclusive Patent Licensees [J]. University of Pittsburgh Law Review, 2010.

[154] EDWARD T. Patent Law: Unknotting Uniloc [J]. Berkeley Technology Law Journal, Annual Review, 2012.

[155] GILES S R. The Relation Between Patent Practices and the Anti-Monopoly Laws [J]. 24 J. Pat. Off. Soc'y , 1942.

[156] Gert Egon Dannemann: Enforcement of Patent Right [EB/OL]. http://www.dannemann.com.br/files/GED_International_Patent_Litigation_BRAZIL.pdf .

[157] JEANNE C F, MARK A L. The Audience in Intellectual Property Infringement [J]. Michigan Law Review, 2014, 112: 1251.

[158] JOHN M G, ROBERT P M, PAMELA S. The Path of IP Studies: Growth, Diversification, and Hope [J]. Texas Law Review, 2014, 92: 1757–1768.

[159] JOHN R A, MARK A L, DAVID L S. Understanding the Realities of Modern

Patent Litigation [J]. 92 Texas Law Review 1769, 2014.

[160] KEITH E M. Intellectual Property Right in the Global Economy [J]. Institute for International Economics, 2000.

[161] LAURENCE R H. Regime shifting: The TRIPs Agreement and new dynamics of international intellectual property lawmaking [J]. 29 Yale Journal of International Law, 2004.

[162] MARK A L. Property, Intellectual Property, and Free Riding [J]. 83 Tex. L. Rev., 2005.

[163] MARK A L. Should a Licensing Market Require Licensing? [J]. Law and Contemporary Problems, 2007, 70 (2).

[164] MARK A L, JAMIE K, CLINT M. Rush to Judgment? Trial Length and Outcomes in Patent Cases [J]. AIPLA Quarterly Journal, 2013, 41 (2).

[165] MARK A L. Taking the Regulatory Nature of IP Seriously [J]. Stanford Law and Economics Olin Working Paper, No. 455, January 31, 2014.

[166] MARK A L. IP in a World Without Scarcity [J]. Stanford Public Law Working Paper No. 2413974, March 24, 2014.

[167] ROBERT P M. Economics of Intellectual Property Law [J]. Oxford Handbook of Law and Economics, 2014 (3).

[168] ROGER D B, TOMAS F C. Rethinking Patent Damages [J]. 10 Tex. Intell. Prop. L. J. 1.

[169] RETO M H, THOMAS J. Legal Effects and Policy Considerations for Free Trade Agreements: What Is Wrong with FTAs? [J]. Intellectual Property and Free Trade Agreements in the Asia-Pacific Region MPI Studies on Intellectual Property and Competition Law, 2015, 24: 55-84.

[170] TED M S. Purging Patent Law of "Private Law" Remedies [J]. Texas Law Review, 2014, 92: 516-571.

[171] THOMAS F. C. A Research Agenda for the Comparative Law and Economics of Patent Remedies [J]. Minnesota Legal Studies Research Paper, No. 11-10, February 15, 2011.

[172] WINFRIED T. The Compromise on the Uniform Protection for EU Patents [J]. 8 Journal of Intellectual Property Law & Practice 1, 2013.

# 跋

2018年注定是不平凡的一年。从国际视野来看，中美贸易战使得知识产权话题再度成为国际关注的重点；从国内发展来看，《国家知识产权战略纲要》颁布实施十年成效斐然，需要对国家知识产权战略实施十年形成的中国经验进行凝练，开启引领下一个十年发展的知识产权强国实现战略纲要的制定，并为世界知识产权制度的发展提出中国方案。在这样的背景下，迫切需要对《国家知识产权战略纲要》提出的“研究制定知识产权基础性法律的必要性和可行性”进行深入探讨。作为中国知识产权界的一员，总有一种责任，希望在这个重要历史时刻为中国特色知识产权制度的完善，为我们的知识产权强国之路勉尽微薄之力。



探讨知识产权基本法的基本问题意义重大，探索中国知识产权政策法律化的路径规律影响深远，需要极强的战略思维能力和法学功底，需要有能力驾驭关键知识产权类别的主要知识产权制度。因此，选择这样的题目进行探讨，笔者常有惴惴不安之感，鼓起很大勇气才决定在此方面做一些基本的探索。笔者曾出版《专利授权确权制度原理与实务》《外观设计专利制度原理与实务》等讨论具体法律制度运行情况的专著，也曾经出版过《专利侵权损害赔偿制度研究——基本原理与法律适用》等讨论具体法律制度原理建构的专著，但是以一部综合性法律尤其是以一部位于入典和成典之间的统领中国特色知识产权制度的知识产权基本法作为讨论对象，确属首次。虽然挑战巨大以致屡屡有放弃之意，但好在身边有诸多师长、领导、好友和家人的牵扶，才能坚持到此。虽然笔者没有通过这一学术专著彻底解决我国知识产权基本法立法过程中遇到的所有问题的雄心壮志，但是至少有提出知识产权基本法的一种立法思路，启迪引发知识产权界广大同人共同深化对知识产权基本法立法的研究，积极推动建设中国特色知识产权制度发展，为知识产权强国建设提供强有力的法制支撑的现实责任。

本书是国家知识产权局2018年度软科学研究项目“知识产权政策法律化路径考察”（项目编号SS18-A-07）的阶段性成果。在本书撰稿过程中，恩师吴汉东教授作出了重要指导，在此表示衷心感谢。多年来，恩师的言传和身教总能让我在法学知识茫茫海洋的遨游中找到方向。恩师的为人、为学和为文，是指引我在学术道路上探索的明灯；恩师的鼓励、指导和关心，是鞭策我在生活道路上前行的航标。感谢国家知识产权局领导和相关司局、处室领导指导。

本书能够如期出版，离不开知识产权出版社田姝等编辑的大力支持，他们认真负责的工作态度令人折服，他们耐心细致的工作作风令人尊敬，在此深表感谢！尤其是，在与各位编辑老师的讨论中，我不得不对书稿中的一些地方反复斟酌，希望通过我们共同的努力向读者提交一份更为满意的答卷。

本书成书之际恰逢女儿出生，正如笔者的第一本学术著作《专利授权确权制度原理与实务》的出版与儿子的出生同期，这也是一种缘分，在收获幸福喜悦生活的同时向大家奉献一些学术观点和学术体会。感谢父母的操劳，感谢妻子一直以来的理解和支持，感谢儿子女儿带来的欢乐和幸福，书稿每每写到痛苦不堪之处，看到儿子满含幸福的眼神，想到女儿呱呱坠地的喜悦，就不由得精神振奋。家人的期许就是我努力做事为学的精神支柱。还是那种感悟：有一种幸福，叫作上有老下有小；有一种责任，叫作边工作边学习；有一种信念，叫作深实践重研究；有一种信仰，叫作思学理辩实证。

张鹏

2018年12月3日成稿于京西红橡庭院